目次

王権を考える——前近代日本の天皇と権力

序論　王権論のための覚え書き

大津　透

はじめに

最近日本史に関する書物の題に「王権」という語をしばしば眼にする。ほとんど定義もなく何となく使われている感もあるが、とても使いやすい言葉であるのはたしかである。たとえば、筆者は古代史を勉強しているので「王権」といわなくとも「天皇制」でいいと思うが、中世や近世では「天皇制」では落ちつかず、権力の実質を失った天皇だけでなく権力をもつ幕府も視野にいれて「王権」という語でとらえられるのだろう。「王権」によって古代から中世・近世まで前近代の国家や権力・権威のあり方を通して考えることができるわけである。

日本史の研究が精緻化というかタコツボ化して、全体像がみえにくくなっている状況をふまえ、二〇〇五（平成十七）年十一月の史学会第一〇三回大会で日本史部会では「前近代における王権」の題で前近代を通じたシンポジウムを企画した(1)。本書は、そのシンポジウムでの古代・中世・近世の三本の報告（大平聡・河内祥輔・藤田覚）および二名のコメント（古瀬奈津子・池享）を基礎にし、会場での討論に参加した方々にも寄稿をお願いして成ったものである。史学会の役員間で企画、人選し、打ち合わせの会も開いたが、報告の内容は報告者に委ねており、特に統一や調整はしなかった。論者によって王権の理解も議論の方向も異なっているが、本書を読めば、時代ごとに王権論の対象も意義も様々であることがわかり、かえって王権論の多様性を示し、日本史研究の現在の状況がみえて有益なのではないかと思う。学会当日は好天にも恵まれ、東京大学文学部一番大教室が満員になり、会場からの意見もあり一通りの議論もでき、関心の高さを示した。本書の企画が、若い世代の研究者をはじめ、本書を繙いてくれた多くの読者の刺激になればと思うものである。

1　最近の女帝論にふれて

シンポジウムが満員になった背景には、皇位継承という現代皇室の問題への関心の高まりがあるだろう。会場には皇室典範に関する有識者会議の委員を務めた先生もおられたので、歴史学として無関係でいられないことはたしかであるが、当日も本書の諸論考においても、意図したわけではないが、女帝について特に論じられなかった。とはいえ学界や出版界では近年盛んな議論があるので、ここで少しふれておこう。

古代の女帝については、折口信夫「女帝考」(『折口信夫全集』二〇、中央公論社、一九五六年、初発表一九四六年)がとなえた神と人との間をつなぐシャーマン・巫女説と、井上光貞「古代の女帝」(『日本古代国家の研究』岩波書店、一九六五年)が示した、男性の皇位継承上の困難な事情がある時、先帝または前帝の皇后が即位する慣行があったとする中継ぎ説がある。これに対して、近年王権論やジェンダー論が盛んになる中で、荒木敏夫・義江明子・仁藤敦史氏らにより女帝をめぐる議論が進められている。女帝だから中継ぎに違いないといった考えは性差を前提とする思いこみだと批判を加え、唐や新羅の事例の検討により東アジア世界の中で古代日本の女帝を相対化し、女帝即位には人格・資質や統治能力が大きな条件になることを指摘し、持統天皇や孝謙天皇は実力で皇位を奪ったり王権の自律的皇位継承を実現したので、女帝だから忌避されたわけでなく政治権力の中枢に位置したと述べ、また大后としての国政参与のあり方を前提として女帝が即位するこ

も論じている。(2)

さらにこの数年、ほとんど全ての新書・選書がきそって女帝に関する出版を行なっている。(3)フォローしきれないくらい多いが、編集部はそれだけ需要があるので企画するのだろう。一般向け啓蒙書であり、個々の女帝をとり上げる政治史的アプローチが多いが、親族組織のあり方や日唐の相違などを念頭においたものもある。近年の主流である性差の克服という視点についていえば、主張の意図はわかるが、それを強調すると女帝は男帝と同じになってしまい、なぜ女帝なのか、女帝の特質は何なのかを問えなくなってしまう懸念がある。

女帝も含めた天皇・大王のあり方を、宗教的意味を含めて歴史的展開の中で考えていくことが必要であるし、あえて女帝だけでなくまず王権のあり方を全体的に議論すべきだというのが、本書とそのもとになったシンポジウムの立場だといえる。その点では同じ新書でも吉田孝『歴史のなかの天皇』が、やや舌足らずだが全体として天皇・王権の特色を追っているのが、見習うべき試みであろう。(4)

さらに王権と女性との関わりでいえば、古瀬論文でもふれられているが、平安中期から鎌倉期にかけての研究が近年集中している。この時代の国母・女院・准母不婚内親王など従来研究の少なかった王家の女性をめぐって、若手女性研究者を中心に『日本史研究』誌上などに多くの論文が発表されている。(5)藤原詮子・彰子などの国母は摂関政治において重要な役割を担ったし、女院となった不婚内親王は中世の天皇家領荘園の領有主体であるから、中世前期の天皇家や皇女のあり方の変化をはじめ、基礎的な事実が明らかになるのは意味がある。ただし多くの論考で儀式の分析を手法とするものの、従来の政治史の表面的理解をあてはめるだけの場合も多い。儀礼をとり上げるなら、女院や后妃などの人格や儀礼の具体的意味についてもっとつっこんだ分析をして、平安から鎌倉期の王権における女性の意義を解明してもらえればと思う。そうした分析が、荒木敏夫氏が鳥羽院の女、八条院暲子内親王をとり上げているように、古代の女帝の理解にも寄与するのだろう。

2　王権論とはなにか

古代史の論文を読んでいると、「近年の王権論の展開をうけて」などの文章をよく眼にするのだが、本当のことをいうと「王権論」「王権論の展開」とは何を意味しているのかよくわからない。多分、天皇・皇太子・皇后など王権を構成・分有する要素のあり方・役割の分析が進み、それをふまえて古代政治史の再解釈が進んだということなのだろう。ただし、本書をみてもわかるように政治史的研究が中心であることもあり、単に権力・権威の分有論であるようにもみえる。天皇制の具体的なあり方の分析ということで有益であるにしても、何故王権という語を使わなければならないのかと思うこともある。

一方中世・近世になると、天皇の王権に対して東国の王権があるかどうか、朝幕関係の中で両者のどちらが王権かという議論が主になる。しかし、どちらが強いかではなく、両者の具体的な関係、権力・権威のあり方を考えることが求められるだろう。

王権とは王の権力のことだとして単に国家権力の掌握者の意味で使っている人もいるようだが、本来「王権」とは、A＝M＝ホカートの著作『王権』にみえるように文化人類学・象徴人類学の概念で、"kingship"の訳語である。[6] そこではポリネシアや東南アジアをフィールドの中心に、さらにインド・ヨーロッパ・エジプトに及び、即位式の分析などにより、全地域にみえる王の神聖性を明らかにしている。王権とは、国家が成立していない未開な社会を中心にして権力の発生や権威のあり方を分析する概念なのである。荒木敏夫氏は、王権の意味は(1)王の権力、(2)王を王たらしめている構造・制度、(3)時代を支配する者・集団の権力の三つに分けて考えるのが妥当だとするが、これも神聖王権（The Divine Kingship）など文化人類学の概念をふまえての発言である。[7]

長らく中世の天皇制に迫る研究が不毛だった中で、一九八〇年代に王・王権の実像にせまる画期的試みになったのが、網野善彦氏と黒田日出男氏の著作で、絵画史料を用いながら王の「異形」や「身体」を分析した。(8) 全体としては西洋中世史の社会史ブームをうけての平凡社の企画であるが、文化人類学をとりこんだ西洋中・近世史の成果、たとえばマルク＝ブロックの国王の奇跡や神秘をめぐる指摘や、エルンスト＝カントーロヴィチの王には物理的肉体とは別に永続性をもち次代の王に継承される身体があるとの指摘などをふまえて、(9)「王権論」が日本中世史に導入されたのだろう。

日本法制史の水林彪氏は、『王権のコスモロジー』と題する書を編むにあたり、天皇制・王権論に対する近年の傾向として、「王権の力学」から「王権の詩学」への関心の移動をあげている。かつての「王権の力学」では、王権は物理的強制力の体系としての国家権力機構の一部として考察され、古代と近代が主要な関心事であった。しかし「王権の詩学」のもとでは、王権は、権力とこれに服従する人々を一個の幻想的な共同体へと編成する機能をはたすものとして観察され、近世にも関心が及んだ。もっとも石母田正氏の「イデオロギー的権力としての国家」論や「王民制」論は早くから「王権の詩学」の試みだったといえるのだが、近時の「王権の詩学」論には、社会関係の象徴化あるいは政治関係の身体的表現としての王権儀礼への着目・研究が新しい特徴としてみられるとまとめている。(10)

「王権の力学」は、シンポジウム会場で尾藤正英先生が発言されたように、かつての階級闘争や抑圧支配にもとづく国家観・歴史観に対応していたのだが、国家観の変化にしたがい天皇制を支える構造の具体的分析が進められ、現在は新しい、しかも日本の独特のあり方に対応する王権論が求められているのだろう。そのためには儀礼・象徴だけでなく、宗教・神話なども分析手段になるのだろう。

一九八九（平成元）年の天皇代替りをうけて、日本古代史では即位儀礼・喪葬儀礼などの天皇制をめぐる研究が活発になった。そうした流れをふまえて、即位儀礼を手がかりに日唐律令の比較を研究方法として、天皇がどうして統治できるのかを考えてみたのが拙著『古代の天皇制』である。調庸制や饗宴などもとり上げ、その宗教的意味や神話的秩序を考えたので、政治史的分析はしていないが、これも王権論といえるのかもしれない[11]。

ところで、小著について折口信夫を古代歴史学に適応したものだとの批評をいただいたことがある[12]。まったく意外な（折口の引用は「祭るとは奉る」だとの一カ所だけである）、過分なほめ言葉であるが、日本古代の王権論をめざすなら、もっと折口の古代学、民俗学にふれるべきだという意味に理解している。網野善彦氏が民俗学者宮本常一に傾倒し、日本常民文化研究所など民俗学との関わりの中で独自の網野史学を展開したことは周知のことだが[13]、宮田登氏（民俗学）と上野千鶴子氏（社会学）との『日本王権論』と題する鼎談では、古代から現代までの天皇制を通史として扱い、刺激的かつ示唆的な議論がなされている。これは民俗学や人類学を大胆にとりこんだからだろう[14]。古代史についていえば、やはり折口信夫に――もちろん直感的で論証には向かないが――正面から向きあうべきだと思うし、女帝論であれば、折口を継承する神話学の倉塚曄子氏の「女の霊能」を前提とする所論をもっと汲みとるべきではないかと思う[15]。

筆者は、平安時代に女帝の礼服が白色の帛衣とされて保管されていたことから、奈良時代の天皇の正装は白の帛衣であり、それは神まつりのための白の練衣だったことを述べたことがある。この天皇の正装は、平安時代初頭の弘仁十一年（八二〇）に神事だけを例外とし、元日朝賀や即位式には袞冕《こんべん》十二章という中国の皇帝服が導入され、天皇制の唐風化がはかられるのだが、女帝の正装は平安時代になっても白の帛衣のままだったことは、帛衣が示す神事への奉仕が女帝にとって本質的特色だったことを示す。さらに皇后の服は、弘仁十一年に「助祭」として帛衣の着用が定められるが、おそらく奈良時代には皇后は元日朝賀にも帛衣を着して天皇と並んで出御したのだろう。元日朝賀は、律令国家におけるもっとも重要な儀礼であり、神話を背景に現人神への宗教的拝礼として天皇への朝拝（ミカドオガミ）を群臣が行なうのである。その場に皇后もいて群臣の拝礼の対象になったとすれば、皇后も天皇と同じく王権の中核となる宗教的機能をもっていたと考えられる。

奈良時代には、一国の宗教的シンボルともいえる国造の地位に女性の釆女が出世してついた例がある。それは、釆女が本来郷里において国造とともに宗教的支配を担うべき女性（国造の系譜をひく郡司の姉妹や女が選ばれる）であり、中央へ出仕して天皇に奉仕することに宗教的意味があったからだろう。采女の職掌は、天皇への飲食の給仕で陪膳であり、平安時代になってもハレの宴会といえる節会では天皇に采女が陪膳することは厳密に守られた。天皇の日々の食事である朝夕御膳でも采女が奉仕したが、采女が神としての天皇に神聖な食事（贄）をささげる場として意味があったと考えられる。[16]

ここから天皇の神聖性がよみとれると同時に、国造になった采女からの類推で、女帝、そのもとになる皇后も神に奉仕する女性だったと推測できる。日本古代の王権にはもう一人、代表して神に仕える斎宮がいて、未婚の内親王（本来は天皇の女か）が卜定されるが、神事に従事する皇后もまた皇族であることが求められ（律令では内親王を想定する）、アマテラスに連なる血統と神聖さが不可欠で、だから皇后が即位することが可能になるのだろう。その点で、奈良時代に藤原氏など臣下の皇后が登場し、皇族が皇后である原則が崩れることは大きな変化であり、そのため皇后は女帝に即位することがなくなる。平安中期以降、藤原氏の皇后は、国母すなわち天皇の母として聖性を分有するようになり、また不婚内親王の神だけでなく仏も含んだ意味での聖性が重視されるようになるのではないだろうか。王家の女性の役割については、政治史的分析だけでなく、王の聖性やカリスマ性を含んだ議論も必要であろう。

最後に、樺山紘一氏も指摘する王権の文化的機能について一言しておきたい。[17]ヨーロッパ世界において王権は宮廷という機構を通して「文明」に重大な寄与をし、近世には宮廷は人間行動のあらゆる側面において規範となり、王権は、その宮廷を創造し維持することで、文明の中心の位置を確実なものとしたという。そのことはヨーロッパを旅行し、ヴェルサイユやシェーンブルンなどの王宮や各地の絵画館の厖大な古典絵画コレクションをみればだれでも実感するが、日本でもあてはまるのではないだろうか。近世に天皇は学問第一と禁中並公家諸法度で明文化されたことは周知のことだが、それは単なる政治からの排除ではなく、王権の重要な機能だったのではないか。かつて日本の歴史の通史を担当した時、藤原道長の時代を「宮廷社会」の成立として考えたことがある。そこでは宮廷儀礼や神事・仏事、寺社造営だけでなく文学や書など文化の分析に多くの頁をさいた(18)。それを日本の古典文化の成立と位置づけたが、この宮廷社会の成立と文化は江戸時代までいたる日本の王権の不可欠な要素となったと思う。こうした文化の発展はおそらく奈良時代にはないもので、平安時代の画期性を示すが、それを主導したのは、天皇ではなく明らかに藤原道長であった。このことをどう考えるかは難しいが、道長あるいは摂関政治の王権との関わり方の一つの特徴である。王権の文化的機能についても今後の検討が望まれよう。

本書は、政治史的アプローチを中心に王権のあり方にせまる論考を、ほぼ時代順に集めた。ここでは、本書でとり上げられなかった分野について若干の感想を記すことで、序文にかえることにしたい。読者には興味にそってどこからでも読んでいただければと思う。

（1）「第一〇三回史学会大会報告」『史学雑誌』一一四―一二（二〇〇五年）九六〜九九頁を参照。

（2）荒木敏夫『可能性としての女帝―女帝と王権・国家―』（青木書店、一九九九年）、義江明子「古代女帝論の過去と現在」『岩波講座　天皇と王権を考える』7（岩波書店、二〇〇二年）、仁藤敦史「古代女帝の成立」『国立歴史民俗博物館研究報告』一〇八（二〇〇三年）、同「古代女帝論の現状と課題」『歴史評論』六四二（二〇〇三年）。

（3）水谷千秋『女帝と譲位の古代史』（文春新書354、二〇〇三年）、瀧浪貞子『女性天皇』（集英社新書262、二〇〇四年）、中野正志『女性天皇論』（朝日選書760、二〇〇四年）、義江明子『つくられた卑弥呼』（ちくま新書528、二〇〇五年）、成清弘和『女帝の古代史』（講談社現代新書1794、二〇〇五年）、仁藤敦史『女帝の世紀　皇位継承と政争』（角川選書391、二〇〇六年）、荒木敏夫『日本の女性天皇』（小学館文庫、二〇〇六年、初発行は主婦と生活社、二〇〇三年）。

（4）吉田孝『歴史のなかの天皇』（岩波新書新赤版987、二〇〇六年）。

（5）服藤早苗「王権と国母―王朝国家の政治と性―」『平安王朝社会のジェンダー―家・王権・性愛―』（校倉書房、二〇〇五年、初出は一九九八年）ほか、伴瀬明美「院政期〜鎌倉期における女院領について」『日本史研究』三七四（一九九三年）、同「院政期における後宮の変化とその意義」『日本史研究』四〇二（一九九六年）、同「中世の天皇家と皇女たち」『歴史と地理』五九七（二〇〇六年）、末松剛「即位式における摂関と母后の登壇」『日本史研究』四四七（一九九九年）、野口華世「安嘉門院と女院領荘園」『日本史研究』四五六（二〇〇〇年）、同「中世前期の王家と安楽寿院」『ヒストリア』一九八（二〇〇六年）、古瀬奈津子「摂関政治成立の歴史的意義―摂関政治と母后―」『日本史研究』四六三（二〇〇一年）、栗山圭子「准母立后制にみる中世前期の王家」『日本史研究』四六五（二〇〇一年）、同「中世王家の存在形態と院政」『ヒストリア』一九三（二〇〇五年）、山田彩起子「天皇准母内親王に関する一考察」『日本史研究』四九一（二〇〇三年）、同「平安中・後期における院宮年始賀礼の変遷」『日本歴史』六八八（二〇〇五年）、高松百香「院政期摂関家と上東門院故実」『日本史研究』五一三（二〇〇五年）、野村育世『家族史としての女院論』（校倉書房、二〇〇六年）。

（6）A＝M＝ホカート（橋本和也訳）『王権』（人文書院、一九八六年）。

（7）荒木敏夫「王権論の現在―日本古代を中心として―」『日本古代王権の研究』（吉川弘文館、二〇〇六年、初出は一九九七年）。

（8）網野善彦『異形の王権』（平凡社ライブラリー、一九九三年、初発行は平凡社、一九八六年）、黒田日出男『王の身体　王の肖像』（平凡社、一九九三年）。一九六〇年から七〇年代にかけて中世の天皇に即した研究がきわめて低調であったことについては、網野善彦「社会・国家・王権」『岩波講座　天皇と王権を考える』1（岩波書店、二〇〇二年）を参照。

（9）M＝ブロック（井上泰男・渡邊昌美訳）『王の奇跡』（刀水書房、一九九八年）、E＝H＝カントーロヴィチ（小林公訳）『王の二つの身体』（ちくま学芸文庫、二〇〇三年、初発行は平凡社、一九九二年）。なお樺山紘一「ヨーロッパの王権」『岩波講座　天皇と王権を考える』1（岩波書店、二〇〇二年）を参考にした。

（10）水林彪「序」水林ほか編『王権のコスモロジー』（弘文堂、一九九八年）。

（11）拙著『古代の天皇制』（岩波書店、一九九九年）。

（12）三谷邦明『源氏物語の言説』（翰林書房、二〇〇二年）四五八頁。

（13）網野善彦「解説」宮本常一『忘れられた日本人』（岩波文庫、一九八四年）、同『『忘れられた日本人』を読む』（岩波書店、二〇〇三年）。

（14）網野善彦・上野千鶴子・宮田登『日本王権論』（春秋社、一九八八年）。本書には中世の不婚の皇女（内親王）についての解釈も述べられている。

(15) 倉塚曄子『巫女の文化』(平凡社ライブラリー、一九九四年、初発行は平凡社、一九七九年)、同『古代の女─神話と権力の淵から─』(平凡社、一九八六年)。

(16) 拙稿「律令制と女帝・皇后の役割」『東アジアの古代文化』一一九(二〇〇四年)、同「節会の御まかないの采女」『むらさき』四二(二〇〇五年)。

(17) 前注(9)、榫山論文。

(18) 拙著『日本の歴史06 道長と宮廷社会』(講談社、二〇〇一年)。

Ⅰ部　古代における王権

1章　古代の国家形成と王権

大平　聡

はじめに

私はこれまで、いわゆる「皇（王）位継承」と呼びならわされてきた、大王・天皇の後継者決定をめぐる論議に対し、大王もしくは天皇の地位の継承という視点からではなく、大王・天皇の果たした政治的・社会的役割、大王・天皇の保持する権力が、どのように継承されたかという視点から議論する必要のあることを指摘し、この問題を「王権継承」としてとらえ直すべきことを主張してきた。そして、「王権継承」システムの時代的変遷の中に、古代統一国家への道程が示されていると考え、古代国家形成過程を王権論の視座から説明しようと試みてきたのである。

今回、史学会シンポジウムでの報告者の一人に指名され、本稿執筆の機会を与えられたのは、こうした私の主張が日本古代史を理解する上に有効性があるか否かを再検討し、かつ、現在、古代史に限らず頻繁に使用されている「王権」概念について広く考える素材を提供することが求められたからではないかと憶測している。果たしてその要求にどれほど答えることができるか、甚だ自信のないところではあるが、「王権論」を掲げ、僅かでも発言してきたことの責任を果たすため、これまで私がいかに「王権論」を認識し、発言してきたかを整理して提示することから始めたいと思う。

1 「王権」の認識

私が「皇（王）位継承」の問題に取り組み始めた一九八〇年代前半まで、天皇（大王）の後継者をめぐる議論は、大きく二つの方向から行われていた。一つは天皇の後継者である皇太子制の成立をめぐる問題であり、特に皇太子制の前身として「大兄」制が認められるかという点が大きな問題となっていた(1)。この議論では、一般的には推古期における廏戸皇子の政治的地位を「皇太子」とする『日本書紀』の記述を、基本的には事実と受け止め、それが律令制下の皇太子制にどのように発展的に受け継がれていったかという見方が主流をなしており、律令制成立以前の「皇太子」制の存在を疑う見解はほとんど見られなかった(2)。

もう一つの問題は、「兄弟継承」か「父子継承」か、いずれを本来の皇位継承原則と認めるかという議論である(3)。この議論では、『古事記』『日本書紀』に記された天皇系譜（以下、「記・紀系譜」と略称）をもとにしており、それは即ち初めから「皇（王）位継承」の問題を「天皇」の歴史として追究するという性格を有していた。これは「天皇」号の成立をめぐる問題と深くかかわることになる。「天皇」号の成立は、単に君主号として新しい名称が採用されたというにとどまらず、古代国家の形成過程の、ある段階にふさわしい君主の称号として採用されたと見るべきであるという議論が、立てられ始めていたのである。このような議論に基づくと、記・紀系譜の範囲で行われる、「兄弟継承」か「父子継承」かいずれを日本古代の本来的な「皇（王）位継承」原則と見るべきかという議論は、およそ本来解決すべき問題からは離れた議論に思われたのである。

ここで私がこの問題に取り組もうとして大きな影響を受けたのは、次の四氏の研究成果であった。

まず第一に石母田正氏の『日本の古代国家(4)』をあげねばならない。この本からは多くの示唆を得ているが、当面する問題に限定すれば、推古期の権力集中に関する理解と、日本古代社会の構成原理を首長制に求める見解に大きな手がかりを与えられた。まず推古期の権力集中の問題では、推古を中心に、王族の代表としての廏戸皇子、諸臣の代表としての蘇我馬子から成る権力核が構成され、その決定が大王推古の決断として実行されたという指摘である。そしてこのような権力核の構成が、対外的契機を内政に転化してなされたという指摘にも大きな影響を受けた。それは、首長制原理に基づいて古代社会の展開を考える上で大きな示唆を与えられたことを意味する。つまり、首長層の政治的結合の契機として、首長層の共同利害の追求という要因を考えた時、「外交」による非自給物資の獲得がその具体的内容として考えられるという見通しである。

第二に、荒木敏夫氏の皇太子制に関する研究をあげる。荒木氏の研究で最も重要だと理解した点は、律令に皇太子が制度として定められた奈良時代・八世紀においても、皇太子空位の期間が長期にわたって存在し、かつ、皇太子制が定着すると今度は、「皇位継承」をめぐる闘争が廃太子事件として現象するという指摘であった。(5)

この考えに従えば、大王の終身制を原則としていた律令制国家成立以前に、「皇（王）位継承」争いが大王死後に頻発したとする記・紀の叙述は当然のことと理解でき、更に、七世紀以前に、大王が自分の死後の大王予定者を置くことが可能であったのか、強い疑問を抱かされるのである。この点、更に荒木氏が大兄を「『宗主権』の継承にかかわる、長子を意味する社会的通称」と指摘している点も重要である。(6)

第三に川口勝康氏の記・紀系譜論をあげる。川口氏は記・紀系譜の信憑性を、記・紀と史料系列を異にする『宋書』倭国伝の記述から探り、応神から武烈に至る系譜が、六世紀の「帝紀」編纂段階において、異なる二つの血統から成る王統譜を一系化して成立させられたものであることを論証したのである。(7)そして、それ以前の、つまり、綏靖から開化に至るいわゆる欠史八代、また崇神から仲哀に至る四世紀代に相当する王統譜が、五世紀代の、二つの王統譜を一系的に整序して成立させられたのと同じ論理で創出されたという仮説を提示したのである。(8)

川口氏の研究からは、系譜は作られるものであり、その系譜操作を明らかにすることによって系譜製作時の「皇（王）位継承」観念を抽出し得ること、また血縁原理が必ずしも古代の「皇（王）位継承」原理として、初めから機能していたと考えるべきではないことに気付かせられたのである。

そして最後に、中村明蔵氏が「王位継承」について、日本古代の家父長制の問題と同一に論ずべきではないことを、「朝廷の諸機構を考慮した上での天皇家のあり方」から検討すべきであると述べて[9]、その問題点の本質を鋭く指摘したことをあげる。中村氏のこの指摘から、貴・豪族層の階級結集の環として存在した大王の政治権力の、再生産システムとして「皇（王）位継承」をとらえ直すべきこと、つまり「皇（王）位継承」論ではなく、「王権継承」論として問題を立て直すべきであるという確信を得たのである。

こうして著したのが「日本古代王権継承試論[10]」であった。

2　「日本古代王権継承試論」

基本的方法

この論文では、まず王・大王（天皇）の再生産の問題を「皇（王）位継承」論としてではなく、「王権継承」論として論ずべきことを述べたのであるが、それは荒木敏夫氏によって端的に要約されたように[11]、「王権」の語に「大王を核とした権力中枢を含意させ、大王によって体現される権力を『王権』」とし、「大王位の継承を『王権継承』」として、律令制国家形成に至る歴史過程を、「王権継承」の観点から素描しようとするものであった。

ここで私が意図したのは、倭人社会が中国の歴史書『漢書』地理志に初めて描かれて以後、どのように政治的関係を拡大させながら、やがて前方後円墳に象徴される汎日本列島規模の政治的結合を達成したのか、更にそこから階級支配の装置としての国家形成に至る筋道をどのように辿っていったのかを説明して、その各段階における王・大王の再生産システムを検討するということであった。

そこで私が基本に置いたのは、弥生時代に水稲農耕が開始されて以来、倭人社会に生み出された首長を共同体の代表・体現者とする、首長制社会の重層化という見通しであった。そして首長層の重層的構造化の契機として注目したのが、朝鮮・中国との「外交」であった。即ち、朝鮮・中国の先進文明を求めて行われる「外交」を軸に首長層が連携し、連合・同盟を結成するという図式である。

三世紀・邪馬台国段階の倭人社会

右述の図式の第一段階として、『三国志』魏書東夷伝倭人条、いわゆる「魏志倭人伝」に描かれた邪馬台国およびその敵対勢力として描かれる狗奴国に典型が求められるとまず考えた。

この段階の「外交」の目的としては、首長（王）の地位を象徴するシンボルとしての威信財の獲得が中心であったと考えてよかろう。それは卑弥呼の遣使に対し、魏の少帝が「悉可下以示二汝国中人一、使レ知中国家哀上汝」と述べ、高度な文明水準を誇示する物品を与えていることに象徴的に示されている。中でも「好物」として与えられた物品の中に、弥生時代の墳墓から前期古墳に至るまで、副葬品の代表格にあげられる鏡（銅鏡）が含まれていることに留意すべきであろう。

『三国志』魏書東夷伝弁辰条には、この地が鉄を産し、鉄を求めて倭人が渡来することが記されているが、邪馬台国を都とする卑弥呼のもとに結集した「三十国」の首長（王）がより強く求めたのは、首長の実力を端的に示す物実、朝鮮・中国からもたらされる、銅鏡などに代表される先進文明の生み出す文物そのものであったと考えるべきであろう。卑弥呼は、このような首長層の共同利害を追求する代表者として、首長層の要求を実現する限りにおいてその地位を維持し得たのであり、狗奴国の王・卑弥弓呼はその立場を奪取するために、卑弥呼に戦いを挑まねばならなかったのである。

ここで留意しなければならないことは、卑弥呼を女王として仰いだ「三十国」を総称して「邪馬台国連合」などとする称呼がしばしば用いられている点である。卑弥呼の死後に起こった争乱を収束するために、卑弥呼の「宗女壱与」が立てられたとする記述があることも手伝って、「邪馬台国連合」が確固として存在したかのように理解されがちであり、それ故、邪馬台国の所在地をめぐって、後のヤマト政権との連続性が有力視されているのであるが、卑弥呼がこの「連合」の盟主として女王に「共立」され、邪馬台国を「都」としてそこにおさまる以前は、伊都国が「連合」の中心的立場にあったという指摘もある。(12)

三世紀、邪馬台国の卑弥呼の時代までは、先進文明の文物を入手し、配分できる実力、そのために、時には戦争という手段に訴えてもその地位を確保し得る実力、即ち広義の意味での外交能力を保持する者が、共同利害を追求するための盟主に選び出されたと考えられる。この段階において、その地位がある共同体に固定されて継承されたとは考えがたく、ましてある特定の血縁集団にその地位の継承が委ねられていたと考えることは到底できない。

三世紀・邪馬台国段階までをこのようにとらえることによって初めて、前方後円墳によって象徴される、三世紀後半以降の汎日本列島規模での政治的一体化の契機が正しく理解され、この政治的関係の深化として、最終的には律令制国家の成立に至る政治的統一体の歴史的展開過程、国家形成の諸段階が把握されるであろう。その中心に奈良盆地南部を本拠とするヤマトの勢力が在ったことは間違いない。しかし、それが仮に邪馬台国の後裔に連なる勢力であったとしても、彼らが中心に立ったその時から、全国を「支配」する政治的地位を確立していたとは言えないであろう。古代国家の形成過程を「大和朝廷の全国統一過程」に等置して考えられることの多かった、三世紀後半から五世紀にかけての歴史過程を検討する上に、記・紀系譜の批判的検討、「王権継承」論から見た王統譜の成立過程の検討が重要な意味をもってくるのである。「王権継承」論は、記・紀系譜の万世一系論に呪縛された「大和朝廷」を相対化させ、ヤマト政権の成立(形成)・展開過程に見通しを開く、重要な視座を提供するものであることを強調したい。

四〜五世紀の倭人社会

三世紀・邪馬台国段階までの倭人社会に大きな変化を与えた契機として、以下の二点が考えられる。第一点は水稲農耕の定着・展開による倭人社会の発展であり、もう一点は三世紀に進行した朝鮮半島における国家形成の動向である。そしてこの二つの契機は一つの要因によって結びつき、汎日本列島規模での政治的関係の結成を促すことになる。その要因とは、朝鮮半島からの鉄の入手であった。

水稲農耕が定着し、倭人社会が農耕社会へと全面的に転換していくためには、耕地の拡大が必須の課題となり、この課題を解決するための有力な手段となったのが、鉄の、耕起具への利用であった。六世紀に至るまで、砂鉄を原料とする鉄精錬技術を保有できなかった倭人社会は、大量の鉄素材の供給を朝鮮半島南部に求めざるを得なかった。その朝鮮半島で国家形成のうねりが生じたことが、たちまちのうちに倭人社会に影響を及ぼしたであろうことは容易に推測されるところである。

倭人社会に鉄を供給した朝鮮半島南部の伽耶諸国は、鉄の供給の対価の一部として、百済・新羅、更にその背後に控えた高句麗の圧力を凌ぎ、独立を維持するため、倭人社会に支援を求めたことが推測される。三世紀までは競って入手できた鉄を安定的に獲得し続けるために、伽耶諸国との交渉窓口を一本化する必要が生じたと推測されるのである。その主導権を握ったのが奈良盆地南部のヤマトの勢力であった。朝鮮半島に最も近く、かつ三世紀半ばまで、朝鮮・中国との交渉に大きな実力を保っていた北九州ではなく、ヤマトの勢力がなぜその中心に立ち得たのかは定かではない。恐らくその生産能力の豊かさに裏付けられた、軍事力を主要な内容とするこの地域の卓越性が、ヤマトをして、倭人社会の代表とする道を開いたものと推測されるが、それがヤマトの一方的な働きかけだけによってなされたとするのは早計に過ぎるであろう。

そう考える一つの理由は、ヤマトを中心とする政治的関係の一員たることを表象した前方後円墳が、弥生時代に西日本各地で営まれていた墳丘墓の地域的特色を合成して創出された可能性が高いことが指摘されていることにある(13)。またもう一つの理由として、玄界灘の絶海の孤島、沖ノ島で行われた祭祀が、北九州の在来の信仰を包み込んで行われたと考えられることがあげられる。航海の安全を祈って行われたこの海神信仰・祭儀こそ、ヤマトを中心として結集した日本列島各地の首長層の共同利害の追求に深くかかわるものであった。その祭儀に、北九州の在来信仰が取り込まれたことは、ヤマトの勢力を中心とする政治的関係の質を如実に示すものであろう。基本的にはこの関係は、朝鮮半島からの鉄の入手を求めて結成された同盟・連合関係ととらえるべきである。規模や副葬品の質・多寡による顕著な「格差」が見出されるにせよ、この同盟の盟主・ヤマトの王から諸地域の首長層に至るまで、前方後円墳という墳墓形式を共有していたという点に、それは明瞭に示されていると考えられるのである。

前方後円墳については、その「格差」から推測される何らかの秩序、階層性が注目されることが一般的であるが、私は盟主も含み込まれた「共有の論理」をこそ重視すべきであり、階層性は首長層の重層的結合構造の反映として理解されるべきであると考えている。

前方後円墳が築造され続けた五世紀までは、基本的に同盟・連合の時代であり、その盟主にはヤマト地域周辺から、外交能力・軍事指揮能力に秀でたものが選ばれ、その地位に就いたものと考えられる。その意味で、この政治的関係を統括する政治的権力をヤマト王権、ヤマト政権と呼ぶことは妥当であり、定型的な前方後円墳が出現した段階をもってその成立期とみなしてよいと考えている。

四世紀後半には、ヤマト王権は朝鮮半島の政治情勢により深く介入することとなる。具体的には、百済の支援要請を受け入れ（石上神宮蔵「七支刀」銘文）、実際に支援軍を組織して派遣したのである（「高句麗広開土王碑」）。こうした歴史的事実も積み重ね、ヤマト王権の日本列島内部における政治的地位が高まっていったことは、近畿地方の前方後円墳が他の地域に卓越した巨大性を独占していったことに端的に表われている。特に、四世紀から五世紀にかけて営まれたと推定される大阪平野の古市古墳群や百舌鳥古墳群の巨大古墳が注目されるところであるが、しかし、それでもやはり「共有の論理」の枠内のことであった点を忘れるべきではない。古墳の巨大さは、ヤマト王権のもとに結集した首長層の結集力の拡大の反映と理解すべきである。

なおここで、五世紀代の古墳が河内に集中することをもって、「河内王権」を措定する説[14]について触れておかねばならないであろう。確かに巨大古墳の造営拠点は時代とともに地域的変遷を辿るが、この事実をいかに評価すべきかは意見の分かれるところである。一種の王朝交替としてとらえる考えもあるが、私は前方後円墳を共有して政治的関係を維持しようとしているその一点において、政治権力としての連続性を評価すべきであると考えているので、本稿ではヤマト王権の語をもって叙述している。

さて、五世紀は巨大前方後円墳の造営地域が奈良盆地から大阪平野（河内）に移動しただけではなかった。『宋書』倭国伝に記された倭の五王の遣使には、三世紀代の邪馬台国女王卑弥呼の遣使とは明らかに異なる外交姿勢が看取される。宋皇帝との外交に倭の五王が求めたのは、倭王自身への官爵号と、臣下への爵号授与であった。既に後漢の時代から、遣使した倭の首長に爵号が与えられていたが、それは結果として中国皇帝から与えられたのであり、その取得が遣使そのものの目的ではなかった。しかしここで、倭の五王は初めて、物質ではなく、抽象的価値体系に属する官爵号を要求したのである。ここに倭人社会の政治的関係が新たな段階に踏み込みつつある姿を確認することができるのであるが、倭王が自らを含め、倭人社会の有力者層を宋皇帝の秩序下に置くことによって初めて、倭人社会に政治的秩序を導入しようとする姿に、その限界性を見なければならないであろう[15]。つまり、それは未だ、倭王が自ら倭国内の秩序を創出するまでには至っていないという限界性を示すものであり、事実、前方後円墳の「共有の論理」は克服されていない。

しかし、宋皇帝の政治権力を媒介にしながらも、倭国内における政治的秩序が倭王を頂点として構造化されようとしている点は十分に評価されねばならない。そのような政治権力の構造化への志向性が、王権継承を新たな段階に進ませたものと考えられる。それは部分的ながら、王権継承に血縁原理が導入されたと考えられる点である。『宋書』倭国伝が讃と珍、済と興と武の血縁関係を記しながら、珍と済の血縁関係を記さなかったのは、倭王が倭人社会＝倭国の統率者としての地位を主張しながら、未だに血縁原理による王権継承、即ち世襲王制を実現し得ていない実態に関心をもったからだと考えられる。

倭国内においては、倭国としての政治的安定を確保することが強く求められ、大王の代替わりに発生する政治的不安定を極力抑えることが必要だと認識されるようになり、その結果として、大王の血統が次期大王候補者を一定の範囲に限定する基準として承認されることとなったものと推測される。しかし一方で、その地位には現実の外交問題、即ち緊迫度を増す朝鮮半島の情勢に的確に対処する能力が求められたから、血統の論理を超えて王権継承が行われることもあったのである。継体の登場も、そうした王権継承原則の枠内のこととして理解されるべきであろう(16)。

記・紀系譜と王統譜

さて、ここで記・紀系譜と王統譜の関係について考えることとしたい。川口勝康氏は、記・紀系譜とは系列の異なる、倭王の王統譜を伝える史料として『宋書』倭国伝を検討し、応神から武烈に至る記・紀系譜が、〔A〕讃・珍、〔B〕済・興・武の二つの異なる血筋の系譜を一系化して形成されたものであり、その原形は第三の血筋として登場した継体―欽明期に作られたことを明らかにした。そして、記・紀系譜で実在を確かめられる最も古い部分が応神から武烈に至る系譜に求められ、この部分の大王の「御名」から確認される系譜の二分構造が、応神以前の、即ち綏靖から開化に至る欠史八代、崇神から仲哀に至る、四世紀代に該当する系譜部分にも確認されることから、これらは現実に存在した大王を含む応神から武烈に至る系譜の作成原理に基づいて、順次創出されたものであると指摘した。

私は大筋において川口説を支持し、崇神から仲哀に至る部分が七世紀前半の推古期における「天皇記」編纂時に、また欠史八代が七世紀末から八世紀初頭にかけて行われた「帝紀・旧辞」の編纂とそれに続く『古事記』『日本書紀』の編纂時に創出されたと考えている。[17] しかし、古代系図の構造分析を行い、埼玉県稲荷山古墳出土鉄剣銘文に見える、「其児」で一系的に繋がれる系譜を現実の父子継承でなく、擬制的な表現と見てこれを「地位継承次第」としてとらえた義江明子氏は、記・紀系譜においても大王の「地位継承次第」が確認されるのではないかと言及している。[18] これに対し、私は王権継承が血縁によらずに行われた応神（ホムタ（ツ）ワケ）以前の段階では、王権継承は前大王と新大王の間で完結するものであり、歴代の王名が記憶されるべき社会的要請を想定することは困難であること、かつ、「奉仕文言」を要素とする「地位継承次第」は、王統譜には構造原理からしてあり得ないことを指摘し、その可能性を否定したのである。[19]

これに対し、仁藤敦史氏は、氏族系譜の「奉仕文言」に対応するものとして、「『世々』の『日嗣』（皇祖等の騰極次第）が語られていた可能性」を指摘している。[20] 義江氏の指摘に対し、私は右述のような批判を行ったが、確かに「地位継承次第」としてヤマト王権の歴代の名が伝えられた可能性は否定しきれない。ただし、それが仁藤氏の言うように、ヤマトの大王に奉仕する諸地域の首長の要求に応えることを目的にしていたかというと、それも可能性の一つとしては考えられるかもしれないが、それだけに限られるものでなく、とにかく歴代の王名を伝えて自らの地位をその継承の末端に位置付けることに目的があったという可能性の方が大きいのではないかと思われる。

しかし、ではそれが記・紀系譜の中に遺存しているのかと問われると、稲荷山鉄剣銘文型の「其児」で繋ぐような父―子間継承として伝えられているのは欠史八代の系譜で、「ヤマトネコ」を共有する後半四代を除いた、綏靖から孝昭までがその可能性をもつということになろう。ここで記・紀の伝えるこの四人の「天皇」の名を「地位継承次第」として、ヤマトの大王が語り伝えたものとして認められるかという問題について、肯定するにも否定するにも、客観的根拠をもって示すことは不可能である。印象論として言えば、『釈日本紀』に引用された『上宮記』逸文（一云系譜）から知られる継体の祖父・父の名、また稲荷山鉄剣銘文に記された乎獲居（ヲワケ）に至る八代の名の単純性と比較し、欠史八代の名は神

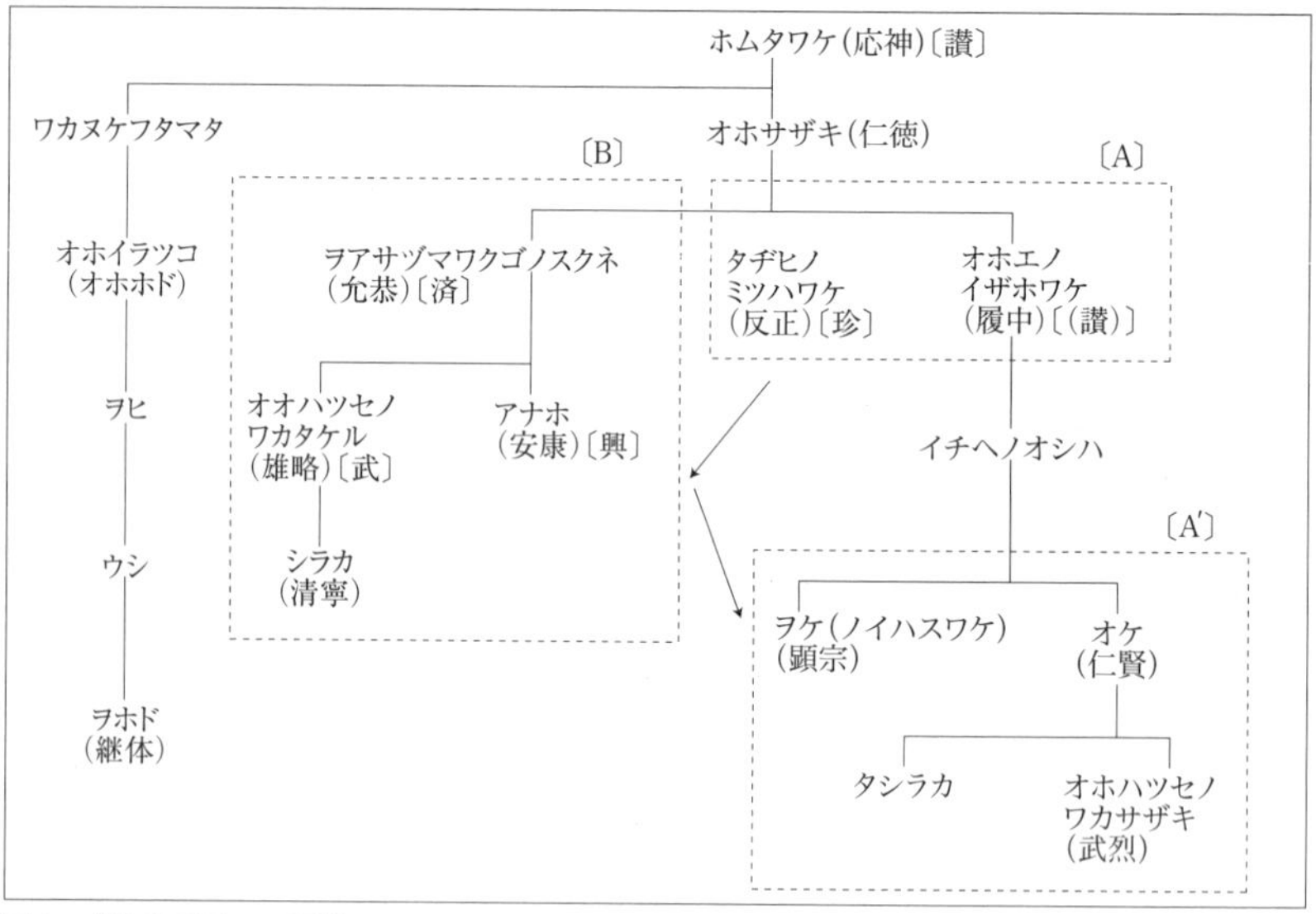

図1　「倭の五王」の系譜

名に近く、後世の創作にかかる色合いを濃く漂わせているように感じられるが、それを根拠として、この四代が「地位継承次第」ではなかったと断定するには十分とは言えないであろう。

ここで私が重視するのは、〔A〕讃・珍、〔B〕済・興・武の二系列による王権継承の果てに、継体が讃に対応すると考えられる応神の子孫たることを掲げて、即位の正統性を保証されたという事実である。つまり、継体が即位を要請された時、血縁原理が全面的にではなかったものの、既に導入されており、継体は先行する二系列の系譜のうち、年代的に先行する讃＝ホムタ（ツ）ワケ（応神）の系譜に連なることを選択したのである[21]（図1参照）。継体即位の直前の系列が讃・珍系列だったことは、この系列を選択する補助的要因にはなったであろうが、出自を讃に求めていることを積極的に評価すれば、継体即位当時伝えられていた王統譜の始原に当たる讃＝ホムタ（ツ）ワケに、継体自身の祖が求められたとする方が自然な解釈であると思われる。継体死後に確立した世襲王権のもとで行われたその歴史化、即ち世襲王制の歴史的正当性の主張のための系譜の一系化は、まず先行する二つの系列を讃＝ホムタ（ツ）ワケを始祖とする系譜に一系化し、これに継体の系譜を統合させて完成せられたものと考えられるのである。

そして、崇神から仲哀に至る系譜が七世紀前半に、欠史八代が七世紀後半から八世紀初頭にかけて、歴史書編纂事業の中で架上されていったのである。『上宮記』逸文（一云系譜）が伝える、継体の母振姫を垂仁の子孫とする系譜が作成されたのは、七世紀前半に創作された崇神～仲哀系譜と継体系譜を親和させるために、継体の母で接合する方法が選択されたからだと考えられる。父・母両系の祖先から自己に至る系譜が七世紀に生み出されたとする、義江氏の研究成果(22)に合致するのである。

以上、四世紀あるいは三世紀後半から五世紀の、前方後円墳を象徴的構築物として形成されたヤマト王権が、朝鮮半島の政治情勢に深くかかわりつつ、「倭国」の王権として成長していったことを概観してきた。特に五世紀にはいるとヤマトの大王はまさに「倭国」の統率者としての地位を主張するようになる。この段階で、一地域の名称を冠したヤマト王権あるいはヤマト政権という表記は、倭王権に置き換えた方がその歴史的性格を表わすにはふさわしいと考えるので、以下、「倭王権」の語を用いることとする。倭王権は倭王武、即ちワカタケル大王＝雄略の時代にその到達点を迎えるが、しかし、依然として前方後円墳の「共有の論理」を克服できず、宋皇帝からの官爵号要求も行っている。この後、継体―欽明期に世襲王権（制）が確立するのであるが、それはどのようにして可能になったのか、次にその点について述べることとしたい。

六世紀の倭王権＝世襲王権(制)の成立

五世紀代までの倭王には、鉄の確保とそのための朝鮮諸国・宋との外交交渉能力、軍事指揮能力が求められていた。王権継承時の混乱を抑制するために、次期大王候補を一定程度絞り込む方法として血縁原理が導入されたものの、全面的採用には及ばず、異なる血縁間の王権継承が留保されたのも、大王たるにふさわしい力量が現実的に求められていたためであろう。従って、血縁原理を全面的に採用し、ある血統が王権継承権を排他的に独占することを認める世襲王権（制）を確立するためには、それ相当の条件が準備されねばならなかったと考えるべきである。ではそれは六世紀の倭国社会でどのように準備されたのであろうか。

ここで注目されるのが「安閑紀」に伝えられた武蔵国造の地位をめぐる争いとその結末である。笠原直使主と同族の小杵が争い、小杵が上毛野君小熊に支援を求めたのに対し、使主は「朝庭」に支援を求めて小杵を倒し、国造の地位を得た。使主は感謝し、「国家のために」横渟以下、計四所のミヤケを献上したというのが事件の結末である。「安閑紀」にはこのほかにも多くの部・ミヤケの設置記事が記されている。そのすべてを安閑期の歴史的事実とすることはにわかには決しがたいが、継体—欽明期に部・ミヤケの設置が全国的に展開したことは認めてよかろう。部・ミヤケの設置の背景には、右述のような国造の地位をめぐる地域紛争、紛争とまではいかなくとも、首長権の継承に倭王の介入が求められるという事態が発生していたと考えられるのである。

地域における首長権の継承をめぐる争いの背景には、経営の個別化傾向があり[23]、かかる社会的状況変化に起因する矛盾の解決が倭王に求められるようになったのである。倭王には紛争の調停・解決（裁定）および社会秩序形成機能が求められるようになり、倭王権は新たな段階に到達したものと考えられる。

ここに、秩序構築のために中国皇帝の権威を頼って遣使した倭王の姿とは全く異なる倭王の姿が浮かび上がってくる。六世紀の倭王は、秩序形成を求めて倭王のもとに集まって来る全国の首長層を、自らの論理によって創出した秩序の中に嵌め込んでいったのである。かつて宋皇帝に委ねた秩序付与機能を、倭王権自らの政治機能として遂に獲得する段階に至ったのである。

継体死後の安閑—宣化と欽明をそれぞれ支援するグループ間の対立、即ち辛亥の変は、倭王権に解決を求める日本列島諸地域の首長権をめぐる争いを背景として起こった歴史的事実と見て誤りなかろう。この争いに勝利した欽明は、まさに倭国の支配者として君臨することになったのである。前方後円墳の「共有の論理」は克服された。欽明は自ら築造を開始した前方後円墳をもって、大王陵を前方後円墳に造ることの終了とすることを宣言したのであろう。

共同利害を追求する代表者としての倭王から、諸首長と一線を画し、諸首長から超越して彼らに秩序を付与し得る位置に立った倭王に次に要求されたことは、この政治体制を安定させ、永続させることであった。ここに、王権継承時の混乱を未然に防ぐ措置として、王権継承権を継体―欽明の血統に限定するという、血縁原理の全面的採用が社会的承認を与えられ、また要請されることになったのである。世襲王制は、辛亥の変に勝利した欽明のもとに確立することとなった。次に欽明がなすべきことは、この世襲王制の歴史的正当化であり、自らの血縁に連なる一群の人々を、王権継承権を有する特別な人間集団として位置付けることであった。それが原「帝紀」の編纂として実修され、具体的には先行系譜の一系化とそれへの自系譜の接合、そして神話を創出しての、自らを中心とする血縁集団の聖別化として行われたのである。

こうして始まった世襲王権のもとで、王権継承は、欽明死後、「世代」を基本概念として行われていくこととなる。同一世代の中ではまず男子が女子に優先し、年長者が優位に立った。個々の候補者の執政能力は、前代までほどには厳しく問われなくなったであろう。聖別された血縁集団の一員であることで王権継承権は十分に担保されており、年齢が執政能力の有無、執政権保持の適否の判断基準とされたのである。(24)

世襲王制の成立により、王権継承時の緊張は相当程度緩和されることになった。しかし、完全に解消されたわけではない。特に世代の移行期に顕在化することが予想されるのであり、事実、欽明の子の世代から孫の世代への移行期に現実のものとなった。女帝推古の登場は、移行期の問題の当面の回避策として実現したものと理解されよう。(25)また、古代最大の内乱と言われる壬申の乱も、世代内継承の原則が存在したからこそ発生したものであり、八世紀に至ってもなおこの原則は、長屋王事件、橘奈良麻呂の変に深くかかわるものであったことを指摘しておきたい。

ただし、推古即位に対しては、血統を重視しつつも、「王位継承の枠外にいて、紛争の調停を行い得る『第三の立場』

にいた（前）大后が」、「『治天下大王』の器にふさわしい『人格・資質』と『統治能力』」を考慮されて実現されたとする荒木敏夫氏の見解がある(26)。荒木氏は、律令皇后制の前身たる「大后」の王権分掌を考えているが、この点については本稿の最後で論及することとしたい。

皇太子制の成立

世代移行期の混乱を回避するための一つの方策は、世代を重ねるごとに増加する王族の横の広がりを削減していくことであった。壬申の乱後の天武政権下では、まず本流から遠く離れた傍系の王族への冠位授与、続いて八色姓に基づく真人賜姓として行われた。この方針は基本的に大宝律令に受け継がれ、皇親制として整理されることになる。

そしてもう一つのより根本的な解決策が、大王の生前に次期大王予定者を決定しておくこと、即ち皇太子制度の創出であるが、その前に「譲位」という手段が採用されたことを指摘しておかなければならない。律令制成立以前、七世紀までの大王は終身制を原則としていた。その結果が、世代移行期の混乱を回避するために実現した推古政権期において、皮肉にも新たな矛盾として露呈してしまう。つまり、推古政権が長期化するに及び、次世代の王権継承有力候補と目された皇子たちが相次いで死去し、結局推古に課せられた次世代の大王を創出するという課題が解決されなかったという矛盾である。皇極女帝によって初めて実現された生前譲位を、「紛争の緩和・回避の可能性と有力なヒツギノミコの即位の可能性のふたつを同時に満たす条件の整備」として意義付ける荒木敏夫氏の指摘(27)を支持すべきであろう。

それを更に一段階進めたのが皇太子制であった。生前譲位では、王権継承の対象者が執政能力を有しておらねばならず、それは前述のように年齢によって判断されていた。恐らく二〇歳がその基準として置かれていたものと思われる。これに対して皇太子は年齢にかかわらず立てられることが可能であった。即位のためには一定の年齢に達することが必要とされていたが、生まれて間もない幼児も皇太子に立てられることに問題はなかったのである(28)。

ではそれがどうして可能になったのかと言えば、律令が定められ、国家統治を遂行する、官僚制と官司から成る国家権力機構が整備されたからであったと説明されよう。『日本書紀』は天武と持統の間に生まれた草壁皇子の立太子を主張するが（天武十〈六八一〉年二月甲子条）、草壁の政治的地位は草壁死後に「後皇子尊」と称された高市皇子の就いた「太政大臣」か、もしくはそれに匹敵する地位であり、皇太子ではなかったと判断される。[29]最初の皇太子は持統十一（六九七）年に東宮大傅・春宮大夫が任命された（二月甲午条）珂瑠皇子（文武）であった。珂瑠皇子は『懐風藻』の所伝から、この時一五歳であったことが知られるが、立太子から半年後の八月に即位している。その背景には、『懐風藻』所収「葛野王伝」に見られるような、王権継承を主張する王族の姿があり、皇太子として成人を待つ余裕がないと判断した持統が、未成人のまま即位させ、自ら後見をするという決断を下したものと推測される。この事実は、大王（天皇）が在位中に次期大王予定者を指定するという政治慣行がそれまで存在せず、将来の即位を約束された存在としての皇太子がここに始まるものであったことを何よりも雄弁に語っているのである。律令制国家の成立により、王権継承は古代的完成をみることとなったのである。

3　「天平期の国家と王権」

大王との個別人格関係を基礎に政治的関係が結ばれていった、律令国家成立に至る歴史過程をとらえる上で、「王権」概念は有効性をもつことを確認することができた。では、明確な構造原理をもった非人格的官司機構と、これを運転する、それぞれの職掌が規定された官僚とによって支配システムが整備された律令制国家段階において、「王権」概念はなお有効な歴史分析概念たり得るか、それを検証しようとしたのが「天平期の国家と王権」であった。

一九八九年、右の表題のもとに行った歴史学研究会大会古代史部会での報告では、石母田正氏の天皇制に関する重要な指摘、即ち「律令制国家の統治権の総覧者」という側面と「支配階級全体のあるいは『王民』全体の政治的首長」という側面が一個の人格の上に体現しているのが天皇であるという指摘[30]に基づき、大王―天皇の断絶の側面と連続の側面に注目して、律令制国家の権力構造の特質をとらえようとしたのである。そして、大王→天皇の連続性の側面を追究する上で「王権」概念を用いることとし、「支配階級全体のあるいは『王民』全体の政治的首長」としての側面がどの段階まで認められるか、大王からの連続の側面を超克して「律令制国家の統治権の総覧者」として純化されることがあるのか、あるとすればそれはどの時代のどのような現象をもってそう指摘できるのか、検証を試みたのである。

この報告で天平期を取り上げたのは、この時期の支配層の国家認識、国家観に一つの画期が見られると考えたからである。

まず第一に、皇太子制に対する支配層の観念の変化があげられる。既に述べたように、史上初の皇太子・珂瑠皇子〈文武〉の頃には、まだ皇太子という存在に対する認識が成熟していなかった。しかし、文武の子・首皇子は元明・元正の二代の女帝統治期間を皇太子として過ごし、執政能力が十分に認められる年齢に達してから即位した。そうして即位した聖武の皇后・光明子に待望の男児が生まれると、誕生わずか一カ月にして立太子が行われたのである（『続日本紀』神亀四〈七二七〉年十一月己亥条）。これは、皇太子の存在が、天皇位のつつがない継承を約束するものとして理解され始めたことを意味する。しかし、この皇太子は翌年死去し、以後一〇年間にわたる皇太子空位の時代が続く。男系による皇位継承が天武―草壁嫡系継承の永続を実現する唯一の方途であり、藤原腹の男子継承者が求められたからであろう。しかし、遂に期待された男児は光明子から生まれず、二一歳の成人年齢に達した阿倍内親王（孝謙・称徳）の立太子が行われることとなったのである（『続日本紀』天平十〈七三八〉年正月壬午条）。皇太子が「国の固・鎮」（『続日本紀』天平宝字元〈七五七〉年四月辛巳条・天平宝字八〈七六四〉年十月丁丑条）となるという認識が支配層全体の共通認識となったため、皇太子空位の期間を徒に長引かせることは、支配層に動揺を生ぜしめかねないという懸念から、阿倍内親王の成人を機に立太子が行われることになったのであろう。

皇太子が「国の固・鎮」となるという認識が生まれたのは、天平期の二つの事件を通して、官僚機構を主要な内容とする「国家」の果たす役割が理解され、「国家」を永久機関化するための安全装置が皇太子制であると認識されるに至ったからであろう。かかる認識を生ぜしめた二つの事件とは、天平四（七三二）年の対新羅戦争を前提としての節度使体制の樹立と、天平七〜九年の悪疫（天然痘）流行である。とりわけ後者は、政界の中枢を占めていた藤原不比等の四子をも含め、多数の死者を生ぜしめ、まさに危機的状況を現出せしめたのであるが、欠員を補充することによって機能し続ける官僚機構の姿を通し、支配層は国家機構の有効性を熟知するに至ったのであろう。

そこで求められたのが国家の永続性を保証するための安全装置としての皇太子と、天皇を君主といただき、太政大臣を頂点に構造化された官僚機構にも対応して全国土を包摂して保護する、神秘的・超越的宗教装置の創出であった。

しかし、要請に応えて行われた阿倍内親王の立太子が不完全なものであったことは、天平宝字元（七五七）年に発覚した橘奈良麻呂の変の際に明らかにされた、天平十七年に奈良麻呂が佐伯全成に漏らしたという「然猶無レ立二皇嗣一、恐有レ変乎」（『続日本紀』天平宝字元〈七五七〉年七月庚戌条）という発言に端的に表わされている。阿倍内親王の立太子は聖武の後継者が確保されたことは意味しても、男系主義が貫かれる限り、阿倍内親王の「男児出産」は全く期待の埒外に置かれるから、阿倍内親王即位後の皇太子の選定、つまり、天武—草壁嫡系にかわる新皇統の創出が不可避の課題となる。阿倍内親王の立太子は、この不可避の課題を内包したまま、当面の課題の解決策として実現されたのである。

かかる不安定要因の抑制をも意図して進められた律令国家の外護装置の創出、それが東大寺造営、大仏造立であった。この事業を始めるに当たり、聖武はいわゆる大仏造立詔で「夫有二天下之富一者朕也、有二天下之勢一者朕也」（『続日本紀』天平十五〈七四三〉年十月辛巳条）と宣言し、と同時に「如更有レ人、情下願持二一枝草一把土一助中造像上者、恣聴之」と、公民に知識として造像に加わることを促しているのである。そして自ら知識の先頭に立ち、「天皇専以二御袖一入レ土、持運二加於御座」」えて（『東大寺要録』所引「大仏殿碑文」）、大仏造立を開始させたのである。

ここには前述の天皇の二つの側面が、みごとに統一された姿をもって現れているではないか。「天下の富も天下の勢も持つ者は朕である」という言説は、国家の君主・支配者としての自己を強く主張するものである。一方で知識の先頭に立って自ら造営を実践し、公民に対してまで、知識に加わり、造営に参加することを呼びかけるその姿には、「『王民』全体の政治的首長」の姿がうかがえる。

大略以上の考察を踏まえ、天平期の国家が垂直的（階級的）構造と水平的（共同体的）構造の統一体としてとらえられること、そしてそれは国家形成過程を通して形成されてきた王権の、最高の到達段階であるという理解に達したのである。このような国家観、君主の自己認識は、しかしそう長くは続かなかったのかもしれない。聖武太上天皇死後、ほとんど主体性をもてないまま譲位させられた孝謙が、淳仁を廃位に追い込んで重祚すると（称徳）、先帝（聖武）の教えと唱えながら、孝謙時代の反動とも思えるほど主体的・積極的姿勢を見せ始める。それは既に淳仁廃位を宣した詔に「天下方朕子伊末之仁授給事乎之云方、王乎奴止成止毛、奴乎王止云止毛汝乃為牟末仁末尓」（『続日本紀』天平宝字八〈七六四〉年十月壬申条）という表現に姿を見せ始めている。専制君主としての自覚の強化を見てとることができよう。

しかし、天平期に到達点に達した国家認識、君主観を大きく転換させたのは桓武であった。

桓武に始まる八世紀末から九世紀初頭にかけての政治改革の特徴は、一に官僚機構の再編強化であり、二にそれを前提に、中国皇帝を強く意識して進められた天皇の「専制君主化」であったと言ってよかろう。ただし、「専制君主化」と言ってもそれは決して天皇の恣意性に基づく専権化ではなく、権力機構の外側に立って機構全体を統制し、最終的決定権を掌握する政治的存在という意味での専制君主の姿である。職員令に定められた官司機構を見直し、変貌を遂げる現実社会に即応した官司機構を新たに発足させ、また官人の再生産システムを再編して強化された、支配の永久機関としての官僚機構が次第に姿を現わしていった。一方天皇は、この官僚機構の外部に立ってこれを律する政治的地位を権威付けるために、中国皇帝のあり方を模し、天皇の地位の特殊化を図っていく。郊天祭祀や天長節の採用、天皇の姻族への優遇的叙位などにその具体例を求めることができるが、そうした天皇の存在を際立たせるために行われた最大の改革は、内裏を朝堂院から切り離し、その内裏の中に天皇を中心とする一握りの高級官僚＝公卿の、合議のための空間を設けたことであった。(31)そしてまた、筧敏生氏が指摘したように(32)、天皇と官僚機構を結ぶ意思伝達期間としての蔵人所が設置されたことにより、律令制国家の支配機構再編は完成を見たのである。

なお、この再編の結果、支配理念、国家観にも大きな変化が現れたことを指摘しておかねばならない。それは京の外部に広がる諸国の支配にかかわる問題である。平安初期の律令制再編の中心課題の一つは地方支配の改革にあり、それが国司の統治権を強化する一方、国司の観察制度を強化する方針で行われたことは言うまでもなかろう。しかしそれは、ただ単に諸国支配を強化することだけを目的として進められたのではない。諸国を京から切り離し、京と諸国を峻別して統治する方向で進められたことに留意すべきである。つまり京の閉鎖性をより強める方向で進められた点に特質が求められるのであり、それは京への疫神・悪神の侵入防止が重要な祭儀として位置付けられ、やがては京外に出ること自体がケガレ意識と結びつけられて忌避されていったことに明瞭であるが、その先導の役割を果たしたのが、天皇の行幸停止であった。(33)ここに天皇は、「『王民』全体の政治的首長」として在り続けることを拒否する姿勢を示したとは考えられないであろうか。「天平期の国家と王権」に見られた、垂直的（階級的）構造と水平的（共同体的）構造の統一的体現体としての天皇像は否定され、「律令制国家の統治権の総覧者」としての天皇像が強烈に打ち出されることになったのである。

こうして、日常政務をその運営機構体としての官僚制に委ねることができるようになった天皇は、蔵人所という双方向的意思伝達機関を通して日常政務にかかわりつつも、次第に日常政務から疎外されていくこととなる。しかしそれは、天皇の実質的権力が形式化・形骸化したことを意味するものではない。九世紀半ばの幼帝の出現は、確かに奈良時代までの年齢階梯制を原理とする、天皇の統治能力の要請という点から見れば、天皇制史上の衝撃的とも言うべき事態の出現ではあったが、客観的には統治能力・執政能力を認めがたい幼児であっても、天皇として存在することを求められた点にこそ注目すべきであろう。天皇の存在なくしては階級結集を果たし得なかった日本の貴族層の限界がそこに示されているわけだが[34]、ではそれはなぜかと問われれば、天皇が官僚機構の外側からこれを律し、起動させるという、国家支配の根源的権力を有していたからにほかならない。日常政務からの疎外は、逆に見ればこの天皇の超越的権威を強調していくための必然的方途であったと言うことさえできるのである。

平安期における儀式の整備と儀式遂行へのエネルギーの投入は、国家を国家たらしめる権威付与機能に純化された天皇の権威の、恒常的再生産を目的として行われたのである。そしてそうであったからこそ、幼帝が成立し得る条件が整備されたのであり、また、保立道久氏が、平安時代の歴史を、皇位継承をめぐる「王の年代記」として描けるとしたように[35]、天皇の地位をめぐる熾烈な争いが展開されたのである。

このような平安期の国家と天皇制の歴史的特質を明らかにしていく上で、「王権」概念がいかなる有効性をもつかが問われなければならないのではないだろうか。「天皇制」あるいは「天皇権力」ではなく、「王権」の語を用いることによって、歴史理解にどのような視野の拡大がもたらされるのか、「王権」が多用される研究状況の中で、この疑問に解答が与えられるべきではないだろうか。

おわりに

筧敏生氏は遺著となった論文集に書き下ろした「結論[36]」において、「王権」を広義・狭義の二重に概念規定すべきことを提言している。広義の王権とは倭王権・日本王権などと使われる場合で、王・王族および臣下を含む支配層全体を指すとする。また狭義には君主権力のことであり、君主が臣下の豪族・貴族と対峙する局面で意味をもつとする。そして王権概念は君主権力が未確立の、特殊な状況を表示するのに適当な装置であり、君主権が天皇権として確立した九世紀以降については自分は王権概念を用いないと明言している。私は筧氏の提言に強く共感を覚えるのであるが、一方で広義の王権を考える時、九世紀以降の歴史分析の概念装置として「王権」が有効性をもつようにも思われる。

この点について、荒木敏夫氏は「王権」の意味を、①王の権力、②王を王たらしめている構造・制度、③時代を支配するもの・集団の権力の三つにとらえるべきことを主張し、天皇・天皇制の語を使うことによってその本質が見えにくくなってしまう天皇・天皇制（＝日本型王権）を相対化し、その特質を把握する用語として定着させる必要があると説いている。[37]荒木氏は③の理解によって鎌倉・室町・徳川の幕府権力も「王権」概念で分析できるとし、また②に王の権力だけが王権を支えているものではないことを含意させているので、筧氏の「広義の王権」は③ではなく、②に該当するものと言えるかもしれない。本稿冒頭に示した、荒木氏の整理による私の「王権」理解も、筧氏の「広義の王権」、荒木氏の②「王を王たらしめている構造・制度」に内容的に重なる部分が多いと考えるのであるが、しかし、荒木氏が私の説を紹介するに当たって「私見とは異なるが」と明言されているように、大きく異なるところがある。

それは私が「王権」の主体を大王・天皇という唯一の人格に求めているのに対し、荒木氏が氏の整理による①の意味での「王権」を、多極的構造でとらえている点である。荒木氏は別の論考では、大后制が継体即位に伴ってキサキに据えられた手白香皇女に始まったとしており、五世紀代の王権概念図には大王のみを記している。[38]五世紀代には大王が単独で掌握していた王権が、六世紀代にはいって大后制が創出されると、大王と大后の間で分掌されるようになったということである。この点については筧氏もまた「潜在的な君主とも評すべき大后制」と指摘している。岸俊男氏が律令皇后制の前身として大后制を指摘[39]して以来、大后の政治参加は周知の事実として扱われることが多い。しかし、私はこの考えに疑問をもっている。荒木氏も述べている通り、大后の政治参加を示す史料は少ない。大后の政治参加の確実な根拠としてあげられることの多い推古の即位要因は、私は敏達の大后であったことにあるのではなく、欽明の子の世代に位置していたことに求めるべきであると考えている。また、これも律令皇后制に連なる事例として取り上げられる持統の即位についても、私は基本的に世代内継承で理解すべきであると考えているが、義江明子氏は天武死後の激しい後継争いを制して、持統が王権を「奪取」したとする考えを示している[(40)]。特に、律令制下の皇后の政治権力から、大后の政治権力を遡及して認めようとする考えには、荒木氏が明らかにしたように[(41)]、皇后不在期間をどう説明するかという大きな解決されるべき問題が横たわっている。大后と皇后の制度的連関性自体を問題にしなければならないと思うのであるが、仮に大后が王権の一部を分掌したことが歴史的事実であると説明されたとして、大后の王権分掌が本源的なものであるか、それとも大后制が創出されたことによって、大后の王権分掌が生み出されたのかが明らかにされねばならないであろう。

荒木氏が、大后による王権の分掌体制を、現状では六世紀にまでしか引き上げられないと述べていることは既に指摘した通りであるが、ある意味でそれは当然のことと考えている。六世紀は世襲王権が確立された時期であり、王妻が意識されるようになったのはこの時期、あるいは部分的に血縁原理が導入された五世紀代のことであったと考えられるからである。しかし、世代内継承を原則とした六～七世紀の王権継承において、継承権の順位に母親の要素が大きな意味をもたされるようになったのは、天武政権下のことであったと思われる。壬申の乱以前、王権継承順位を明確にするために、大后制が導入されたとは考えがたい。

そもそも、なぜ大后制が創始されることになったのであろうか。王権を分掌した王妻が大后と呼ばれたとするなら、まずそのこと自体が証明されなければならないであろう。しかし私はそれは困難であるだけでなく、大王との人格的関係の上に政治権力が構築された段階においては、原理的に想定しがたいことと考えている。単純な発想で、王権の分裂の危険がないかと考えるからである。

その上で、王妻に何らかの順位付けが行われる必要があったとすれば、それは外交の場を介して、大王の「後宮」に秩序を与えること、特に王の妻が複数存在する場合、妻たちに序列を付与することが必要だと判断されたことによるものと推測している。その根拠は(a)欽明紀七（五七八）年是歳条に引用された『百済本記』、(b)斉明紀六（六六〇）年七月乙卯条に引用された高麗の沙門道顕の『日本世記』の文中にある。まず(a)では、「高麗、以二正月丙午一、立二中夫人子一為レ王。年八歳。狛王有二三夫人一。正夫人無レ子。中夫人生二世子一。其舅氏麁群也。小夫人生レ子。其舅氏細群也。及二狛王疾篤一、細群・麁群、各欲レ立二其夫人之子一。故細群死者、二千余人也」とあり、高麗王に正・中・小の三夫人がいたことを示す。このうち正夫人には子がなかったが、子のある中・小夫人の所属「舅氏」間に、王の後継者をめぐる争いが生じたと伝えているところを見ると、正・中・小夫人の序列は、少なくとも王の後継者選定の基準にはなっていなかったと理解すべきであろう。次に(b)では、「或曰、百済自亡。由下君大夫人妖女之無道、擅奪二国柄一、誅中殺賢良上故、召二斯禍一矣」とあり、百済の「君」の大夫人が妖女であり、国柄を専権して賢良なる者を誅殺するような無道を犯したが故に百済は滅亡したと説かれている。この記述から、百済においても王妻の序列化が行われていたことが推測される。また、政権を担当し得たこともうかがわれるのであるが、七世紀中葉のことであることを考慮しなければならないであろう。

　以上、(a)・(b)の史料から、私は倭国の大后制が六世紀以降の対朝鮮外交を通して導入された可能性が高く、導入された当初は、王権の分掌を必然的に期待されるような存在ではなかったと考えるのである。大后がもし「王権」を分掌することがあったとしても、それは大后が生み出された後のことであり、その場合、なぜ大后に「王権」の分掌が求められたのか、認められたのかが説明されなければならないであろう。大后制創出と同時に、大后が大王の政治権力を分掌したとするならなおさらで、その場合は「王権」が大王単独で行使されるべきではなく、大后と分掌されねばならないとされた理由の歴史的説明が強く求められることになる。

　それは律令制下の皇后制についても同じである。皇后の政治的行動については、確かに光明皇后、というより光明皇太后の姿の中に明瞭な痕跡がうかがえる。しかし、一方で律令制定後も皇后不在の時期が長期にわたって存在したことを合わせ考えても、皇后が天皇と並んで権力を分掌することが初めから企図されていたと言えるか、私は強い疑問を感じている。光明の明瞭な政治的行動は、聖武太上天皇が死去した後の、皇太后のそれとして確認されるのであり、それには新たな皇統創出という大問題を課せられた女帝の母という立場が、大きな要因となって作用したのではないかと考えるからである。

光明立后詔に見える「又於天下政置而独知倍伎物不有。必母斯理幣能政有倍之」（『続日本紀』天平元〈七二九〉年八月壬午条）という一句をいかに理解するかが重要である。「斯理幣能政」を広く一般に天皇権力の分掌としてとらえてよいのであろうか。それとも例えば「斯理幣＝後へ」から連想される、「後宮」の秩序維持機能などに限定されると考えるのか、なお検討の余地があるのではないだろうか。まして、これをもって大后の政治権力の伝統の八世紀的表現と理解して、七世紀以前の大后と律令制下の皇后とを直結させることには慎重でなければならないと思う。

「王権の多極的構造」という考えが決して成り立つものではないと主張しようとするものではない。太上天皇制に関する一連の議論で明らかになったように、八世紀から九世紀初頭にかけて、太上天皇と天皇が相互補完機能を有しながら、しかしそれ故に対立・分裂の契機を内包するものであったことが明らかにされてきた。なぜ、そのような「危険性」が内包されることを承知の上で、支配層は「王権の多極的構造」を現出させたのか、その理由、論理が説明されなければならない研究段階に今あることを指摘しなければならないと思うのである。

荒木氏が言うように[42]、「王権」論が世界史的レヴェルで天皇・天皇制という日本型王権を相対化し、天皇制の歴史的本質を抉剔していくための有効な概念装置となり、また前近代の、場合によっては現在に至るまでの日本社会の歴史的展開を解く重要な視座を提供する概念としてその役割を果たすためには、なぜ王権は分掌され、多極化する道を選ばなければならなかったかという疑問への解答が不可欠であることを述べ、本稿の結びとしたい。

（1）井上光貞「古代の皇太子」同『日本古代国家の研究』（岩波書店、一九六五年）、直木孝次郎「廏戸皇子の立太子について」同『飛鳥奈良時代の研究』（塙書房、一九七五年、初出は一九六八年）。
（2）家永三郎「飛鳥朝に於ける摂政政治の本質」『社会経済史学』八―六（一九三八年）は、いわゆる大化以前における皇位継承予定者の存在に疑問を呈した数少ない研究成果の一つである。
（3）井上光貞「帝紀から見た葛城氏」前注(1)井上書所収（初出は一九五六年）。
（4）石母田正『日本の古代国家』（岩波書店、一九七一年）。
（5）荒木敏夫「律令制下の皇太子制」『日本史研究』一七七（一九七七年）。荒木氏の皇太子制研究は『日本古代の皇太子』（吉川弘文館、一九八五年）にまとめられたが、皇太子制の創始について、草壁立太子を否定し、珂瑠皇子（文武）を日本史上初の皇太子とした点が注目される。
（6）荒木敏夫「書評―門脇禎二著『「大化改新」論』」『歴史学研究』三六三（一九七〇年）。なお、前注(5)荒木書において、大兄を皇太子の前身とする説への批判がより徹底して行われている。
（7）川口勝康「在地首長制と日本古代国家」『歴史における民族の形成』（青木書店、一九七五年）、同「国際関係からみた古事記」『文学』四八―五（一九八〇年）、同「五世紀の大王と王統譜を探る」原島礼二他編『巨大古墳と倭の五王』（青木書店、一九八一年）。
（8）川口勝康「四世紀史と王統譜」『人文学報（都立大学）』一五四（一九八二年）。
（9）中村明蔵「大化前代の皇位継承法試論」上・下『日本歴史』二七五・二七六（一九七一年）。
（10）拙稿「日本古代王権継承試論」『歴史評論』四二九（一九八二年）。
（11）荒木敏夫「王権論の現在―日本古代を中心として―」同『日本古代王権の研究』（吉川弘文館、二〇〇六年、初出は一九九七年）。
（12）関和彦『卑弥呼』（三省堂、一九九七年）。
（13）近藤義郎『前方後円墳の時代』（岩波書店、一九八三年）。
（14）ここでは、岡田精司「河内大王家の成立」同『古代王権の祭祀と神話』（塙書房、一九七〇年）および直木孝次郎『古代河内政権の研究』（塙書房、二〇〇五年）所収の諸論考を指摘するにとどめる。

(15) 坂本義種『倭の五王』(教育社、一九八一年)は、倭王とその臣下に与えられた将軍号との間に大きな差等がなかったことを明らかにしている。
(16) 仁藤敦史「王統譜の形成過程について」小路田泰直他編『王統譜』(青木書店、二〇〇五年)。
(17) 拙稿「世襲王権の成立」鈴木靖民編『日本の時代史二 倭国と東アジア』(吉川弘文館、二〇〇二年)。
(18) 義江明子『日本古代系譜様式論』(吉川弘文館、二〇〇〇年)。
(19) 拙稿「『系譜様式論』と王権論」『日本史研究』四七四(二〇〇二年)。
(20) 前注(16)仁藤論文。
(21) 図1において、本来、「珍=タヂヒノミツハワケ=反正」の兄の位置にあった「讃」は、全体の始祖としてこの系譜の始点に引き上げられ、空白となった「讃」の位置には、この世代に異系譜の「済=ヲアサヅマワクゴノスクネ=允恭」をも弟として包摂するため、この世代全体の「兄」であることを強調した「オホエノイザホワケ=履中」が創作されたことについては、拙稿「『オホエノイザホワケ』論」笹山晴生編『日本律令制の構造』(吉川弘文館、二〇〇三年)を参照されたい。なお、拙稿に対して、直木孝次郎氏より批判を受けたが(直木孝次郎「履中天皇と大兄制」、前注(14)直木書所収)、氏の批判は七世紀後半の王名に重点を置き、五世紀から六世紀前半の王名に重点を置く私見と観点の相違がある。私自身は拙論の趣旨を変更する必要はないと考えているが、系譜一系化作業の中での王名創出の論理を追究した拙論と直木氏の批判との間に方法上の隔たりがあり、大兄制に関する見解の違いも含め、第三者による客観的論評に期待したいと思う。
(22) 前注(18)義江書。
(23) 吉田晶『日本古代の国家形成』(新日本出版社、二〇〇五年)。
(24) 律令制国家の成立した八世紀段階において、なお年齢が天皇即位の基礎要件となっていたことは、聖武の即位事情から看取されるところである。荒木敏夫「日本古代の幼帝」前注(11)荒木書所収、参照。
(25) 前注(10)拙稿、遠山美都男「古代王権の諸段階と在地首長制」同『古代王権と大化改新』(雄山閣出版、一九九九年、初出は一九八八年)。
(26) 前注(11)荒木書、五頁。
(27) 同右、一五三頁。

(28) 前注(24)荒木論文。
(29) 前注(5)荒木書、拙稿「天平期の国家と王権」『歴史学研究』五九九(一九八九年)。
(30) 前注(4)石母田書、第三章。
(31) 橋本義則『平安宮成立史の研究』(塙書房、一九九五年)、仁藤敦史「初期平安京の史的意義」同『古代王権と都城』(吉川弘文館、一九九九年、初出は一九九四年)。
(32) 筧敏生「古代王権と律令国家機構」同『古代王権と律令国家』(校倉書房、二〇〇二年、初出は一九九一年)。
(33) 仁藤敦史「古代国家における都城と行幸」前注(31)仁藤書(初出は一九九〇年)、仁藤智子『平安初期の王権と官僚制』(吉川弘文館、二〇〇〇年)。
(34) 前注(5)荒木論文。
(35) 保立道久『平安王朝』(岩波書店、一九九六年)。
(36) 前注(32)筧書、三二七〜三四一頁。以下、筧氏の所論はこれによる。
(37) 前注(11)荒木論文。
(38) 荒木敏夫『日本の女性天皇』(主婦と生活社、二〇〇三年)。後、増補して小学館より同名の文庫として出版(二〇〇六年)。
(39) 岸俊男「光明立后の史的意義―古代における皇后の地位―」同『日本古代政治史研究』(塙書房、一九六六年、初出は一九五七年)。
(40) 義江明子「古代女帝論の過去と現在」『天皇と王権を考える七 ジェンダーと差別』(岩波書店、二〇〇二年)。
(41) 荒木敏夫「日本古代の大后と皇后―三后論と関連して―」前注(11)荒木書所収(二〇〇六年)。
(42) 前注(11)荒木論文。

2章　平安新王朝の創設

春名　宏昭

はじめに

天武天皇に源を発する奈良期の天皇家は孝謙・称徳天皇の死によって断絶し、天智天皇の孫である光仁天皇が即位して新たな天皇家を創設し、その子桓武天皇が平安京に遷都して平安時代が始まる。本稿に言う「平安新王朝」とはこの光仁天皇に始まる天皇家のことである。奈良時代と平安時代とでは時代相がかなり異なっているが[1]、その要素の一つとして天皇家の性格もかなり異なったものになっている。天皇家のあり方の変化が時代相を変えたとまでは言えないが、当然のことながら、二つは密接に関連している。

ところで、本書のテーマに掲げられている「王権」に関しては、筆者は天皇制よりもさらに広い概念として受け取っている。大和朝廷に集った豪族たちもそれぞれが王であって王権（の担い手）なのであり、律令国家の創設とは、こうした大小様々な王権を廃して王権を天皇の独占所有とすることに他ならなかったとも言えるだろう。もちろん、律令制下では天皇を補う存在として太上天皇や三后等・皇太子がいたが、天皇制の中心に天皇が存在したことは明らかである。律令国家はこの天皇による王権独占体制——天皇が国家権力の頂点に位置する体制——を一貫して取ったが、注目すべきは、そうした状況下で天皇のあり方が明らかに変質した点である。即ち、それが奈良から平安への「時代の転換」であり、以下では、その変質のあり方と意味を検証していきたいと思う。

1　天皇家の拡大と縮小

平安期の新天皇家はある意味で拡大し、ある意味で縮小した。そして、これは奈良期の天皇家を鑑みて明確な意図の下になされた変化であった。奈良期の天皇家は文武天皇や聖武天皇が兄弟の親王を持たなかったように、天皇家自体が極めて縮小されたものだった。前代に繰り返された皇位継承をめぐる争いを根絶するために、皇位継承の候補たる親王自体の数を制限しようとしたのである。親王が一人であれば争いも起こりようがない。しかし、その結果、聖武天皇の皇子が次々に早世して後継皇子がいないという事態にいたったのである。

図1

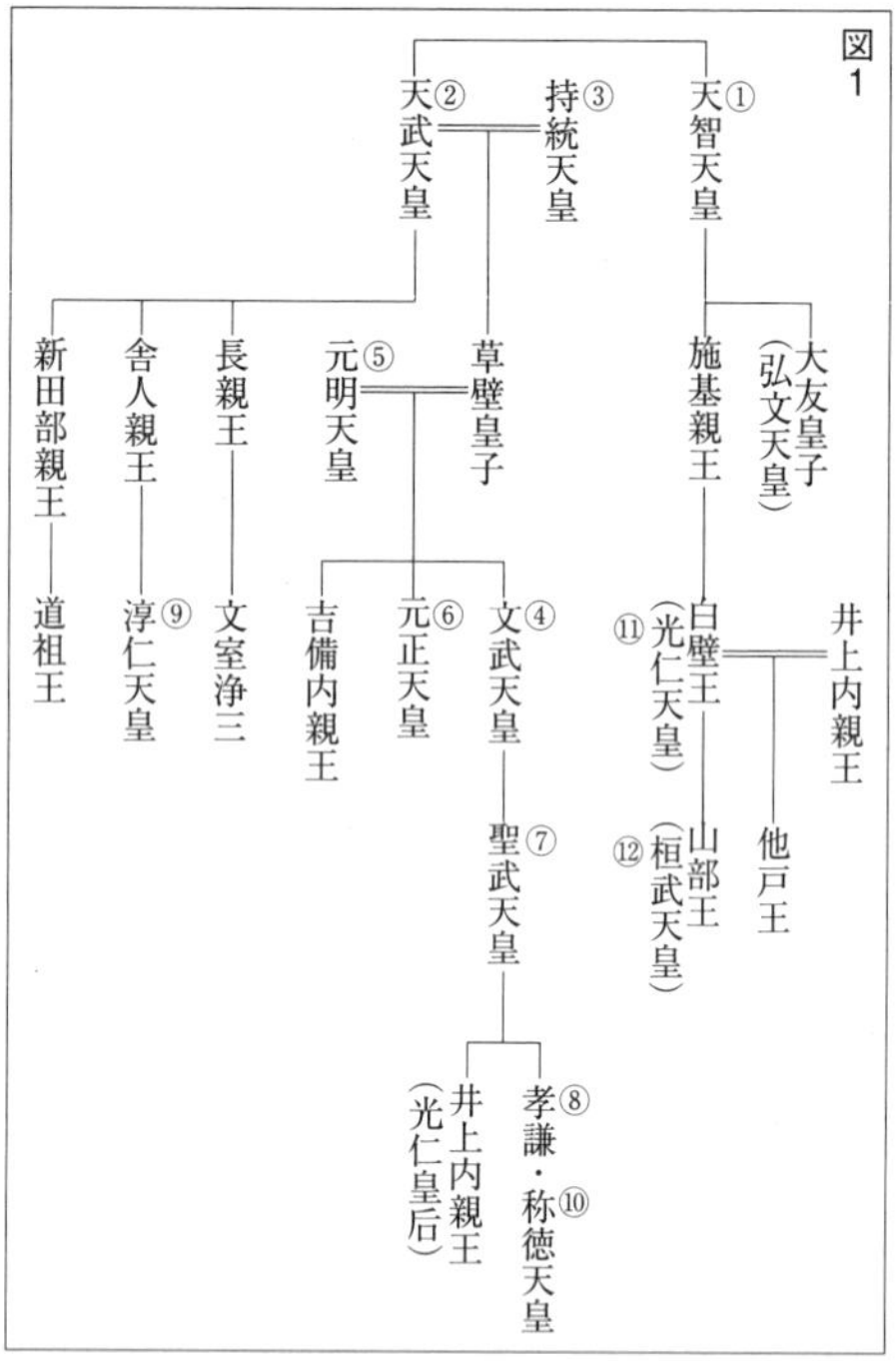

皇女（女帝）を介した天皇家の継続は継嗣令1皇兄弟子条の女帝子規定によって間接的に保障されていた。

凡皇兄弟皇子、皆為二親王一、女帝子亦同。以外並為二諸王一。自二親王一五世、雖レ得二王名一、不レ在二皇親之限一。

即ち、天皇の兄弟と皇子は（皇位継承の第一候補として）親王の身分が与えられ、女帝の皇子も同じく親王となって皇位継承資格を得るものと理解されるが、実際には（理由は詳らかでないものの）当時の社会の許容するところとならなかった。従って、女帝である孝謙・称徳天皇は聖武天皇の真の意味の後継とはなりえなかったから、道祖王（後に廃太子）や大炊王（淳仁天皇）や白壁王（光仁天皇）という三人の孫王が後継に立つこととなったのである。その意味からすれば、当初の律令国家は天皇家自体を可能な限り縮小する代わりに、皇統の断絶を回避する担保として皇親（＝四世王以上）を設定したと考えることができるのではなかろうか。

　孫王が多くいた段階では新田部親王系と舎人親王系が尊重され、皇位継承資格において皇親の間に差があったが、称徳天皇の死後は天智天皇系の白壁王（光仁天皇）とすでに臣籍降下していた文室浄三が後継候補となったことからすると、皇親を皇位継承有資格者として広義の天皇家と言い換えれば、天皇家は極めて広く設定されていたと言えよう。敏達天皇系の葛城王（＝後の橘諸兄）の存在を考えれば、六世紀代の天皇に発する皇親も多くいたことが十分考えられる。

　天皇家（狭義）を極力縮小しようという方針は、称徳天皇死後の候補選定の際も文室浄三が多子である点が問題視されて[2]おり、現天皇家の断絶を目の当たりにした直後でも有効な考え方だったことがわかる。ただ、光仁天皇にも桓武天皇・早良親王・薭田親王・他戸親王・広根諸勝の五人の皇子がいるから、決して少ないとは思えないが、文室浄三の子はその倍以上の一三人だった。

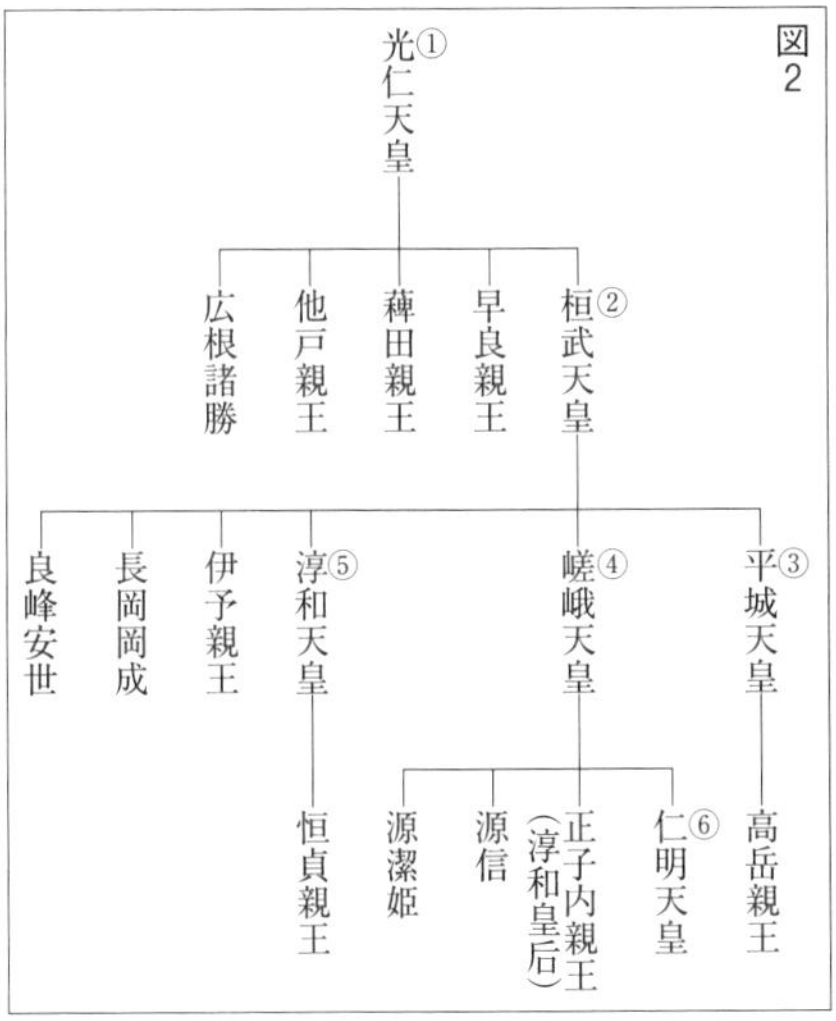

図2

　この光仁天皇に対して、桓武天皇は一六人の皇子をもうけ、嵯峨天皇は二二人の皇子をもうけた。即ち、右の方針が完全に変更されたことは明らかである。皇位継承をめぐって争いが起きては困る。実際、平安時代に入ると他戸親王・早良親王・高岳親王・恒貞親王が相次いで皇太子を廃され、伊予親王も謀反の疑いの中で憤死している。しかし、かといって天皇家が断絶したのでは元も子もない。もちろん広義の天皇家は断絶しないが、実際に聖武天皇家が断絶した時、広義の天皇家ではなく狭義の天皇家が強く意識された。桓武天皇は皇位継承争いを危惧するよりも自らの血統の継続を重んじたのである。

多くの皇子をもうけるためには多くのキサキがいた方がいい。律令制本来の後宮制度としては皇后以外に妃二員、夫人三員、嬪四員が定められたが、奈良時代にはこの定員が満たされることもほとんどなかった。それに対して、桓武天皇と嵯峨天皇は皇子女を生んだキサキだけでも二〇人以上おり、続く仁明天皇・文徳天皇・清和天皇でも一〇人以上確認できる。女御・更衣制は、このキサキの増員に対応するところから形作られたという側面もあったと思う。(3)言葉を換えれば、天皇家のあり方を変えようという動きが後宮制度の改変を促し、『源氏物語』の冒頭に「女御・更衣あまたさぶらひ給ひける中に」と記されたような状況をもたらしたのである。

しかし、皇位継承候補は一定数いればよく、それ以上は不要な存在である。そこから親王宣下制と源氏賜姓が誕生する。(4)桓武天皇が弟（広根諸勝）と二人の皇子（長岡岡成・良峰安世）に賜姓したのは嵯峨天皇による源氏賜姓の先蹤と考えてよかろう。奈良時代には、皇子がほとんどいなかったこともあって、賜姓（＝臣籍降下）は孫王（以下）に限られていた。先ほどふれた文室浄三の例はあるものの、臣籍降下（＝皇籍離脱）は常識的には皇位継承資格喪失に直結しただろうから、卑母を持つ(5)とはいえ、皇子が皇籍から離脱することは皇子であることの価値が低下したことを象徴的に物語っていよう。

また、皇子女の名の形式が嵯峨天皇の皇子女以降変化した点も注目される。平城天皇の皇子女までは氏族名や地名などだったが、嵯峨天皇の親王は正良（仁明天皇）・秀良・業良・基良・忠良と「良」の字を共有し、内親王は正子（淳和皇后）をはじめ「〇子」で統一されている。源氏も男子は信・常・融など全員一字名で、女子は潔姫（藤原良房妻）をはじめとして「〇姫」で統一されていた。

もちろん、これは直接的には嵯峨天皇の唐文化への志向に発するものだろう。しかし、氏族名や地名などに基づく名は、前代からの資養関係や経済的基盤に関連したものである。だとすれば、それとまったく関係のない名になったということは、前代までの社会構造から脱したことを物語っていると思われる。平安遷都は貴族たちを旧来の勢力基盤から引き離し都市貴族化させたと言われるが、皇子女たちにも同様の性格変化が起きていたということであろう。

以上、現天皇家の継続を最重要課題として皇子の数を意図的に増加させることにより天皇家をいったん拡大した上で、皇位継承候補＝親王とそれ以外の者たちを選別し、狭義の天皇家の中にも内郭と外郭を作ったのである。さらに、皇位継承候補から外れた者たちは、良峰安世が大納言にまで昇ったのをはじめとして相次いで源氏が左右大臣に任じられ、藤原氏と肩を並べて「輔弼の臣」の役割を果たし始める。奈良時代の皇親に天皇を囲繞する役割があったとすれば、平安時代にはその役割は源氏が取って代わったと評価でき、その結果、狭義の天皇家の外側にいる皇親は存在意義（＝広義の天皇家を形成する意義）をほぼ失ったものと考えられる。即ち、これを天皇家の縮小と表現してもよかろう。(6)

2　権威の再確立

平安時代の新天皇家は光仁天皇から始まったが、光仁天皇は生まれながらの天皇ではないという点で聖武天皇とは決定的に異なっていた。そして、光仁天皇が真に天皇となるためには聖武天皇と同じ「何か」を獲得する必要があった。天皇に期待されるものは何か。それは一朝一夕に答えが出るものではないが、貴族たちの信頼感に基づいた権威のようなものと表現することができるのではないかと思う。これは現実的な政治力学よりも高次に位置するものであり、これを保持する者は政治秩序の中心たる存在であった。見方を変えれば、すべての人々がこの存在を絶対的なものと認めることにより、政治秩序の安定が保たれるのである。そして、光仁天皇がこれを獲得する術は、国政運営による成果しかなかったものと思う。

称徳天皇死後の皇位継承候補になった文室浄三は致仕大納言だったし、白壁王（光仁天皇）は現任の大納言だった。もちろん、二人は数少ない存命の孫王だったから候補になったのだろうが、政治経験を持つ二人が即位した際にどのような国政運営を行なうかは想像がついたものと思われる。それを考えれば、文室浄三か白壁王かという選択は、今後どのような国政運営を目指すかという選択に他ならなかったと言えよう。

その場合、文室浄三が象徴するのは〈継続〉であり、白壁王は〈変革〉であった。つまり、この選択は微視的に見れば政権争い、権力闘争という側面もあったものの、巨視的に見れば時代の選択だったと言ってよかろうと思う。この時、時代は〈変革〉を選択し、その結果、奈良時代に幕が引かれ、平安時代の幕が切って落とされたのである。

光仁朝では、前朝の左大臣藤原永手が没し、右大臣吉備真備が致仕し、筆頭大納言弓削浄人が失脚したため、次席の大納言だった白壁王（つまり光仁天皇）が太政官筆頭に位置することとなった。その結果、光仁天皇は天皇でありながら国政担当者も兼ねることになったのである。自ら直接国政を領導する天皇は天武天皇くらいしかおらず、極めて特殊な政治状況だった。光仁朝の政治を詳しく見る余裕はないが、結論的に言えば、一〇年余の在位を通じて国政運営で実績を積み重ねて国政担当者として信頼を獲得し、それにともなって天皇としての権威も獲得したと言ってよいものと思う。

光仁天皇の後を継いだのは桓武天皇だった。光仁天皇は、聖武天皇の女である井上内親王を娶り他戸親王をもうけていたため、他戸親王の即位を前提として自身の即位が実現したと考えられている。しかし、皇后に立てられた井上内親王が光仁天皇を呪い殺そうとして廃されたため、その所生であるとの理由から他戸親王も皇太子を廃され庶人に落とされた。その後、山部親王（桓武天皇）が立太子され即位したのである。

先述した〈継続〉と〈変革〉の選択の話で言えば、他戸親王の立太子は、いったん〈変革〉を選択したものの〈継続〉への回帰を担保したものと言え、〈継続〉支持派との妥協だったと評価される。従って、他戸親王の廃太子、山部親王の立太子は〈継続〉という選択肢の再放棄、〈変革〉方針の固定化だったのである。

以上のように〈変革〉を宿命づけられて即位した桓武天皇は、皇位への距離ということでは光仁天皇よりさらに遠かった。光仁天皇が即位した時、桓武天皇は三四歳だった。それ以前は三世王として一般の貴族たちに交じって出仕していた。山部王は天平宝字八（七六四）年に二八歳で無位から従五位下に叙されているから、この時から官人としての生活がスタートしたのだろう。[7]

どのような官職を歴任したのか詳らかでないが、親王になる直前に大学頭だったことが確認できる。[8]大学頭は大学寮の長官だが、少なくとも所管省の長官たる式部卿の指揮下にあった。当時の式部卿は参議石上宅嗣であり、石上宅嗣にしてみれば自分の部下が天皇になったという感じだったろう。このことは桓武天皇にとって致命的であった。光仁天皇の権威は確立したとはいえ、桓武天皇はまたゼロから自身の権威を積み上げていかなければならなかった。かつて一般貴族の部下であった者が、天皇としての権威を獲得することなど、普通に考えれば不可能と思えただろう。しかしながら、桓武天皇は四半世紀にわたる在位によって絶大な権威を獲得し、さらにそれに依拠して強力に国政を領導したのである。[9]

次の平城天皇は、桓武天皇が立太子した後に誕生した。というより、平城天皇の母藤原乙牟漏を娶ったことが、桓武天皇が皇太子として認められたことを意味したのである。従って、平城天皇は皇太子の長子として、将来天皇になるべき皇子として成長した。言い換えれば、光仁天皇・桓武天皇と異なり、聖武天皇とほぼ同じスタートラインから人生が始まったと言える。その意味では、平城天皇は自ら国政を運営して実績を積み重ねる必要は差し迫ってはなかった。

しかし、桓武天皇を見て帝王学を学んだためであろうか、平城天皇も自ら国政を領導しようとした。在位は実質三年という短期に終わったが、大規模官制改革を断行したことに象徴されるように〈変革〉に向けた国政運営に大いに意欲を持っていた。大規模官制改革は宇多朝に再度行なわれ、平安時代の官制が出来上がる。桓武天皇でさえ行なうことを躊躇した大規模官制改革を平城天皇が断行したからこそ平安時代の官制に結びつくのであり、奈良から平安への変遷過程における平城天皇の役割はもっと評価されてよいと思う。

平城天皇は即位後ただちに同母弟の賀美能親王（嵯峨天皇）を皇太弟に立てた。皇后所生ではないが、高岳親王・巨勢親王・阿保親王という三人の実子がいたにもかかわらずである。平城天皇は桓武天皇の没後に即位しているから、桓武天皇の意向による立太弟ということでもない。もちろん、生前の意向に従ったという可能性もあるが、平城天皇がその意向に縛られたとも考えがたく、結局、立太弟は最終的には平城天皇の判断だったということになる。

それとの関連で言えば、桓武天皇も同母弟の早良親王を皇太弟に立てた。この場合は光仁太上天皇の強い意向があったものと考えられ、光仁太上天皇の没後に廃太弟という悲惨な結果を迎えた。これは桓武天皇の自らの血統を皇統として固定したいという無言の圧力の前に早良親王側が自滅したものと思われる。光仁天皇が兄弟による皇位継承を選択した理由は明らかでないが、平城天皇はその意義を理解し、ふたたび試みたということではなかろうか。

ただし、これは天皇家の意志であり、社会全体の意志ではなかったようである。平城天皇には皇太子時代に藤原百川(式家)の女である帯子が入内している(後に贈皇后)が、嵯峨天皇には藤原氏の女が入内したことは確認できない。もし桓武朝の段階から兄弟による皇位継承が予定されていたのであれば、藤原氏が一族の女を入内させないわけはないだろう。それからすれば、平城天皇から嵯峨天皇への皇位継承はあらかじめ予定されたことではなく、藤原氏をはじめとする貴族たち――これを社会全体と表現してもあまり的外れではあるまい――もそれを望んではいなかったと考えられよう。

結局、嵯峨天皇から高岳親王(＝平城天皇皇子)への皇位継承も実現しなかったし、嵯峨天皇から淳和天皇への皇位継承は実現したものの、嵯峨天皇の子である仁明天皇に淳和天皇から皇位が戻された後は、仁明天皇から恒貞親王(＝淳和天皇皇子)への皇位継承も実現しなかった。つまり、薬子の変によって嵯峨天皇の皇位がいったん安定すると、嵯峨天皇の血統から皇統が離れることを社会は望まなかったということなのだろう。[10] 社会の希望する皇位継承が極めてまれなかたちで実現したのが〈仁明―文徳―清和―陽成〉の直系継承なのではなかろうか。

天皇家ということで言えば、この直系皇位継承に対応するように皇后の冊立がなくなっていることが注目される。ということは、新天皇家の創始以降、光仁・桓武・平城・嵯峨・淳和と歴代の天皇が皇后を立ててきたのは、天皇家側の意志によるものだったことになろう。鸕野讃良皇后（持統天皇）や皇太妃阿閇皇女（元明天皇）の例を考えれば、三后等に付与された権限・権力は相当に大きなものだったと思われ、そのために文武天皇や淳仁天皇は皇后の冊立を躊躇したのだろう。皇后の存在は天皇家をより確固たるものにするが、天皇家の力が強まることは必ずしも社会の望むことではなかった。実際に大きな権力をふるった者はいなかったものの、仁明朝以後は（社会全体の意向に沿うかたちで）皇后の冊立が避けられたものと考えられる。(11)

話をもとに戻して、奈良時代から平安時代への変遷過程における天皇のあり方を考えると、嵯峨天皇は光仁天皇・桓武天皇とも平城天皇とも若干性格を異にした。嵯峨天皇は桓武天皇の皇子として誕生したから、文字通り生まれながらの皇子だった。また、薬子の変を克服したことによって天皇としての権威は確固たるものとなった。しかし、性格によるのであろうか、嵯峨天皇は自ら国政を領導しようとはせず、信頼する高官たちに国政運営を委ねた。即ち、ここから良吏政治が始まる。

光仁・桓武・平城の三天皇は、原則的に国政に関するすべての決定事項を奏上させ自ら断を下していたものと考えられる。感覚的に筆者は中国・宋の皇帝専制下の政治状況を連想するが、それほど違いはないだろうと思う。この状況の下では必然的に天皇に権力が集中したが、当然すさまじい激務であった。光仁・桓武両天皇はこの激務に立ち向かって天皇としての権威を獲得し、平城天皇も果敢に自らの責務と向き合った。ここで言う（天皇の）権力とは、先に述べた（天皇の）権威に依拠して国政を左右する力を意味する（直接命令を下して官僚機構を動かすこともあったろうし、いわゆる遠隔操縦で動かすこともあったろう）。即位当初の光仁天皇にはこの権威がなかったために、大納言の延長上の位置から国政運営を始め、その実績によって権威を徐々に獲得し、権力を行使できるようになっていったものと思われ、桓武天皇も類似の過程をたどって権威・権力を確立したものと考えられる。

ところが、平城天皇は地道な努力によって官人たちの信頼（＝天皇の権威）を獲得することなく、最初から桓武天皇と同等の権力を行使したために、初めは命令に従っていた官人たちも漸く平城天皇の〈天皇としての〉能力に疑問を抱くにいたった。恐らく、ここから天皇が国政を領導する政治体制そのものへの疑問が出てきたのではないかと思う。先述したごとく、このような政治体制が取られたのは天武朝くらいであり、光仁・桓武両天皇は即位にともない自動的に権威を得られなかったために、いわば必要に迫られてこの政治体制を選択した。しかし、平城天皇はこの政治体制を選択する必要はなかったのであり、だからこそ官人たちからこの政治体制を忌避する動きが出てきたのだろう。嵯峨天皇はこの動きの延長線上に高官たちに国政運営を委ねたのである。

ただ、これによって政治体制が奈良時代に戻ったかというと、そうではない。例えば、聖武天皇の存在は極めて大きいが、長屋王政権・藤原武智麻呂政権・橘諸兄政権という把え方にも意味はあろう。それに対して、桓武朝において藤原是公政権・藤原継縄政権・神王政権などと表現する意義は乏しい。そして、嵯峨朝においても藤原園人政権・藤原冬嗣政権などと言う意義は乏しいと言えよう。聖武天皇のあり方と嵯峨天皇のあり方とが具体的にどのように異なっているのか説明は困難だが、桓武朝の政治のあり方を九割方もとに戻しながらも、桓武天皇的な天皇のあり方を残り一割堅持したとでも表現すればよいのではなかろうか。極めて印象論的な説明ながら、理解としては誤っていないと思う。

この状況は続く淳和朝・仁明朝にも引き継がれた。ただ、それは嵯峨太上天皇の存在に大きく支えられたものであり、嵯峨太上天皇が没した直後に承和の変が起こり、時代は大きく舵を切る。その先は摂関政治の時代であった。

3　天皇の地位の明確化と権力の所在

光仁天皇の即位以後、確固たる体制作りに努めてきた新天皇家にとって、薬子の変は天皇家の存立自体を危うくするものだった。薬子の変とは、平城太上天皇と嵯峨天皇との意志疎通が円滑を欠いた状況下で平城太上天皇が平城京還都の号令を発した際、嵯峨天皇側がいわば軍事クーデターを起こして政局を掌握した事件である。このような事件が起こった原因は、太上天皇と天皇とが同じ権限を有した律令国家のシステム——このシステムの下では二人の君主がいると表現できる——自体にあった[12]。

奈良時代にも孝謙太上天皇が淳仁天皇を廃する事件があった（藤原仲麻呂の変）が、これは聖武天皇直系と傍系との差が引き起こしたものだったとも言える。しかし、平城太上天皇と嵯峨天皇とは二人とも桓武天皇の皇子であり差はない。しかも、次男が長男を屈服させたのであり、長幼の序も関係ない。だとすれば、太上天皇と天皇とが並立すれば、いつでも同じような政治的混乱は十分起こりうると考えなければならない。そこで嵯峨天皇は、政治的混乱の危険性をあらかじめ摘み取るために太上天皇制を根本的に変革した。

嵯峨天皇は淳和天皇に譲位するに際し太上天皇号を辞退した。後に淳和天皇からあらためて奉られることになるが、この手続きによって嵯峨太上天皇は国政からの引退（＝もう一人の君主としての権限の放棄）を表明し、天皇が唯一の君主として君臨する極めて明瞭なシステムを成立させたのである。ただ、システム上君主ではなくなったからといって、官人たちの嵯峨太上天皇に対する信頼感が消えることはない。淳和天皇にしても、基本的には自らの判断に基づいて国政運営を行なうものの、嵯峨太上天皇の意向に反するような政治判断を行なうわけはなかろう。

つまり、平城太上天皇と嵯峨天皇の場合は、二人がいずれも権限を有し、その権限に基づく権力が衝突して事件が起こったのに対して、嵯峨太上天皇と淳和天皇の場合は、淳和天皇が権限を有し権力を握った一方で、嵯峨太上天皇は権限を有しないにもかかわらず絶大な権力を有したのである。嵯峨太上天皇がこの権力を行使することはなく、存在するだけで政治秩序の安定を保障するものであったが、淳和天皇や政府高官たちが無視しえない権力が国家機構とは別次元に存在したことは紛れもない事実である。

言葉を換えれば、システム的には極めて明瞭な政治体制になったにもかかわらず、権限に基づかない権力が新たに発生した点で極めて不明瞭な政治状況が展開することになったと言えよう。例えば、政権担当者の権力も権限（＝大臣の職権）に基づくものだった。ただ、その権力が実際には権限の保障するものよりも大きかったり小さかったりするところから権力論の視点で政治史が語られる意義があるのだと思う。しかし、嵯峨太上天皇が有した権力は権限からは離れたところに発生した権力であった。従って、この新たな権力をめぐって平安時代の政治は新たな展開を見せることになる。

嵯峨太上天皇が有した権力は、天皇時代に培ってきた信頼感――即ち天皇としての権威――に基づく権力だった。この信頼感＝権威が揺らぐことがなかったからこそ、淳和朝・仁明朝で天皇を中心とした政治（＝嵯峨天皇が思い描いた理想の政治）が安定して実現したのである。嵯峨太上天皇の存在がなければ、当然、淳和天皇や仁明天皇は自ら権威の獲得に努めなければならなかった。光仁天皇も桓武天皇もそうして自らの権力を築いたのである。違った側面から見れば、淳和天皇や仁明天皇に権威の獲得＝権力の構築を怠らせたことが、新たな展開を引き起こすのである。

嵯峨太上天皇が没して承和の変が起こった時、仁明天皇の最終的判断は期待されなかった。それは仁明天皇が嵯峨太上天皇ほどの信頼感＝権威を得ていなかったからに他ならない。権限ならば仁明天皇は有していた。だから、皇太子恒貞親王を廃する詔は仁明天皇の名で発された。しかし、事件の処理は官僚機構内で行なわれ、そこで出た結論を仁明天皇が（必要な手続きとして）決裁したにすぎなかった。

信頼感＝権威、あるいはそれに基づく権力は漠としてつかみどころのないものではあったが、安定した国政運営が行なわれるためには必要不可欠だったから、貴族たちが嵯峨太上天皇に代わる存在を求めたのは当然のことであった。貴族たちは政治秩序の安定を求め、それを保障してくれる政治秩序の中心たりうる存在を求めたのである。承和の変の直後に藤原良房が人心を掌握したとは思えないが、最終的に貴族たちの信頼感を勝ちえたのは藤原良房だった。つまり、藤原良房が嵯峨太上天皇と同じ権力を手にしたのだが、実はこれは画期的な意味を内包していた。

奈良時代に、例えば元明天皇と藤原不比等はそれぞれ自らの権限に基づく権力を持ち、またその権力は貴族たちからの信頼感によって支えられていた。ただし、元明天皇の権力は君主としての権力であり、藤原不比等の権力は太政官筆頭の右大臣としての権力であって、次元を異にするものだったから、両者の権力は比較の対象とはなりえなかった。ところが、嵯峨太上天皇の権力は権限に基づかない権力だったから、信頼感のみが基準となり、その基準においては嵯峨太上天皇の権力も淳和天皇・仁明天皇の権力も藤原良房の権力も同じ次元に存在したのである。即ち、ここにいたり、本来は次元のまったく異なるものだった天皇の権力と臣下の権力とが大小を比較できるものになったのである。

そうした意味で、文徳朝では文徳天皇の権力を藤原良房の権力が凌駕していた。文徳天皇が第一皇子の惟喬親王を第四皇子の惟仁親王(=清和天皇)に先立って即位させたいと願いながら、藤原良房の意向を慮ってついにその願いを実現させえなかったことは周知の事実であろう。表面上は仁明朝と同じ天皇を中心とした政治が行なわれたが、実際には天皇は中心にはおらず、藤原良房を中心とした政治が行なわれ、延いてはそれが摂関政治へと繋がっていくのである。

しかしながら、権力面で藤原良房に凌駕されても文徳天皇の君主としての地位が少しも動揺しなかったのは、新天皇家がすでに確固たる位置を獲得していたことを物語っていよう。思えば、光仁天皇も桓武天皇も権力の構築に必死に取り組んだが、それができなければ天皇の地位自体を失う恐れさえあったからである。言うなれば、権力の確立、信頼感の獲得は死活問題であった。その意味で言えば、それらを藤原良房に明け渡しても天皇の地位から追われることはないという安心感――ある意味では自信と言ってもよかろう――があったからこそ、光仁天皇以来の〈自ら国政を領導する天皇〉という性格を放棄したと理解できるのではなかろうか。

4 新天皇家の家産

光仁天皇は施基親王の第六王子として生まれ、老年まで庶流の孫王として一生を終えるつもりだったと思われる。従って、京内に邸宅を構えていたろうし、中流貴族としてそれなりの財産を有していただろう。即位後、その邸宅や財産はどうなったのであろうか。処分方法は三つ考えられる。一つは皇室財産に組み入れるという方法、もう一つは皇子たちをはじめとした親族に分与するという方法、さらにいま一つはそのままの状態で保有する方法である。ただ残念ながら、光仁天皇の即位前の邸宅や財産の存在を窺わせる史料はないし、それらがどのように処分されたのかを窺わせる史料も残っていない。

楊梅宮に徙居した記事が見えるが、[13] 楊梅宮は平城宮の東張出部の南部にあったと考えられているから、白壁王の私邸ではない。もちろん、痕跡がないからといって私有財産を温存しなかったとは一概には言えないが、光仁天皇ゆかりの邸宅や荘園などが残っていれば、その痕跡が後世にまったく残らないということは考えがたい。従って、光仁天皇は自らの諸王時代の私有財産を即位後もほぼそのままのかたちで留保することはなかったと考えて差し支えないものと思う。

桓武天皇も青年期まで三世王だったから、（父の白壁王とは別に）京内に邸宅を営み財産を有していただろう。その関連で注目されるのが『続日本紀』延暦元（七八二）年七月戊申条の「勅旨宮」である。

　天皇移二御勅旨宮一。

これに関しては、朝日新聞社本では近江国甲賀郡勅旨村に営まれた保良宮と同処かという井上頼圀の説を引用しているが、現代思潮社本はこれを批判して平城宮内の殿舎であろうとしており、東洋文庫本（平凡社）と新日本古典文学大系本（岩波書店）は三カ月前に廃止された勅旨省の建物かとしている。

わずか七文字の断片的な記事であるためいずれも推測に止まるが、恐らくは、光仁太上天皇の死去にともなう内裏改作のための一時退去と想像される。ただ、保良宮に移る積極的理由は見当たらない。かといって、勅旨省の建物かどうかについても疑問がある。勅旨省は廃止されたが、職務の一部は勅旨所に継承された。勅旨所は内蔵寮内の一部局になったと思われるが、いわば官司内官司として一定の独立性を保持したようであり、勅旨省の施設を引き続き使用した可能性もある。また、施設を引き払うにしても、三カ月間で残務整理を終え天皇移御の準備ができたとは考えにくい。

そこで、筆者は勅旨宮を勅旨所の管理下に置かれた施設と考えたい。勅旨所の管理下にあった荘園が勅旨荘と称された例もあり[14]、勅旨を冠した名称は異例ではない。奈良時代にも離宮が見られるが、離宮の管理主体がどこであるのかは詳らかではない。一般的には内蔵寮と考えられているのかもしれないが、それは離宮を天皇家の（内廷的）財産と考えているからであろう。しかし、そのことを積極的に証明した論考はなく、現時点では不明としておくのが妥当であろう。

ただ、いずれの機関であれ、令制当初から離宮を管理する機関は設置されていたはずであり、それとの対比で考えると、勅旨省が孝謙朝に新設された令外の官だったことからすれば、勅旨省もしくはそれを引き継いだ勅旨所が離宮を管理することは一般的ではなかったと言えよう。言い換えれば、勅旨宮はわざわざ勅旨所の管理下に置いた（他の離宮とは性格の異なる）施設であったと考えられる。そして、宮と言う限りは居住できる施設であったのだろう。勅旨宮をこのような条件を持つ施設と考えた時、筆者は勅旨宮が桓武天皇の諸王・親王時代の私邸であった可能性を考えたい。

つまり、桓武天皇は、立太子時もしくは即位時に自らが（私人としての性格を本来的に拒絶する）公的な地位に昇るに際して私邸を処分しなければならなくなった。考えられる処分方法は先に示した三つであった[15]。自分の手元に残したいものの、かといって皇室財産にいったん組み込まれれば、他の離宮と同様の扱いを受け、それらの中に埋もれてしまうかもしれない。何としてもそれを避けたかった桓武天皇は、何とかこれまでとほぼ同様の経営形態を維持できないかと思案した結果、国家機構の中でも最も内廷的な職掌を有する勅旨省（後に勅旨所）の管理下に置いたと考えられるのではなかろうか[16]。

この勅旨宮に財産が蓄積されていたのかどうか詳らかではないが、桓武天皇の諸王・親王時代の私有財産ということで、即位後の行方が明らかなものとして注目されるのが川合荘の旧屋部王家領勅旨田である。川合荘の由来を記した承平二（九三二）年十月二十五日付の伊勢太神宮寺解案の一節に次のようにある[17]。

造東寺施入勅旨川合田六十六町、元従四位下屋部王家領、宝亀四年皇太子傅家領、依二去年（＝延暦二十二年）正月七日官符一為二東寺領一。

浅香年木氏や寒川照雄氏が明快に説いたごとく[18]、ここに見える「屋部王」は山部王＝桓武天皇その人だった。即ち、諸王時代に勅旨田を得た桓武天皇[19]は、宝亀四（七七三）年に自らが立太子するに際して家領の実質的温存を図り、皇太子傅になった大中臣清麻呂を（形式的な）所有者としたのである。

この勅旨田は延暦二十二（八〇三）年に桓武天皇の勅により東寺に施入されていて、大中臣清麻呂は延暦七（七八八）年に没しているから、その後の所有者が問題となる。寒川氏はこれを皇太子傅という職に付随した領田と考えているが、寒川氏が掲げる馬上帳の記載には〈宝亀元年帳＝親王家領川合田→同二年帳＝中務卿→同四年帳＝皇太子傅領田→延暦二十二年帳＝勅旨施入東寺田〉とあるものの[20]、これはその年の帳簿で所有者が「親王家」「中務卿」「皇太子傅」とあった[21]と言うに止まり、言及のない宝亀五（七七四）年から延暦二十一（八〇二）年までの間一貫して所有者が「皇太子傅」だったということにはならない。大中臣清麻呂が延暦七（七八八）年に没した後は、恐らく清麻呂の子孫――相次いで議政官に昇った子老や諸魚――が形式的な所有者であり続けたものと想像される。

また浅香氏は、光孝天皇の事例を引用しつつ、川合荘田は桓武天皇の即位にともない皇太子傅の領田から勅旨田になったと考えている。光孝天皇の事例とは『日本三代実録』仁和元（八八五）年十一月十七日条に

以下帝龍潜時在二畿内外国一水陸田地上、皆為二勅旨田一。下二符諸国一知。

とあるのがそれである。浅香氏が勅旨田をどのような性格の田と考えているのか正確には把握しがたいので不明瞭な部分が若干あるが、一貴族の私有田から皇室財産になったと考えているらしい。しかし、川合荘田が賜田から性格の異なる勅旨田へ変わった[22]とすれば、それは明記されたはずで、それが確認できないことからすれば、そのような改変は行なわれなかったと理解すべきだろうと思う。

施入時の所有者を大中臣諸魚と仮定した場合、もし川合荘勅旨田を大中臣諸魚の個人的な所有物と見れば、一貴族の私

有財産を天皇が剝奪（＝没官と表現できるかもしれない）して、彼とは何の関係もない寺院に与えたことになる。また逆に、もし形式を守ろうとすれば大中臣諸魚の名で寄進されることになるが、東寺とすれば、桓武天皇ゆかりの勅旨田が勅施入されたというかたちを取ることを望んだに違いない。つまり、これを見る限り、桓武天皇は川合荘勅旨田を自分の所有物と考えており、他の人々にもそれは周知のことだったのである。

以上の勅旨宮と勅旨田を見ると、まぎれもなく桓武天皇の私有財産でありながら、（その公的地位に反する）私有財産を持ってはならないという建前を遵守しようとし、同時に何とか私有財産を実質を変えずに保留できないかと腐心した桓武天皇の心の動きが看取できる。ただその一方で、阿倍内親王（＝後の孝謙天皇）の例に倣ったのであろう、封一〇〇〇戸を給されている。[23] 桓武天皇の頭の中でいかなる論理によってこの二つが性質の異なるものと判断されたのかは詳らかでないが、桓武天皇は諸王・親王の時代の家領が皇太子や天皇の地位に相応しくないと判断したのである。天皇は律令国家の最終決定権を行使する君主であり、その行動は国家秩序の枠組みによって規制されていた。しかし、桓武天皇はこのような建前的なあり方とは異なった状況をはからずも生み出したのである。

次の平城天皇は皇太子の長子として誕生したから、将来は天皇になる皇子として育てられた。父桓武天皇が即位すると同母弟早良親王が皇太弟に立てられたが、藤原種継暗殺事件に関与したという理由で廃されると、安殿親王（平城天皇）があらためて立太子し、桓武天皇の死後即位した。従って、平城天皇はこの間私邸を経営し私有財産を運営するような状況にはなく、またその必要もまったくなかったのである。例えれば、平城天皇は聖武天皇のごとき環境の下にあったと言えようか。

それに対して、嵯峨天皇は本来は即位する予定などなかったから、当然一人の親王として私邸を経営し私有財産を運営したものと思われ、そこから後院の濫觴と考えられている冷然院（後に冷泉院）と嵯峨院が歴史上に登場する。[24] 冷然院は親王時代の邸宅を即位後も管理形態を変えずに経営していたものと想像され、嵯峨天皇の追号ともなった嵯峨院は親王時代に営まれた山荘であったと考えられる。ただ、これらは初めから計画されて後院となったのではなく、即位後も私邸をしかるべく処分せず、放置しておいた結果であると想像される。

奈良時代から天皇は離宮的な施設を京内外に運営していたが、平安時代に現れる後院はそれとは明らかに性格を異にしていた。京内に点定された後院は、譲位後の居所としてあらかじめ在位中に用意された邸宅で、運営要員である後院司が設定され、荘園などのいわば私有財産の蓄積主体でもあり、内裏焼亡などの際には避難施設として準備されており、そのまま里内裏として利用されることもあった。

次の淳和天皇は、一定の在位の後正良親王（嵯峨天皇皇子、後の仁明天皇）に譲位しなければならないと考えていたため、自らの親王時代の邸宅を温存していた。後院の語は見えないものの、これが実質的な後院の初例となろう。それに対し仁明天皇は、生まれながらに嵯峨天皇の後継者であったため、嵯峨・淳和両天皇のように私邸を営むような環境には育たなかったが、恐らくは即位後冷然院を嵯峨太上天皇から伝領したものと考えられ、ここから後院の制が定着した。即ち、平城天皇とほぼ同様の状況にあった仁明天皇が（私邸である）冷然院を伝領したことが後院の制の確立にとって画期であったのである。[25]

以上を見ると、あくまでも奈良時代的な天皇のあり方に従った光仁天皇と、それを遵守しようと努めながらも抜け道を探そうとした桓武天皇との間に天皇のあり方の根本的な差が看取できるのであり、[26]平城天皇を挟んで、嵯峨・淳和天皇が平安時代的な天皇のあり方の濫觴となり、仁明天皇がそれを定着させたと結論できよう。即ちそれは、律令国家の君主として公的性格を有するとともに、その一方でいわば一人の貴族として私的性格を併せ持つものであった。[27]

天皇や太上天皇が営む諸院は「院宮王臣家」の構成要素の一つとなる。[28]大げさに言えば、この院宮王臣家は平安時代の社会を構築していった原動力、中核的存在であり、やがて権門と呼ばれて中世社会を導くが、その途上で最大権門たる院（＝太上天皇）が荘園を集積して経済的権力基盤とし院政を開くのである。即ち、それもこれも桓武天皇や嵯峨・淳和天皇から始まったことなのである。

さてその場合、それぞれの天皇の自然な営みの中からそうした状況が生まれたのか、それとも、天皇のあり方を変革しようという明確な意識の下にそれがなされたのかという問題がある。筆者は、奈良時代から平安時代への転換を大局的に見た時、理論的にその関連を証明することはできないものの、少なくとも、天皇のあり方が変化する政治的・社会的要件は満たされており、変革の明確な意識はなかったかもしれないが、必然的に天皇のあり方が変化したものと思う。

では、この変革の根底に流れるものとは一体どのようなものなのであろうか。明確な解答が提出できるわけではないが、古代の天皇制（太上天皇制を含む）を考える上では避けて通れない問題であるため、若干の模索を展開したいと思う。

天皇のあり方の変化をとらえるためには、各時代のあり方を理解しなければならないが、その前に律令制以前の天皇のあり方は律令制下のそれとはかなり異なっていたことを確認しておく必要がある。記紀に描かれた天皇の姿は非常に人間的なものであり、雄略天皇が猪に追われて木の上に逃げた逸話[29]のごとく、国家の頂点に立つ為政者として完成された姿ではなかった。また、斉明天皇が大土木工事を起こし「狂心渠」と人々から謗られた[30]例に典型的なごとく、天皇の行為は絶対に正しいとは限らなかった。

それに対して、奈良時代の天皇は律令国家の最高決定権者＝君主として絶対的な正当性を有していた。もちろん、祥瑞・災異思想に基づいて聖武天皇が自らの失政を嘆いた宣命も見られるが、それによって聖武天皇が責任を問われることはなく、天皇の地位は絶対的なものとして保護されていた。このような性格の発端は「天皇は神にしませば」と謳われた天武天皇に見られ、またこの時代こそ律令国家建設過程の最終段階であった。

律令制は中国から導入したシステムであり、天皇制も基本的には皇帝制に倣ったシステムが構築されている。しかし、天皇は皇帝のごとく自らの意思に基づいて権力を行使し国家を統治することはなかった。それは恐らく、皇帝が失政を行なえば天帝によって罰される身であったのに対して、天皇を罰する存在が想定されていなかったからだろう。言い換えれば、自己責任を取れる皇帝は権力を行使することができたのに対して、それができない天皇は実質的な権力を行使することができず、ただ形式的に国家権力を行使する手続きを行なうに止まったものと考えられる。

つまり、律令制下の天皇は絶対的に正しいことが求められた。恐らく、これが天皇が公的性格しか持ちえなかった根本的な理由であろう。従って、そこでは天皇が私的性格を持つ危険性のあるようなことは断固として排除された。もちろん、天皇も人間である限りは潜在的に私的性格を持っていたが、建設されたばかりの律令国家の運営を軌道に乗せるために、絶対的な正当性を保持し続けることが課せられたのだろう。

ただ、淳仁天皇の廃位はこうした絶対的な正当性に疑いを持たせてしまったのではなかろうか。もちろん、この廃位は権能面で淳仁天皇よりも上位に位置する孝謙太上天皇によってなされたもので、天皇の権力自体が否定されたものではないが、絶対的な存在と思われていた天皇が退けられることもありうると人々が実感したことは、相当な衝撃であったことと想像される。そして、称徳天皇が道鏡に皇位を譲ろうと画策した八幡神託宣事件では、称徳天皇の願いは八幡神によって批判され退けられた。ここに天皇の権力は重大な傷を被り、その絶対性が大きく揺らぐことになったのである。

そもそも、天皇が絶対的な正当性を保持し続けることには相当な無理があった。奈良時代の天皇はその無理を押し通そうと努めたものの、称徳天皇にいたってその無理が白日の下にさらされたということなのだろう。光仁天皇は絶対的な正当性をふたたび取り戻そうとしたものの、桓武天皇はその不合理に（潜在意識下においてかもしれないが）気づき、公的性格と私的性格を両立させる方法を模索したものと考えられる。もちろん、奈良時代で律令国家を安定的に運営する作業が一応完了し、天皇が建前通りに振る舞う必要性が減少したことも、桓武天皇の方向転換が許された一因であろうと思われる。

このような経過をたどり、先に述べたごとく、仁明天皇以後、天皇は公と私を使い分けるようになった。即ち、公の部分では絶対的な正当性を保持しなければならないが、私の部分ではありのままの人間味をさらけ出してよくなったのである。貴族たちも、官僚として政府の中で機能する場合には公的な立場に立つから、政治秩序に従った行動を取ることが要求される。しかし、いったんその立場を離れれば、社会秩序には従わなければならないものの、私的な一個人として自由に活動することができた。言うなれば、天皇も平安時代になって初めて貴族たちと同様の環境を得たのであり、恐らくこれは天皇が貴族化したと評してよいものと思う。

天皇が国家に対して相対的な存在になりえたことは、ある意味では、国家がそれだけ成熟したことを物語っている。従来、平安時代を律令国家が衰退する過程ととらえる理解の仕方が大勢を占めていたが、最近では、律令国家は平安時代になってもう一段発展すると理解した方がよいと考えられるようになってきており、筆者もまったく同感である。天皇が絶対的な正当性という呪縛から開放されたことは、律令国家の政治システムの弛緩には直結しない。それどころか、奈良時代に強いられていた不合理が解消されたことを意味し、それは律令国家の政治システムが成熟した段階に入ったことを物語っている。

おわりに

光仁天皇に始まる新天皇家に課せられたのは、天皇家の再構築とその安定であった。天皇家の断絶という事態に二度といたらないために数多くの皇子をもうけ、その中で皇位継承候補を選定して親王とし、それ以外の者たちを源氏とした。そして、意図されたのかどうかは詳らかでないが、源氏となった皇子たちは、藤原氏と並んで左右大臣として天皇を支える役割を担っていく。その結果、従来天皇家の外郭を構成していた皇親の存在意義はほぼ消滅し、天皇家の内部構造は大きな変化を遂げたのである。

天皇家の安定はまた、天皇が天皇たりうる権威・権力を備えていることを要し、さらに貴族たちからそうした信頼を獲得する必要があった。光仁天皇や桓武天皇は奈良期の天皇が生来持っていた権威・権力を有しなかったから、自ら国政を領導することによってそれを獲得しようとし、時代の要請に基づき〈変革〉を目指す諸政策を断行していった。その結果、時代は奈良から平安へ大きく転換していったのである。ただ、天皇自ら国政運営を行なうのは特異な状況で、光仁・桓武朝で〈変革〉の基本的部分が成し遂げられたことと、平城天皇の独断専行的な性格に貴族たちが疑問を抱いたことをうけて、嵯峨天皇は高官たちに直接の国政運営を委ねる体制に戻し、淳和・仁明朝でこれが定着したのである。

嵯峨天皇はまた天皇制のあり方自体を改変した。律令国家の成立時には太上天皇と天皇という二人の君主を設定したが、両者の間に事変が発生したことから、嵯峨天皇は弟淳和天皇への譲位に際して君主の地位の放棄を宣言し、淳和天皇一人が君主として君臨する明快な体制を確立した。しかし、君主の地位を放棄したとはいえ、嵯峨太上天皇は貴族たちから絶大な信頼感があり、それに基づいた権力によって淳和・仁明朝では天皇中心の理想的な国政運営が展開された。この権力は国家とは別次元に存在するもので、この権力を藤原良房が受け継いだことが一つの要因となり摂関政治へと移行していくのである。

新天皇家では天皇のあり方も変わった。光仁天皇や桓武天皇は諸王として私邸や荘園などを保有していたが、光仁天皇は奈良期の天皇に倣って（公的な地位にそぐわない）私的な財産を完全に放棄したのに対して、桓武天皇は（公的な地位に抵触しないかたちで）それらを温存したことから、天皇も公と私を使い分ける状況が発生し、さらに嵯峨天皇や淳和天皇も親王時代の私邸を温存したことにより後院の制が創始された。奈良期の天皇が私的性格を持たなかったのは、その必要がなかったからでもあるが、律令国家が始動したばかりの時期にあって天皇には絶対的な正当性が必要不可欠だったからでもある。それに対して、律令国家が相当程度の発展を遂げた平安時代においては、天皇にかかる負担も軽くなり、それにともなって要請される正当性もかなり軽減され、（天皇には本来ない）私的性格を併せ持つことが許容されることになったのである。

以上、光仁天皇に始まる新天皇家は、奈良期の天皇家からは様々な面でそのあり方を変えていた。新天皇家は時代の要請に応え、貴族たちの感情に配慮し、国政の安定に努めた結果として形作られたものであり、平安中期のさらなる発展を準備するものであった。

(1) 奈良時代・平安時代という言い方は、都（＝政治的中心地）が平城京もしくは平安京にあったことに基づいた称で、時代を性格付けるものではないから、時代呼称としては不適切だと考える向きがある。しかし、時代が推移する現象の一つとして、あるいは象徴的出来事として都が遷るのであり、そうした意味では、奈良時代・平安時代という言い方は十分意味のある時代呼称であると思う。本稿では、右のごとき意義を明確に意識しつつこの呼称を用いている。

(2) 『日本紀略』宝亀元（七七〇）年八月癸巳条。

(3) 柳たか「日本古代の後宮について―平安時代の変化を中心に―」『お茶の水史学』一三（一九七〇年）、津田京子「『女御・更衣』の成立について」『奈良古代史論集』二（一九九一年）などを参照。

(4) 親王宣下制については筧敏生「太上天皇尊号宣下制の成立」『史学雑誌』一〇三―一二（一九九四年、後に『古代王権と律令国家』校倉書房、二〇〇二年所収）を参照。源氏賜姓については林陸朗「嵯峨源氏の研究」『国学院雑誌』六三―一二（一九六二年、後に『上代政治社会の研究』吉川弘文館、一九六九年所収）、同「賜姓源氏の成立事情」（同前著書）を参照。

(5) 卑母に関連して注目されるのが光仁天皇皇子の薭田親王である。薭田親王の母尾張女王は光仁天皇の弟湯原親王の女（＝准孫王）である。つまり、帰化人系の高野新笠を母に持つ桓武天皇は薭田親王がいながら立太子し即位できたことになる。聖武天皇の外孫である他戸親王は別格であるものの、尾張女王と高野新笠との身分差は所生皇子の皇位継承資格に影響しなかったと考えざるをえない。その点からすれば、卑母を重視しすぎると結論を見誤る危険性があるものと思う。

(6) 虎尾達哉「律令国家と皇親」『日本史研究』三〇七（一九八八年）。

(7) 『続日本紀』同年十月庚午条。ただ、『続日本紀』神護景雲元（七六七）年正月己巳条に「詔曰。今見二諸王一、年老者衆。其中或勤労可レ優、或朕情所レ憐。故随二其状一、並賜二爵級一。宜下告二衆庶一、令レ知中此意上焉」とあって無位の諸王が二一人そろって従五位下を授けられており、この中には桓武朝で大納言にまで昇った壱志濃王の名も見えている。これからすれば山部王も無位の時代から出仕していた可能性もある。

(8) 『続日本紀』宝亀元(七七〇)年八月丁巳条。この後、短期間侍従に移っている。

(9) ただし、皇位継承をめぐる争いを政治的不安定のバロメーターと見做すと、平城朝以後も伊予親王事件や高岳親王・恒貞親王の廃太子が見られることからすれば、安定した状況にいたるのは仁明朝以降を待たねばならなかったと言えるかもしれない。

(10) もし嵯峨太上天皇が淳和朝で没していたら、仁明天皇の即位が実現していたかどうか、若干危ういところがある。社会が要求したのは天皇家の安定した継続であり、直接利害が生じる官人たちは別として、皇統が嵯峨天皇系に固定しようが淳和天皇系に固定しようが、社会全体としてはあまり興味はなかったのではなかろうか。

(11) 醍醐朝にいたって皇后の冊立が復活するのは、この間に三后等の性格が(奈良時代的なものから平安時代的なものへと)変化したことをうけて、今度は藤原氏側の要請により復活したものと考えられるのではなかろうか。平安時代における三后等の役割、性格づけに関しては、拙稿「平安時代の后位」『東京大学日本史学研究室紀要』四(二〇〇〇年)参照。

(12) 拙稿「太上天皇制の成立」『史学雑誌』九九―二(一九九〇年)参照。

(13) 『続日本紀』宝亀四(七七三)年二月壬申条。

(14) 『大日本古文書』家わけ・東大寺文書三―六一六号もしくは『平安遺文』一―一号。この史料については大谷治孝「『摂津国家地売買公験案』の基礎的研究」『ヒストリア』八二(一九七九年)を参照。

(15) これらの離宮は前代からの系譜を有する宮もしくはそれらと性格を同じくする宮だったと思われ、前代の皇子宮はこれらの宮と同列の宮であった。荒木敏夫『日本古代の皇太子』(吉川弘文館、一九八五年)が明らかにした皇子宮の退転過程からすれば、山部王の京内邸宅は前代の皇子宮とは性格を異にするものであり、それは即ち奈良時代から営まれていた離宮と同列には扱えない存在であったことになる。

(16) 天皇になるべくして生まれた文武天皇や聖武天皇は私邸を営むことなど当然なかったろうが、道祖王や大炊王(淳仁天皇)にはその余地がある。大炊王は立太子時二五歳であり、私邸を営むべき年齢に達していたかどうかの判断は微妙である。因みに、大炊王は立太子時藤原仲麻呂の田村第に住していた(『続日本紀』天平宝字元〈七五七〉年四月辛巳条)。一方、道祖王は廃太子記事に「以〻王帰〻第」とあり、これは右京にあった道祖王の私邸らしい(『続日本紀』同年三月丁丑条、七月戊申条)。

(17) 『平安遺文』一―二四二号。

(18) 浅香年木「賜田系庄田に関する覚書―横江庄遺跡の理解のために―」松任市教育委員会編『東大寺領横江庄遺跡』(一九八三

年）、寒川照雄「桓武天皇と東寺領伊勢国川合荘の伝領—山部王（桓武天皇）と屋部王—」『中央史学』一五（一九九二年）。

(19) 山部王が従四位下に叙されたのは宝亀元（七七〇）年の八月で、十一月に親王になり四品を授けられている。従って、勅旨田を得たのはこの間である。

(20) 応徳三（一〇八六）年七月日付の東寺領伊勢国川合荘文書進官目録案（『平安遺文』四—一二四九号）の第十一項。

(21) 一般的には「右大臣」と称される大中臣清麻呂が特に「皇太子傅」と表記されている点からは、この勅旨田と皇太子（桓武天皇）との関係を強調しようという意図が窺えるものと思う。

(22) 筆者の勅旨田の性格規定については、拙稿「『院』について—平安期天皇・太上天皇の私有財産形成—」『日本歴史』五三八（一九九三年）参照。

(23) 宝亀四（七七三）年二月二十四日付の太政官符（『寧楽遺文』上、三三五頁）。

(24) 橋本義彦「後院について」『日本歴史』二一七（一九六六年、後に『平安貴族社会の研究』吉川弘文館、一九七六年所収）、前注(22)拙稿を参照。

(25) 淳和天皇皇子で仁明天皇の皇太子となった恒貞親王は、廃太子後淳和院に送られている（『続日本後紀』承和九〈八四二〉年八月甲戌条）が、これは恒貞親王が私邸を有しなかったためと考えられる。嵯峨天皇の外孫でもある恒貞親王は、幼い時から将来即位すべき皇子として処遇されたということだろう。そして、淳和院は母正子内親王の没後は恒貞親王が伝領したものと思われ、そうなれば仁明天皇が冷然院を伝領したのと同じ状況になる。

(26) 佐藤泰弘「桓武朝の復古と革新」『条里制・古代都市研究』一六（二〇〇〇年）は、長岡京・平安京への遷都に際し、国家鎮護の機能が引き続き南都諸寺に課せられる一方、天皇個人を護持する機能は新京の諸寺に期待されたことを明らかにしている。極言すれば、これは天皇イコール国家という奈良時代的なあり方から、天皇が国家（＝公）とは別の存在（＝私）として認識された平安時代的なあり方に劇的に変化したことを示すものだと言えよう。我田引水の誇りを恐れず言えば、以上のことよりすれば、平安時代的な天皇のあり方をもたらしたのは桓武天皇であったと結論できよう。

(27) 天皇の公的性格・私的性格については、拙稿「平安期太上天皇の公と私」『史学雑誌』一〇〇—三（一九九一年）参照。

(28) 具体的な例を一つあげれば、『類聚三代格』巻十九所収の貞観九（八六七）年十二月二十日付の太政官符「応レ禁三止強雇二往還人并車馬一事」に見られる承和二（八三五）年十月十八日付の太政官符に「威勢之輩、強雇二往還人馬一、令二民愁苦一。宜下厳加二禁制一、不レ得中更然上。若有二強雇一者、嵯峨淳和両院人、取レ名申二送其政所一、諸司諸家人、於二当処一決二笞之一」とあり、嵯峨院や淳和院の活動が諸司や諸家と同列に禁制対象となっている。

(29)『古事記』雄略天皇段。ただし『日本書紀』では踏み殺したことになっている。

(30)『日本書紀』斉明二（六五六）年是歳条。

3章　摂関政治と王権——平安中期における王権

古瀬　奈津子

はじめに

日本古代史において、王権というと、天皇、上皇、皇后、皇太子などによって構成されていると考えるのが普通であろう。しかし、私がこれから述べる平安時代中期は摂関政治の時代と呼ばれているように、王権について考察しようとする時、摂政・関白を除いて検討することはできない。平安中期についての研究は記録や儀式書の読解が進み、近年飛躍的に発展した分野であるが、摂関政治そのものの研究は案外進んでいないのが実状ではないだろうか。そこで最近注目される研究を紹介しながら、摂関政治と王権について述べていきたい。

なお、「王権」という用語については、本来文化人類学で文明化以前の社会を分析する際に使用される概念であり、日本史において有効な概念であるかどうか疑問視する向きもある。しかし、以下で述べるように、権力分散化の傾向にある日本においては、権力構造を分析していく上で「王権」は有効な概念であると考える。

それでは、摂関政治成立の前提や、摂関政治のシステム、摂関政治の最盛期と考えられている藤原道長の時期について検討しながら、摂関と王権との関係について考察したい。

1　平安初期における天皇への権力・権威の集中

平安時代の王権について、平安前期（九世紀）、平安中期（十世紀〜十一世紀半ば、摂関期）、平安後期（十一世紀半ば〜十二世紀、院政期）という大きな時代区分にそってみていき、平安中期における王権の特徴について論じてみたい。

まず、平安前期の王権について、近年の通説的な考え方では、奈良末の政治の混乱期を乗り切った桓武天皇のもとに貴族層が結集し、天皇の権力・権威が拡大したと考えられている。桓武天皇は自覚的に中国の皇帝をめざした初めての天皇とされている(1)。

平安初期における天皇への権力集中は、ひとつには皇后の地位の低下によってもたらされた。橋本義則氏が指摘されているように(2)、奈良時代の光明皇后までは皇后宮が宮城外に設けられていた。また、経済的基盤も天皇とは別に独立していたことからもわかるように、王権を構成する一勢力を形成していた。しかし、奈良末の光仁天皇の皇后井上内親王の皇后宮が平城宮外から内裏へと退転し、桓武天皇の平城宮内裏において他のキサキたちの居所である後宮が成立したこと、また、唐風文化とともに儒教が浸透し男尊女卑の思想が広がり、嵯峨朝には皇后に対する朝賀の儀式が成立し、皇后が他のキサキたちを含む女官の頂点として位置づけられるようになったことなどからわかるように、皇后の地位は低下していった。

また、春名宏昭氏によると(3)、薬子の変における太上天皇と天皇の対立による王権の危機が契機となって、嵯峨天皇は退位すると太上天皇号を辞退し、宮城外へ移住することによって、天皇大権を放棄したことを示し、その結果、天皇が唯一の天皇大権掌握者となった。そして唯一の天皇大権者となった淳和天皇から改めて嵯峨に太上天皇号が授けられた。こうして、奈良時代には天皇とともに天皇大権の掌握者であった太上天皇についてもその政治的位置づけが低下することになった。

以上のように、奈良時代には太上天皇、天皇、皇后など王権の構成メンバーがそれぞれ政治的権力を分有していたのが、平安初期に、天皇への権力集中が行われたことによって、天皇位が安定したと評価される。(4)この天皇への権力集中によって、天皇制の枠組みが成立したと捉えることができるのではないだろうか。従来、平安初期における天皇への権力集中という点ばかりが強調されているが、この頃天皇の権能、別な言い方をすれば守備範囲も定まり、天皇制の枠組みが成立したと考えられる。

平安初期における天皇への権力・権威の集中は天皇権力の専制化を意味しており、王権の唐風化ともいうべき現象であった。そのことを如実に示すのが、学問や実務能力によって取り立てられた文人派の登場であり、(5)その象徴的な存在である文章博士から参議へという昇進ルートの成立である。文章博士の地位は唐後半期に皇帝独裁権力を支えた翰林学士に比定することができる。(6)

また、平安初期に成立した蔵人所も極めて日本的な官職というイメージがあるが、実はやはり唐後半期に皇帝独裁権力を支えたもうひとつの勢力である宦官の組織である内諸司使に比定することができ、(7)平安初期における天皇権力の専制化を物語っている。

2 摂政・関白の設置

摂政・関白の成立過程

九世紀半ばにおける摂政・関白の設置も、平安初期における天皇への権力・権威の集中が前提となっている。すなわち、摂政・関白は天皇を超えるものではないということである。摂政・関白の成立は、九世紀に含まれる。九世紀については、川尻秋生氏が指摘しているように[8]、文章博士や蔵人所に支えられた天皇専制化の流れが継続していくのに対し、一方では上級貴族層による摂関政治が開始されて、ある意味で貴族層による反撃がなされ政治の実権を掌握していく時期でもある。

摂政・関白の成立過程については、近年議論がなされているところである[9]。議論の基調としては、従来のように摂関政治の開始を藤原氏の策略としてみるのではなく、王権側の事情によって理解しようとしている点に特徴がある[10]。すなわち、藤原氏側ではなく、王権側の要請によって摂関が設置されたと考えるわけである。ただし、そうすると川尻氏の指摘のように、宇多天皇までは天皇側には中国の皇帝を範とした天皇専制政治をめざす動向があるにもかかわらず、なぜ同じ時期の王権が摂関設置の要請を行ったのかという矛盾が生じてくる。九世紀におけるふたつの動向については今後さらに考察を深めていく必要があろう。

貞観八（八六六）年臣下として初めて摂政になった藤原良房については、清和天皇元服後であり、応天門の変の最中に補任されたことから、後世の摂政とは異なる部分も多いことが指摘されている[11]。その意味では、貞観十八（八七六）年清和天皇から陽成天皇へと譲位する宣命の中で、藤原基経を摂政に補任したものが、後世の摂政の原型になったと考えられる[12]。神谷正昌氏は基経の時期に「摂政儀」の原型が成立したことを指摘している[13]。

関白の成立については、光孝天皇即位後、元慶八（八八四）年太政大臣の職掌について諸道博士に諮問した後、基経に対して「奏下諮稟」の詔を下したのを、事実上の関白の成立とみなす説が多いようである[14]。その後、阿衡の紛議を経て、関白の地位は確定していく。ただし、良房や基経の時期の摂政・関白については、いまだ摂政と関白の職掌が未分化であることが指摘されている[15]。

摂政・関白の制度化については、藤原忠平が朱雀天皇の即位にともなって摂政となり、天皇元服後に関白になって、天皇が幼少の時には摂政に、元服後は関白になるという先例が開かれるが、摂関の常置にはいたらない。摂関が常置されるようになるのは、藤原実頼の時で、摂関政治が本格的に始動されることになる[16]。

摂政・関白と准三宮

摂政・関白は天皇を超えるものではないが、王権に非常に密着した存在である。摂関が王権に連なる地位であることの制度的根拠については従来あまり議論されていないようにみえるが、私はそれは摂関の准三宮宣下によってもたらされたと考えている。[17]

摂関で准三宮宣下された最初は臣下で初めて摂政に補任された藤原良房である。良房は貞観八（八六六）年に摂政に補任された後、貞観十三（八七一）年四月十日、封戸三〇〇〇と随身兵仗を給し、三宮（太皇太后宮・皇太后宮・皇后宮）に准じて年官を与える勅が下された。[18]続いて貞観十八年に陽成天皇の摂政となった基経に対して、元慶六（八八二）年二月一日、良房の故事にならって、三宮に准じ年官・年爵を与え、随身兵仗を旧の如く安堵する勅が出された。[19]

「准三宮」の制度は良房の時に始まる。良房・基経は准三宮宣下時に摂政・太政大臣であり、良房は時の天皇清和の外祖父、基経は時の天皇陽成の外舅、すなわち外戚であった。「准三宮」は外戚であり摂政であった良房・基経に、時の天皇の生母である皇太后の縁によって、皇后・皇太后・太皇太后に准じて年官・年爵を与えて経済的に優遇する制度であるが、三宮に准ずる待遇を受けることによって、王権の末席に位置づけられることになったと考えられる。天皇の外戚であることに端を発しているということは、摂関制成立の本質にかかわる問題である。准三宮の宣下によって、良房・基経は初めて王権の中に位置づけられることになったと言えよう。しかし、逆に言うと、王権の中における摂関の地位は准三宮どまりであり、天皇を超えるものではないことを明示することにもなったわけである。

良房・基経以降の摂関の准三宮宣下についてみておこう。続いて准三宮宣下がなされたのは藤原忠平で、延長八（九三〇）年朱雀天皇の即位とともに摂政になり（時に太政大臣）、天慶二（九三九）年二月二十八日、准三宮宣下されたが、[20]朱雀天皇にとって忠平は生母皇太后藤原穏子の兄で外舅にあたる。次に摂関となったのは、康保四（九六七）年冷泉天皇即位に際し、関白となった藤原実頼で、安和二（九六九）年には円融天皇即位とともに摂政にもなっているが、実頼には准三宮宣下はなかった。これは実頼が冷泉天皇、円融天皇にとって外祖父や外舅という外戚ではなかったためと考えられる。

実頼に続いて天禄元（九七〇）年に円融天皇の摂政となったのは藤原伊尹であり、円融天皇にとっては生母皇后藤原安子の兄にあたり外戚であるが、天禄三年には没しており、准三宮宣下はなかった。天禄三年には伊尹の弟兼通が円融天皇元服後関白になったが、貞元二（九七七）年准三宮宣下された。[21] 兼通は円融天皇の生母安子の兄にあたり外戚である。

円融天皇の貞元二年から関白となったのは藤原頼忠で、永観二（九八四）年花山天皇即位とともに引き続き関白となり、合計九年間にわたり関白の地位にとどまっていたが、円融天皇、花山天皇にとって外戚ではなかったため、准三宮宣下はみられない。

寛和二（九八六）年六月、一条天皇が践祚すると外祖父の兼家が摂政となった。兼家の上位には太政大臣頼忠、左大臣源雅信がいたため、兼家は摂政となると右大臣を辞し、摂政を独立した官職とした。摂関制にとって画期となる措置であった。また、兼家は摂政となって間もなく、寛和二年八月に准三宮宣下されている。[22] 不遇の時代が長かったこともあって、兼家は摂政となると自分の子どもたちの官位を急速に上昇させるなど極端な政策を取りながら、権力を集中していくが、兼家の取った方針は道長へと継承されていく。

兼家の息子である道隆・道兼は一条天皇の関白・摂政となったが、ともに一条天皇にとっては外舅（母后詮子の兄）で外戚にあたるが、准三宮宣下はなかった。道隆は摂関についていた期間が五年間と比較的短く、道兼は関白に在任一年で没しているためかもしれない。

道兼没後、甥の伊周との政争に勝利した道長は、一条朝・三条朝と長期間にわたって左大臣・内覧の地位にあったが、長和五（一〇一六）年正月二十九日、外孫の後一条天皇が即位すると摂政となり、間もなく同年六月十日、准三宮の宣下が行われた。[23] 摂政補任後、直ちに准三宮宣下がなされるのは前述のとおり兼家の先例に依ったものと考えられる。

しかし道長は寛仁元（一〇一七）年三月には息子頼通に摂政の地位を譲っている。その後、頼通は寛仁三年に後一条天皇の関白となり、後朱雀天皇・後冷泉天皇の関白をつとめ、摂関の地位に合計五一年間ついていたことになる。頼通は後一条・後朱雀・後冷泉の母后彰子と嬉子の兄弟で外戚と言ってよい。ところが頼通に准三宮宣下がなされるのは、後冷泉朝の治暦三（一〇六七）年で(24)、関白の地位を弟教通に譲る前年という遅い時期である。頼通は道長の権力を継承していたが、兼家や道長のように天皇の外祖父で摂政という地位には結局つくことができなかった。准三宮宣下が遅くなったのは、そのためかもしれない。

頼通の弟教通は、後冷泉天皇の最末期である治暦四年に関白となり、後三条朝を経て白河天皇の承保二（一〇七五）年までつとめた。しかし、准三宮宣下はない。これは教通が後三条天皇、白河天皇の外戚ではなかったためと考えられる。

教通に続いて頼通の息子師実が白河天皇の関白となり、その後堀河天皇の摂政、関白をつとめた。師実には、堀河天皇の寛治元（一〇八七）年准三宮宣下の意向が示されたが固持して随身兵仗のみを受けた(25)。師実は実際には堀河天皇の外戚ではないが、生母中宮藤原賢子の養父にあたるため、この待遇を受ける資格があるとみなされたのであろう。

師実の息子師通は堀河天皇の関白となり、天皇とともに政治を刷新しようとしたが、准三宮の宣下はなかった。師通は堀河天皇の外戚にはあたらない。師通の息子忠実以降については、准三宮宣下されることが少なくなり、さらに現任の摂関で准三宮宣下されることは原則的になくなる(26)。これは摂関と外戚が結びつかなくなったこと、および摂関家の成立と関係があると考えられる。王権の中における摂関家の位置づけが明確となり、准三宮宣下の必要性が小さくなったためと言えよう。

以上、摂関家成立以前の摂関の准三宮宣下についてみてきたが、わかったことをまとめておこう。ひとつには外戚でないと摂関であっても准三宮宣下はないと言える。また、摂政で准三宮宣下される例が圧倒的に多く、関白で宣下される例は少ない。これは、摂政の場合多くが外祖父であって天皇と血縁関係が深いこと、摂政は、天皇を補佐する関白とは異なり、天皇大権を代行するため、より天皇に近い立場にあるためと考えられる。以上のように、准三宮宣下は天皇の外戚（特に外祖父）を経済的に優遇する措置であるが、天皇の外戚であることを根拠に摂関を王権の中に位置づけることになった。摂関家成立以前の摂関にとって、准三宮宣下されることは、外戚の縁によって王権の中に位置を占めることができるという意味があったと考えられる。

3　摂関政治のシステム

摂政・関白の機能

王権について述べるべきところ、摂関の話になってしまっているが、王権を限定的に捉えてもあまり意味がないのであって、この時期の政治構造、権力構造の特質を考察するには摂関をぬきにしては語れない。

いわゆる摂関政治の権力構造については、最近、神谷正昌氏が、摂関政治を藤原氏側からではなく王権側からみるという視点を打ち出し、「王権を代行する摂政」「王権を擁護する関白」と規定された。(27)官職としての摂政・関白については、今江広道氏が分類した令外官のB類に該当し、(28)官位相当がなく、令制官職を本官とし（兼家以降変更）、奉勅によって補任される宣旨職であり、天皇との関係によって成立している官職であると言える。

摂政の政治的機能は、天皇大権の一部代行と捉えられる。実際に行っていることをみていくと、詔書の御画日や論奏に「可」「聞」を画く、官奏を覧る、叙位・除目を代行する、官中奏下一切の文書を内覧する、幼主出御儀を扶持・代行する、伊勢神宮奉幣使発遣儀（例幣）を代行する、礼服御覧を代行することなどがあげられている。(29)

関白の政治的機能については、臣下でありながら王権を擁護する立場と考えられている。官中奏下一切の文書を内覧することについては摂政と同じであるが、官奏・叙位・除目においては、天皇の側にたってその行為を補完している。官奏で天皇へ奏上する文書を取捨選択したり、天皇が下す文書を留めたり、叙位・除目においては執筆にはならず、御前から下給される勘文・中文を取捨選択することなどが史料上みられる。(30)

以上、摂政・関白の政治的機能をみていくと、天皇大権を一部代行したり、天皇を擁護したりしているが、決して天皇の地位を超えるものではないことがわかる。

母后の政治的機能

また、近年女性史から后や女院についての見直しが盛んに行われており、単に皇子を生んで外戚になるための存在ではない母后についても研究が進んでいる。(31) 私も政治システムの中に母后を位置づける試みを行い、「摂関とは別に天皇を補佐する母后」という見方を示した。(32)

例えば藤原道長の娘で、後一条天皇・後朱雀天皇の母后である藤原彰子についてみてみよう。藤原彰子は道長と正室倫子の長女で、長保元（九九九）年一条天皇の後宮に入内し、翌年中宮となった。寛弘五（一〇〇八）年父道長の土御門第において一条天皇の次男である敦成親王（のちの後一条天皇）を、翌年には敦良親王（のちの後朱雀天皇）を生んだ。ところが、寛弘八年一条天皇は病気で没してしまい、三条天皇が即位し、中宮彰子の生んだ敦成親王が東宮に立った。三条朝では、彰子は天皇とは近い血縁関係にない皇太后としてひっそり暮らしており、あまり政治的行動はみえない。

長和五（一〇一六）年三条天皇が譲位し、敦成親王が後一条天皇として践祚すると、三条天皇皇子敦明親王が東宮となる。道長は天皇の外祖父として摂政となった。翌寛仁元（一〇一七）年には道長は摂政を息子頼通へ譲るが、その後も「大殿」として朝廷において影響力を行使した。皇太后彰子の政治力がもっとも発揮されるのは、後一条天皇の元服以前である。皇太后彰子の御所で、摂政道長や頼通はたびたび政務を行っている。(33) また、「母后令旨」によって重要な事項が決定されている。たとえば、摂政道長に随身等を賜う(34)（長和五年）、摂政道長と室倫子を准三宮となす(35)（長和五年）、前摂政道長に従一位を賜う[36]（寛仁元年）、前摂政道長を太政大臣に任ずる[37]（寛仁元年）、彰子の妹で後一条天皇後宮に入内した威子を中宮に立てる[38]（寛仁二年）ことなどが、「母后令旨」によって決定されている。

以上の事項はいずれも摂政や前摂政に関係するもので、これらについては摂政の判断では決定できず、母后の令旨が必要であった。そのような場合の母后の立場を考える際に参考になるのが、道長と倫子を三宮に准ずる勅書を奏聞した時の手続きである。『小右記』によれば、蔵人頭藤原資平はまず摂政道長に勅書を覧じ、ついで奏聞したのだが、実際には幼少の天皇へ奏聞したわけではなく、母后御所の御格子外において申し上げただけであると記されている。すなわち、母后が幼少の天皇にかわって聞いているのであり、母后は摂政よりさらに天皇に近い立場で、天皇の代理をつとめているのである。

このような母后の立場は、天皇行幸時に天皇と同輿し、即位の儀では天皇とともに高御座に登るという行為に象徴されている[39]。母后は単に摂政のかわりをつとめているのではなく、摂政とは別の立場から幼少の天皇を補佐していたと考えられる。

寛仁二年正月に後一条天皇が元服した後も、関白にかかわる事項について内覧したり、人事について発言していることが史料から窺える[40]。万寿三（一〇二六）年に太皇太后であった彰子は出家し、東三条院にならって女院（上東門院）となった。女院となった彰子は、上皇と同じように天皇からの朝覲行幸を受けている[41]。翌万寿四年には父である大殿道長が没しているが、道長没後はその権力を継承していったと考えられる。関白頼通は政務についてたびたび上東門院の意向を伺っている。長元四（一〇三一）年に上東門院は四天王寺御幸を行っているが、船・饗・屯食・仮屋などを国司らに賦課しており、「万人経営。世以為ㇾ奇。（中略）随身装束不ㇾ憚二憲法一。忽似二王威一」と称されている[42]。孫の後冷泉天皇からも朝覲行幸を受けており、後冷泉天皇の皇太弟尊仁親王の妃決定に関与したり、後冷泉朝末期には関白を頼通から教通へ譲るように定めるなど、長期間にわたって政治力を発揮した[43]。

このように、母后と摂関によって支えられる天皇という摂関政治の権力構造が明らかになりつつあるのが現在の研究状況と言えよう。

4　藤原道長と摂関政治

ただし、同じ摂関（内覧も含む）と言っても、藤原道長とそれ以前では、摂関への権力の集中度が大きく異なることが最近わかってきた。それを初めて指摘したのが、上島享氏の二〇〇一年のふたつの論考である。(44) 上島氏は、藤原道長の権力形態が院政へと継承されるのだと指摘している。私もこの考え方の方向性には賛成である。ただし、上島氏の論考では論証が充分であるというわけではなかったと言える。しかし、最近のいくつかの論文を読んでいくと、それぞれの論文の意図とは必ずしも一致するわけではないのだが、そこで紹介されている事例が、上島氏の論の補強になると考えられるものがあるので、みていきたいと思う。

政務における地位

道長への権力集中がどのように行われたのか、また、道長への権力集中がどのような面でみられるのかというと、まず第一にあげられるのが、政務における道長の地位である。具体的に言うと、文書処理方式における「奏事」の成立である。(45)「奏事」は、公卿以下の太政官職員の組織的な文書審査なしに、弁官や蔵人によって天皇（院政期においては天皇或いは院）へ奏聞される政務方式であり、中世公家政権の基本となる政務方式である。逆に、公卿以下の太政官職員の組織的な文書審査があるのを「官奏」といい、律令官僚機構である太政官制による政務方式である。

摂関や内覧が天皇へ奏上される文書を事前に目通しするという点においては、「官奏」も「奏事」も同じである。しかし、「官奏」においては摂関や内覧が目通しする以前に、太政官の弁官による文書審査（結政）があり、公卿聴政である外記政があってから、大臣が直接天皇へ奏上するという手続きをとる。ところが、「奏事」においては、天皇への奏上の過程では大臣や公卿が関わることはほとんどなく、奏上以後、諮問を受けたり、天皇（院政期においては天皇・院）と摂関・内覧との裁定による決定事項を施行する段階において初めて関与してくることになる。

すなわち、遠藤基郎氏の指摘によると、「奏事は、摂関・内覧が他の公卿とは異なる存在であることが際だつ政務方式」で、「奏事は、十世紀末・十一世紀初頭、内覧道長によって新たに創出された」ということになる。[46]ただし、公卿が政務・儀式の運営から疎外されていき、一方で太政官と蔵人所の家政機関化が進むのは、必ずしも道長の創意だけであるとは言えず、当該期の政治機構の変化の当然の帰結と言えなくもないが（後述）、「奏事」の成立により促進されたことは否めないところだろう。

こうして「奏事」の成立によって、政務において摂関・内覧が他の公卿とは異なる存在であることが明確化されていくことになった。ただし、注意しておきたいことがある。確かに「奏事」吉書の初見は、長徳元（九九五）年道長が内覧に補任された際に、官方・蔵人方・家方の奏事吉書を受けたものである。しかし、玉井力氏によって、後一条朝の長元年間頃より、上卿を通り越して、弁や蔵人が直接関白のもとへ行き、その後天皇へ奏上するという政務決定法が行われるようになり、太政官（史）→蔵人→摂関→奏という院政期奏事成立の契機となったことが指摘されている。[47]すなわち、「奏事」が広く行われるようになり、公卿が政務や儀式の実務から疎外されていくようになるのは後一条朝以降だと言えよう。天皇へ受禅時もしくは元服後に、官方と蔵人方の吉書を奏聞する代始吉書も「奏事」形式で行われるが、その初例も後一条天皇元服時の治安元（一〇二一）年である。

後一条天皇は道長の外孫であり、その在位期間は道長の権力が最高に高まった時期である。一条朝に開始された「奏事」もこの時期に一般化していき、政務において摂関・内覧の地位が他の公卿とは異なることが明らかとなっていった。

道長、上東門院彰子の公卿らへの賦課

次に、道長への権力集中を表す事象としては、道長や娘である上東門院彰子の公卿らへの賦課があげられる。道長はさまざまな儀式や行事、または造営事業を通じて、公卿たちに負担を強いていく。

道長の権力が高まった後一条朝を中心にみてみると、ひとつには道長の行う儀式・行事への経済的奉仕がある。たとえば、寛仁二（一〇一八）年十二月、道長は法華八講を営んだが、『小右記』同年十一月十二日条には道長が法華八講の僧前を大納言以下に割り当てていることがみえる。また、五巻日には上達部・殿上人は捧物を奉じており、実資も捧物（香炉）を作らせている。(48) 治安元（一〇二一）年十二月二日、道長正室源倫子は法成寺西北院を供養するが、実資は関白頼通から僧前の準備を求められている。(49) 治安二年七月十四日の道長の法成寺金堂供養にも実資は講師天台座主用の僧前を奉じている。治安三年十月十三日、道長正室源倫子の六十賀についても、太后（太皇太后藤原彰子）令旨により、実資の養子伯耆守資頼に対しては綾褂、実資の養子宰相資平には尼夏装束が賦課されている。(50)

これらの儀式・行事については経済的奉仕だけではなく、当然、儀式・行事への参列も求められているし、経済的奉仕を要求されない道長主催の儀式・行事への参列を命じられている例も多い。(51) また、道長主催でなくとも当時キサキであった道長の娘たち（太皇太后彰子・皇太后妍子・中宮威子）や、道長外孫である東宮敦良親王の儀式・行事に関して参列や経済的奉仕を要求される場合も多かった。

上島氏が指摘しているのは、道長が法成寺造営において公卿たちに礎石を引かせたことである。『小右記』治安元（一〇二一）年二月二十九日条には資平の言葉として「無量寿院講堂礎上達部可㆑曳、上臈三果、下臈二果者、以㆓二百余人㆒可㆑曳㆓一果㆒、二个日可㆓引着㆒云々者、是鴻臚石云々、近日疫病方発、下人死亡、似㆑可㆑無㆓遺民㆒、万人悲歎、以㆓誰人㆒令㆑曳乎」と、無量寿院講堂の礎石を公卿にも曳かせている。治安三年六月にも道長は法成寺に新造する長堂の礎石を曳かせており、「上達部役相次、万灯会後旬日不㆑幾、亦以㆓目耳㆒、多愁嘆云々」と非難されている。(52)

道長にとって経済的な意味においては、受領の奉仕の方が重要であったと考えられる(53)。しかし、公卿への賦課は、道長および摂関の頼通が他の公卿たちとは隔絶した地位にあることを示すためには、是非とも必要なことであった。

一方、公卿たちも道長の関心を得るために、進んで奉仕を行った。道長をたびたび批判している実資についても、『小右記』寛仁二（一〇一八）年十一月十二日条によれば、道長が法華八講の僧前を大納言以下の公卿に割り当てた時、左右大臣と大納言実資が除かれたことに対して、奉仕を請おうとして資平に道長の意を伺わせている。その結果、十三日には道長から了承され、僧前を奉仕することになった(54)。道長の公卿に対する賦課があまり抵抗なく受け入れられていったのは、遠藤基郎氏が指摘した(55)貴族間において儀式・行事主催者に対する相互扶助である「訪」の慣行があったことが前提となっているのかもしれない。

また、公卿たちに対する賦課は経済的なものだけではない。長保元（九九九）年十一月一日道長娘彰子が一条天皇後宮に入内するに際して、公卿たちに和歌を詠ませ、それを屏風に仕立てて持たせたという有名な記事(56)からもわかるように、公卿たちへの文化的な賦課を通じて精神的な面にも及んでいることは注目されるべきであろう。彰子が入内する際には公卿たちが多く見送りをした。実資は「末代公卿不㆑異㆓凡人㆒」と非難している(57)。

同様に文化的賦課としてあげられるのが、寛仁二（一〇一八）年正月二十一日に、関白内大臣藤原頼通が新調した大饗用の倭絵屏風の色紙形に書かせる漢詩と和歌を献上させたことである(58)。漢詩は、大納言藤原斉信と公任、式部大輔藤原広業、内蔵権頭慶滋為政、大内記藤原義忠、為時法師（藤原、紫式部父）が作り、和歌は、祭主大中臣輔親、前大和守藤原輔尹、左馬頭藤原保昌妻式部（和泉式部）が詠んだとある。公卿と専門詩人・歌人が混じっているが、『小右記』同日条では、「非儒者上臈公卿依㆓臣下命㆒作㆓屏風詩㆒如何、不㆑異㆓凡人㆒」と非難している。従来専門歌人によって作られていた和歌が、摂関期以降公卿など上級貴族によっても作られるようになったことが指摘されている。漢詩についても同様なことが言えるのかもしれない(59)。公卿など上級貴族が漢詩や和歌の世界に進出するようになった契機のひとつとして、道長への権力集中によって公卿たちに漢詩や和歌の制作が課されたことがあげられよう。院政期になると院が文化の巨大プロデューサーとなるが、道長をその先駆けと捉えることができるだろう。こうして、経済的賦課・文化的賦課をかけながら、道長は他の公卿たちとは隔絶した地位を築いていった。

賀茂祭見物と摂関賀茂詣

道長への権力集中は、見物にも表れている。野田有紀子氏が指摘しているように[60]、道長は公卿たちを従えて賀茂祭などを見物に行っているが、このようなことは道長以前の摂関にはみられないものであった。道長も一条朝前半までは妻子や親しい公卿などと小規模で見物を行っていたが、一条朝後半以降、道長の見物所に公卿等が参集して見物する記事がみえるようになる。『御堂関白記』寛弘四(一〇〇七)年四月二十日条では、賀茂祭で道長に「上達部十余人同道」したとあり、『権記』寛弘六年四月二十四日条では、賀茂祭の道長の「棚」(桟敷)に藤原道綱以下九人の公卿が集まっている。このような公卿以下が道長の見物所に参集して見物するような見物方法は、院政期の院へと継承され、さらに大規模化・儀式化していく。

道長が公卿たちを従えて行う行事としては摂関賀茂詣もあげられる[61]。摂関の賀茂詣は、藤原時平以降、賀茂祭の当日などに賀茂社へ参詣することが始まり、藤原頼忠以降は中申日(国祭日)に固定化されるようになる。しかし、当時は摂関だけではなく他の公卿も参詣しており、道長が内覧になった当初も、右大臣藤原顕光が参詣していたが、一条朝後半以降は他の公卿は参詣しなくなる。もし参詣したとしても個人的なものであった。一方で、道長の賀茂詣は大規模化していき、摂政を頼通へ譲った寛仁元(一〇一七)年には二人で参詣しており(教通や頼宗も同行)、頼通には上官が従い、「上達部十四人皆乗車」して同道していることが注目される[62]。こうして道長は他の公卿たちを圧倒し、賀茂詣を独占していく。

道長による東朱雀大路と法成寺の造営

また、道長はその主たる邸宅である土御門殿に対して東京極大路をはさんで東側、すなわち平安京の外側である東京極大路と鴨川の間に法成寺を造営した(63)。東寺・西寺以外には寺院を京内に造営できないという平安京遷都当初からの原則が意識されていたのであろう。法成寺は直線道路によって区画された寺院で、法成寺の南門から南へ二条大路の延長線までの直線道路が想定されており、東朱雀大路と呼ばれていた(64)。東朱雀大路の南には道長の父兼家が造営した法興院があり、一帯は直線道路によって計画的に区画されたと考えられる。これらの直線道路は平安京の条坊制を延長した道路を中心として区画されていて、平安京の条坊制を拡大したものと捉えることができる。そこに寺院を造営することは、院政期の白河や鳥羽の地へと受け継がれていった。院によって平安京は拡大されていき、平安京を補完する都市空間が造営されていくことになる。このような大規模な造営を行うには権力集中が必要であった。その先駆けをなしたのが道長であった。

道長が院政期の院の先駆けであったことは、道長造営の法成寺の伽藍にも表れている。法成寺は、もと無量寿院といった阿弥陀堂、金堂、五大堂、法華三昧堂、薬師堂、十斎堂、釈迦堂などから構成されているが、池を中心とした寝殿造形式で御所的な性格をそなえていた。このような伽藍配置は、院政期の御願寺である法勝寺と極めて類似していることが、平岡定海氏や上島享氏によって指摘されている(65)。すなわち、権力集中によって造営された寺の様式もまた道長から院へと継承されていったのである。

即位式における摂関と母后の登壇

以上のように、道長は権力を集中していきながら、天皇に極めて近い地位を築いていった。外孫の後一条天皇が即位した後には、公卿の列には加わらず、御簾の内にいる道長の姿が頻出する(66)。『小右記』寛仁二（一〇一八）年六月二十日条には「当時大閤徳如二帝王一」とみえ、同治安二（一〇二二）年五月二十六日条では、関白頼通が高陽院において競馬を行った際に、道長を迎える様があたかも天皇行幸のようで、「天似ㇾ有二一日一」と称されている。

このような摂関の天皇への接近を象徴的に示しているのが、末松剛氏が指摘された「即位式における摂関と母后の登壇」である(67)。院政期には、摂政は即位式において母后とともに大極殿の高御座に登り、関白は高御座の下に座を占めるようになる。その成立過程について簡単にみてみると、まず母后が幼帝の即位式において高御座に登る史料的初例は、『小右記』長和五(一〇一六)年二月七日条にみえる後一条天皇即位時の皇太后藤原彰子である。その時摂政左大臣道長は、大極殿の「北廂東幔内」に伺候していた。この「北廂東幔内」は本来は皇后の座であったが、朱雀天皇即位に際して皇后藤原穏子の座が「北廂東幔内」から「北廂西幔内」へと移動し、かわって摂政左大臣藤原忠平が「北廂東幔内」に伺候するようになった(68)。すなわち摂政の座は母后との関係で成立したものと考えられる。摂政の座が「北廂東幔内」に確立するのは摂政兼家の時だと末松氏は推測されている。

摂政の座が「北廂東幔内」から高御座の第二層(中層)へと変化するのは院政期で、堀河天皇即位時の摂政師実・鳥羽天皇即位時の摂政忠実からであり(69)、院政を行っていた白河院の主導によるもので、摂関家の位置づけを明確化するためであったと考えられる。一方、関白の座が明確になるのは、後朱雀天皇即位時からで、関白頼通は「北廂東幔内」に座を占めたと推測される(70)。

以上のように、即位式において天皇が幼少の時母后が高御座に登り、摂政が「北廂東幔内」に伺候することが史料的に確認できる初例は、後一条天皇即位における母后(皇太后)藤原彰子と摂政道長であり、関白の座が「北廂東幔内」に定まるのも後朱雀天皇即位時の関白頼通からであることがわかる。これは他の公卿たちが即位式において大極殿の中に入ることもできなかったことと比較すると、その立場の違いは歴然としている。このように摂関の位置づけが天皇に極めて近いものとなったのは、道長による権力集中が契機となり、摂関が他の公卿とは隔絶した地位を築いてからであった。

最後に、権力集中とは異なるが、政治形態として道長が院政の先駆けであったことは、摂政を頼通に譲り、太政大臣を辞して以降も、大殿として摂関である頼通の背後において、政治の実権を掌握していたことからも窺えるのではないだろうか。すなわち、大殿方式が院政へと継承され、譲位した後も天皇の背後において院が政治に関与する院政が成立したと考えられる。摂関政治から院政への変化の原因としては、摂関家が外戚になれないようになったこと、院が長命で政治に関心を示すようになったこと、貴族層において「家」が成立し父系が確立したことなどがあげられてきたが、道長による大殿方式の政治形態がその直接的な淵源ではないかと推測されるのである。

こうして、道長は権力を集中し、他の公卿たちとは隔絶した地位を築き、天皇に極めて近い地位を占めるようになった。その権力集中方式は院政へと継承されていく。従来、摂関政治と院政は断絶していると考えられてきたが、上島氏の指摘のように、道長の権力形態が院政へ継承されていくのであり、連続的な側面のあることが明らかになった。

それでは、摂関家にとっては、道長の権力集中はどのような意味をもっていたのだろうか。道長・頼通以降、摂関の地位は道長・頼通の血筋に固定化していく。それは院政期以降、摂関家が家格として成立し、外戚関係がなくとも摂関の地位を独占できるようになったためと考えられてきた。院政期には一般に貴族の「家」の家格が成立することが、橋本義彦氏によって指摘されている。(71)しかし、なぜ摂関家という家格が成立したのであろうか。直接的には白河院により、外戚関係にない忠実が摂政に指名されて以降、摂関家が成立するとされている。しかし、なぜ白河院は摂関家を王権を補佐する家として位置づけたのであろうか。

その淵源は道長が権力集中により、他の公卿たちとは隔絶した、天皇に極めて近い地位を築いたことによってもたらされたと考えられる。元来摂関の地位は、准三宮宣下や即位式における大極殿内の座に表れているように、母后との関係、すなわち外戚関係によって保証されていた。しかし、道長が権力集中によって他の公卿とは隔絶した地位を築いたことによって、外戚関係になくとも、准三宮宣下がなくとも、摂関であることによって摂関家は王権の中に位置づけられるようになっていったのである。

摂関家の成立というのは、単に血筋が道長・頼通の血筋に固定化したことや、家格の問題ではなく、以上で述べたように道長が他の公卿たちとは隔絶した地位を築いたことが、その原動力となっているのである。

5　摂関期における天皇と院

それでは、摂関期において天皇や院は母后や摂関に擁護されているだけの存在だったのだろうか。そうではない。天皇、院にも変化が表れている。その一例と考えられるのが、御願寺としての四円寺の成立である。(72)平安中期には仁和寺周辺に、円融寺（円融天皇）、円教寺（一条天皇）、円乗寺（後朱雀・後冷泉天皇）、円宗寺（後三条天皇）の四円寺が形成された。四円寺は、天皇が在位中に願主となって建立し、退位後には上皇御所が置かれ、崩御後には忌日法会や法華八講が行われた。円融法皇・一条法皇の場合、崩御後、忌日を発願日とした法華八講が行われたが、本院（後院）が主催し、公卿・殿上人・旧臣が参列しており、旧臣が中心となって行われたことがわかっている。

四円寺は平安前期の御願寺とは異なり、天皇・上皇が主体となって造営された御願寺であった。その形成過程やそこで行われる行事からは、天皇・上皇の権門化の端緒を読み取ることができよう。ただし、四円寺は御願堂（持仏堂）が中心となっており、院政期における六勝寺などの金堂・講堂を備えた伽藍と比較すると小規模なものであった。それはこの時期の天皇権力の弱さを示している。

また、天皇を頂点とした朝廷の機構の家政機関化もこの時期に始まる。(73)官僚制であった太政官が縮小再編されて官方へ、元来天皇の家政機関であった蔵人所が拡大されて蔵人方へと変化していく。これは太政官、蔵人所の家政機関化と捉えることができる。官方、蔵人方については、最近、中原俊章氏の研究がまとめられた。(74)

前述したように、後一条朝の長元年間頃から、上卿を通り越して、弁や蔵人が直接関白のもとに行き、その後天皇に奏上することが多くなっていき、これが太政官（史）→蔵人→摂関→奏という院政期奏事成立の契機となったことが、玉井力氏によって指摘されている。(75)一方、天皇からの命令系統にも変化が表れる。天皇の命令を蔵人頭や蔵人が奉じて、奉者自身が書き記す奉書形式である綸旨が成立したのが、やはり後一条朝であると考えられるのである。(76)綸旨の成立によって、天皇の命令は仲介者を通さずに、より直接的に伝達されるようになった。

奏事や綸旨の成立は命令系統の問題ではあるが、公卿が政治や儀式・行事の実務から疎外されていく状況を促進したと考えられる。その結果、律令制の官僚機構である太政官は縮小再編されて家政機関化し、官方へと変化していった。一方で、蔵人所は拡大し、官方と並び称される蔵人方へと発展していく。このような政治機構の家政機関化によって、天皇の権門化は進行していったと考えられる。

こうして平安中期には天皇、院の権門化が始まり、王権側においても、院政期以降の院を中心とした政治体制の前提が築かれていったと捉えることができよう。

おわりに――院政の王権へ

以上まとめてみると、平安初期における天皇への権力・権威の集中を前提として、摂政・関白制は成立したのであり、摂関は天皇を超えるものではなかった。しかし、外戚関係を基盤に摂関に准三宮宣下がなされるようになると、摂関は王権の中に位置づけられるようになっていく。道長は権力集中により、他の公卿とは隔絶した地位を築き、天皇にさらに接近していく。そのことが原動力となって、摂関家は天皇と外戚関係になくとも、准三宮宣下がなくとも、王権の中に位置づけられることになったのである。

ただし、摂関期に天皇権力側に全く変化がなかったわけではない。摂関期（道長期）に始まった天皇、院の権門化を基盤として、道長の権力形態を継承する形で成立したのが、院政の権力構造だと考えられる。

院政期の王権については、院、天皇の二元制で捉える説もあるようだが、院政期の権力構造を古代史側からみると、王権に密着した摂関を除外して考えることはできないように思える。摂関家が家格として成立したのも院政期である。王権の権門化が明確になるのも院政期で、官方、蔵人方、院庁、摂関家などの家政機関が整備され、天皇制の枠組みの中で王権の分権化が進行し、中世の権力構造が成立したと考えられる。以上、院政期の王権についての理解が不足しているが、それは今後の課題とさせていただきたい。

（1）早川庄八「古代天皇制と太政官政治」『講座日本歴史2　古代2』（東京大学出版会、一九八四年）。
（2）橋本義則『平安宮成立史の研究』（塙書房、一九九五年）、同「『後宮』の成立―皇后の変貌と後宮の再編―」村井康彦編『公家と武家―その比較文明史的考察―』（思文閣出版、一九九五年）。
（3）春名宏昭「太上天皇制の成立」『史学雑誌』一〇〇―二（一九九〇年）。
（4）吉田孝「律令国家の諸段階」同『律令国家と古代の社会』（岩波書店、一九八三年、初発表は一九八二年）、早川庄八「律令国家・王朝国家における天皇」同『天皇と古代国家』（講談社、二〇〇〇年、初発表は一九八七年）など。
（5）弥永貞三「仁和二年の内宴」同『日本古代の政治と史料』（高科書店、一九八八年、初発表は一九六二年）、玉井力「承和の変について」『歴史学研究』二八六（一九六四年）。近年における研究としては、川尻秋生「日本古代における『議』について」『史学雑誌』一一〇―三（二〇〇一年）、桑原朝子『平安朝の漢詩と「法」―文人貴族の貴族制構想の成立と挫折―』（東京大学出版会、二〇〇五年）。
（6）古瀬奈津子「官職唐名成立に関する一考察」池田温・劉俊文編『日中文化交流史叢書2・法律制度』（大修館書店、一九九七年）、同「令外官と天皇・皇帝権力―翰林院と蔵人所―」同『日本古代王権と儀式』（吉川弘文館、一九九八年）。
（7）前注（6）古瀬論文「令外官と天皇・皇帝権力」。
（8）前注（5）川尻論文「日本古代における『議』について」。

(9)神谷正昌「承和の変と応天門の変―平安初期の王権形成―」『史学雑誌』一一一―一(二〇〇二年)、同「平安期における王権の展開」『歴史学研究』七六八(二〇〇二年)、今正秀「摂政制成立考」『史学雑誌』一〇六―一(一九九七年)、坂上康俊「関白の成立過程」笹山晴生先生還暦記念会編『日本律令制論集　下』(吉川弘文館、一九九三年)、坂本賞三「一人諮問の由来」『神戸学院大学人文学部紀要』一(一九九一年)、春名宏昭『律令国家官制の研究』(吉川弘文館、一九九七年)、米田雄介『藤原摂関家の誕生―平安時代史の扉―』(吉川弘文館、二〇〇二年)、同『摂関制の成立と展開』(吉川弘文館、二〇〇六年)。

(10)前注(9)神谷論文「平安期における王権の展開」。

(11)前注(9)神谷論文「承和の変と応天門の変」、前注(9)米田書『藤原摂関家の誕生』など。

(12)前注(9)今正秀論文「摂政制成立考」、前注(9)米田書『藤原摂関家の誕生』など。

(13)神谷正昌「平安時代の摂政と儀式」林陸朗・鈴木靖民編『日本古代の国家と祭儀』(雄山閣出版、一九九六年)。

(14)前注(9)坂上論文「関白の成立過程」、前注(9)神谷論文「平安期における王権の展開」、前注(9)米田書『藤原摂関家の誕生』など。

(15)前注(9)神谷論文「平安期における王権の展開」、前注(9)米田書『藤原摂関家の誕生』など。

(16)前注(9)神谷論文「平安期における王権の展開」。

(17)准三宮については樫山和民「准三宮について―その沿革を中心として―」『書陵部紀要』三六(一九八五年)を参照した。

(18)『日本三代実録』貞観十三年四月十日条。

(19)『日本三代実録』元慶六年二月一日条。陽成天皇は同年正月二日に元服しており、基経は天皇元服後も摂政を継続している。なお、基経は仁和四年再宣下されている。

(20)『貞信公記抄』天慶二年二月二十八日条など。

(21)『日本紀略』貞元二年十一月四日条など。

(22)『公卿補任』寛和二年条、『葉黄記』寛元四年十月十七日条。なお、『日本紀略』は、八月二十七日とする。兼家に准三宮宣下があったのは、寛和二年八月二十五日であるが、正暦元年に再宣下されている。

(23)『御堂関白記』長和五年六月十日条など。なお、道長も寛仁三年再宣下されている。

(24)『扶桑略記』治暦三年十月七日条など。

(25)『為房卿記』寛治元年四月十二日条など。
(26)前注(17)樫山論文「准三宮について」。
(27)前注(9)神谷論文「平安期における王権の展開」。
(28)今江広道「『令外官』の一考察」坂本太郎博士古稀記念会編『続日本古代史論集　下』(吉川弘文館、一九七二年)。
(29)前注(9)神谷論文「平安期における王権の展開」、前注(13)同論文「平安時代の摂政と儀式」。
(30)前注(9)神谷論文「平安期における王権の展開」。
(31)服藤早苗「王権と国母―王朝国家の政治と性―」同『平安王朝社会のジェンダー』(校倉書房、二〇〇五年、初発表は一九九八年)など。
(32)古瀬奈津子「摂関政治成立の歴史的意義―摂関政治と母后―」『日本史研究』四六三(二〇〇一年)。
(33)『小右記』長和五年二月二十六日条、『左経記』同年二月二十六日・二十七日条、『小右記』同年三月九日条、『左経記』同年三月十六日条、『御堂関白記』同年七月十日条、『左経記』寛仁元年七月五日条・十月十六日条など。
(34)『御堂関白記』『小右記』長和五年正月三十日条。
(35)『御堂関白記』『小右記』『左経記』長和五年六月十日条。
(36)『御堂関白記』寛仁元年三月十六日条。
(37)『小右記』寛仁元年十一月二十一日条、『御堂関白記』同年十一月二十七日条。
(38)『御堂関白記』寛仁二年七月二十八日条。
(39)末松剛「即位式における摂関と母后の登壇」『日本史研究』四四七(一九九九年)。
(40)『左経記』寛仁四年六月十四日条、同年閏十二月三十日条。人事については『小右記』寛仁四年閏十二月十三日・治安三年十一月二十日・万寿元年三月十一日条など。
(41)万寿四年正月三日・長元二年正月・同四年正月三日・同五年正月三日・同七年正月五日・同八年正月二日など。
(42)『小右記』長元四年九月二十五日条。
(43)前注(31)服藤論文「王権と国母」など。
(44)上島享「藤原道長と院政―宗教と政治―」上横手雅敬編『中世公武権力の構造と展開』(吉川弘文館、二〇〇一年)、同「中世

王権の創出と院政」『日本の歴史08　古代天皇制を考える』（講談社、二〇〇一年）。
(45)　玉井力「十・十一世紀の日本」同『平安時代の貴族と天皇』（岩波書店、二〇〇〇年、初発表は一九九五年）、遠藤基郎「中世公家の吉書」羽下徳彦編『中世の社会と史料』（吉川弘文館、二〇〇五年）。
(46)　前注(45)遠藤論文「中世公家の吉書」。
(47)　前注(45)玉井論文「十・十一世紀の日本」。
(48)　『小右記』寛仁二年十二月七日・十六日条。
(49)　『小右記』治安元年十一月二十三日条。なお、僧前といっても、たとえば治安二年七月十四日条の道長法成寺金堂供養に実資が用意した講師天台座主用のものは「高坏十二本、折敷・懸盤饗廿前、大破子六荷、手作布百段」で、単なる一人分の食事ではない。
(50)　『小右記』治安三年九月十二日条。
(51)　『小右記』寛仁三年十二月二十六日・治安三年正月八日条など。
(52)　『小右記』治安三年六月八日・十一日条。
(53)　道長に対する受領の奉仕については著名であり、多くの例があげられている。『小右記』寛仁二年十二月三日条には、備後守・備前守が水旱損により公事は進済できないが、大殿・摂政へは例進を行うと言っており、同三年七月十七日条では道長は無量寿院（阿弥陀堂）造営を受領一人に一間割り当てている。
(54)　『小右記』寛仁二年十一月十二日・十三日・十五日・十二月十六日条。
(55)　遠藤基郎「中世における扶助的贈与と収取」『歴史学研究』六三六（一九九二年）。
(56)　『御堂関白記』長保元年十月二十一日・二十七日条、『小右記』同年十月二十八日条。
(57)　『小右記』長保元年十一月二日条。
(58)　『小右記』寛仁二年正月二十一日条。
(59)　公卿が和歌や漢詩を作るようになることについては、大津透『日本の歴史06　道長と宮廷社会』（講談社、二〇〇一年）第二章参照。
(60)　野田有紀子「行列空間における見物」『日本歴史』六六〇（二〇〇三年）。

(61) 三橋正『平安時代の信仰と宗教儀礼』(続群書類従完成会、二〇〇〇年)など。
(62) 『御堂関白記』寛仁元年四月十六日条。
(63) 道長による東朱雀大路と法成寺の造営については、古瀬奈津子「天皇と都市空間」『岩波講座　天皇と王権を考える8　コスモロジーと身体』(岩波書店、二〇〇二年)。
(64) 鈴木進一「東朱雀大路考」『史学研究集録』六(一九八〇年)、瀧浪貞子「東朱雀大路と朱雀河」同『日本古代宮廷社会の研究』(思文閣出版、一九九一年、初発表は一九八三年)、五味文彦「京に中世を探る」同編『都市の中世』(吉川弘文館、一九九二年)など。
(65) 平岡定海「六勝寺の成立について」同『日本寺院史の研究』(吉川弘文館、一九八一年)、前注(44)上島論文「藤原道長と院政」、同「中世王権の創出と院政」。
(66) 『小右記』寛仁二年十一月二十五日、同三年正月二日条など。東海林亜矢子平成十二年度お茶の水女子大学大学院修士論文「后の宮の研究」にも指摘されている。
(67) 前注(39)末松論文「即位式における摂関と母后の登壇」。
(68) 『吏部王記』延長八年十一月二十二日条。
(69) 『殿暦』嘉承二年十二月一日条。
(70) 前注(39)末松論文「即位式における摂関と母后の登壇」。
(71) 橋本義彦「貴族政権の政治構造」同『平安貴族』(平凡社、一九八六年、初発表は一九七六年)など。
(72) 前注(63)古瀬論文「天皇と都市空間」。
(73) 古瀬奈津子「平安時代の儀式と政務」同『日本古代王権と儀式』(吉川弘文館、一九九八年)。
(74) 中原俊章「蔵人方の展開」同『中世王権と支配構造』(吉川弘文館、二〇〇五年、初発表は二〇〇二年)。
(75) 前注(45)玉井論文「十・十一世紀の日本」。
(76) 古瀬奈津子「綸旨の成立」『法制史研究』五五(二〇〇六年)。

Ⅱ部　中世における王権

1章　中世の国家と政治体制

河内祥輔

はじめに

本シンポジウムは「前近代における王権」というテーマを掲げ、古代・中世・近世のそれぞれの時代ごとに、「王権」論の研究成果を紹介し、その有効性や問題性を論じてみようとする企画である。いまさら言うべきことではないが、私はこの論題の報告者にはふさわしくない。私は「王権」の語を使ったことがなく、今後も使おうとは思わないからである。従って、私の報告は、なぜ「王権」の語を使うことに消極的であるのか、という後ろ向きの話から始まらざるをえないが、しかし、それだけに終わらせては、他の報告と議論は嚙み合わないことになろう。「王権」の語を使わないのであれば、それに替わるいかなる用語と視点があるのか、その説明が求められよう。ともかくも目標は、中世の時代をどのように捉えるのか、それは古代や近世といかに繫がるのか、という議論の場に少しでも参加することである。そこにおいて嚙み合うものが得られることを期待して、卑見を議論の一つの素材に提供してみたい。

1　「王権」「何々国家」「日本国」

私が「王権」の語を使わない理由は、「王権」の語の意味するところが不明瞭であること、そして、他に用いるべき言葉があると考えられることによる。

「王権」の語は近年の論文・著書に頻出しており、それらを見ると、「王権」の対象として論じられているのは、まず何よりも天皇である。天皇制を指して「王権」と称する例もあれば、個々の天皇と「王権」を結び付けて「誰々王権」と呼ぶ例もある。ただ、天皇だけが対象であれば、なぜそれを「王権」に言い換えるのかという疑問はあるとしても、さほどの議論にもならないであろう。

しかるに、問題は「王権」の対象が天皇以外に拡散していることにある。「武家」の「王権」はその代表であり、幕府や将軍を「王権」にみなす表現はかなり広くみられる。最近は藤原道長などの摂関まで「王権」と結び付けるような見方も現れた。幕府・将軍や摂関になぜ「王権」の称を付けることができるのであろうか。「王権」を普通に「国王の権力」の意味に解すると、これは不思議な言い方に感じられる。私は国王と呼びうる存在は天皇であると単純に思っているので、将軍や摂関を国王とみなすかのような論には違和感を覚えるのである。

そこで、この疑問に対する解答を推測してみると、第一はこの「王権」の原義がそのまま用いられる場合であり、天皇と将軍はともにそれぞれ国王とみなしうる存在である、とする考え方があろうかと思われる。これは日本史における国家とは何か、という問題に直接関わることになろう。

第二に、将軍を「国王」とは言わないが、「王」と呼ぶことはできる、とする考え方があろう。天皇と将軍の地位の格差を考慮した、いわば変化球である。しかし、それが基本的に「王」と「王」との関係であるとすると、結局は第一の考え方、即ち、「国王」と「国王」の関係に還元されるのではないか、という疑問が生まれよう。「国王」と「王」との違いが明確にされなければならないが、日本史に即してそれを説明するのは至難の業ではなかろうか。

第三に、「王権」に「国王の権力」という原義よりもより広い意味を与え、政治的支配を行う権能、即ち、統治権と同義の語に用いる場合がある。この政治的統治の視点に立てば、その権能を行使する者には、天皇だけでなく、あるいは摂関、あるいは幕府・将軍等もいるとみなされる。これらの担い手が密接に結合して統治の複合体を形成していると捉え、かかる複合体を「王権」と呼ぶのであれば、その限りでは一つの用語法として許容されうるかもしれない。しかし、問題は必ずしも複合体とする見方が貫かれるとは限らない点にあろう。その個々の担い手がそれぞれに「王権」を分有するとする見方、即ち、「王権」分割論というべき考え方が強まる傾向をみせるのである。そこには個々の担い手の自立性を認めようとする志向性が働いているらしい。それは結局、「武家王権」「将軍王権」という言い方に帰着し、結果として、第一の考え方と変わりないものになろう。それが現状ではなかろうか。

私が「王権」の語を使わないのは、以上のような疑問を持つからである。さらに、この「王権」の検討を通して、国王や国家をどのように見るのか、という問題も登場した。よって、次に、日本史における国家の見方について触れることにしよう。

普通、日本史にはたくさんの「国家」があったかのように説かれている。古代国家、律令国家、王朝国家、中世国家、東国国家、西国国家、封建国家等々であるが、それらの「国家」が現われては消えてゆくというのは、国家の興亡のないのが特徴であるはずの日本史としては、何とも奇異な叙述に思われる。私はこれらの「何々国家」の語を使わないようにしている。

十九世紀半ば過ぎの明治維新によって新しい国家（紛らわしいことに、国号は同じく日本国である）が生まれるまで、日本史においては、「日本国」（「倭国」も含む）という国家が一貫して存在し続けた。これは私にとって、ごく単純な事実である。以下、この旧「日本国」を単に「日本国」と呼ぶことにしたい。その「日本国」において、勿論、政治体制の変化があり、内乱もあり、社会の変化もあったが、それは「日本国」という国家を壊すものではなかった。

この「日本国」の統治を担ったのは朝廷である。中世・近世では幕府や諸藩がそれに加わった。朝廷は実に一五〇〇年以上も存在し続けた。国王の天皇はこの朝廷の中に包みこまれており、ここに「日本国」の特色がある。このような朝廷は世界史に類例を見ない。中国史でいえば、最初の王朝の夏が滅びずにそのまま生き続けているようなものであろう。

ところで、この「日本国」の一貫した存続ということは、当たり前のこととして認められているのであろうか。それを自明の前提にして、あの「何々国家」という言い方がなされているのであろうか。「何々国家」とはかかる「日本国」のその時々の特徴的側面を捉えた言葉にすぎないということであれば、そのような用語にあえて異を唱える必要はないのであろうが、しかし、そうとばかりはいえないようにも思われる。

例えば、「古代国家」や「中世国家」はもともと西洋史生まれの国家類型の概念であり、単に「古代や中世と呼ばれる時期における国家」という意味に留まるものではなかった。それぞれに特定の社会構造の上に成り立ち、その社会とともに生まれ滅びる国家であると考えられていた。そのような国家概念を日本史にも適用しようとする議論があったのである。もしもそのような発想が今も生き続けているとすれば、一貫して存続する「日本国」という理解が自明の前提であるとは必ずしもいえないことになろう。

但し、「古代国家」「中世国家」の現在の使い方は、単に「古代や中世と呼ばれる時期における国家」という意味でしかない場合もあるかもしれない。そうであれば、その「古代国家」「中世国家」は「消滅」したり、新たに「成立」したりするものではない。成立や消滅の変化をみせるのは政治体制であって、国家ではないのである。この視点からみると、「律令国家」「王朝国家」などの語には問題があろう。

「律令国家」「王朝国家」の語は、奈良・平安時代における政治体制や政策の一部の特徴を捉えて、「何々国家」の形に表現したものである。この時期の政治体制に本質的な変化があったとは思われないが、多少の変化はみられ、また、政策の変化は当然みられる。しかしながら、この変化が「律令国家」や「王朝国家」の「成立」と「消滅」として論じられるのでは、おかしな誤解が生じることになりかねない。国家そのものが成立・消滅を繰り返しているという理解の仕方が生まれてしまうように思われる。そのような誤解を避けるためにも、また、変化の実情を正確に認識するためにも、「律令国家」「王朝国家」の語は不適切ではなかろうか。

さらに、鎌倉時代の議論では、朝廷と幕府の関係に絡まり、この「何々国家」論の混乱が凝縮されている。鎌倉時代にも朝廷を「王朝国家」と呼ぶ使い方があり、「王朝国家」を「古代国家」とし、幕府を「中世国家」として対置する見解もあれば、「王朝国家」と幕府を「中世国家」の二つの型とみなして対置する見解もある。将軍の支配を「東国国家」、天皇の支配を「西国国家」と呼ぶ説もこれに似た発想といえよう。中世は国家の分裂した時代であるという見方なのであろうか。その場合、国家は「日本国」であるということがどのように考慮されているのか、疑問とせざるをえない。「日本国」とこれらの「何々国家」との関係について、明解な説明はなされていないように思われる。

以上のようなことを考え合わせると、「何々国家」の論は、全般的傾向として、「日本国」の一貫した存続を認め、それを議論の前提にしているとはみなし難い、と判断されることになろう。

そこで、また「王権」に戻ると、現在、「王権」論として議論されていることの内容は、実のところ、如上の「何々国家」論として議論されてきたものと、さほどの違いはないように思われる。「王権」論が「王権」の分有・分割を論じる方向にゆくのも、思考の枠組みが「何々国家」論と共通しているからであろう。そのような「王権」論に新鮮味はあまり感じられない。

また、これも何かそのような感じがするという程度のことであるが、「王権」の語が多用されるようになったのは、「何々国家」の語を使わずに済むからではないか。「何々国家」の替わりに「何々王権」と言うようになったのであろう。

「何々国家」は重く、使い途が限られるのに対し、「何々王権」は軽く、使い途も開放されている。しかも、「誰々王権」と人間に付けることもできる。この使い勝手のよさが「王権」の語の長所なのであろう。

しかし、そのことは短所にも転じよう。そもそもこの「王権」は原義から離れた内容にもなっている。その使い途には歯止めがない。野放図な議論になる危険があろう。既にその傾向が現れているのではなかろうか。

ともかくも日本史をありのままに見れば、「日本国」という国家（「倭国」も含む）が一五〇〇年以上、明治維新に至るまで存在し続けたことは明らかである。それを成り立たせたのは朝廷の存在であった。それは朝廷の成立から八〇〇年ほどの間（鎌倉幕府成立以前）だけのことではない。鎌倉幕府の成立以後も、鎌倉幕府、室町幕府、織豊政権、徳川幕府（幕藩制）の興亡にもかかわらず「日本国」が存続したのは、朝廷が滅びることなく存在していたからである。天皇はこの朝廷の中に包みこまれて、国王の地位を保った。一方、幕府は新たに登場すると、朝廷との関係を結び直し、国家の新しい政治体制を築いた。国家と政治体制とを区別する視点が必要であると思う。

2　日本史の定式について

「古代国家」が「律令国家」に到達し、さらに「王朝国家」に変わった後、「中世国家」の成立をみる、という日本史の一般的な見方の基礎にあるのは（そして「王権」論の基礎にあるのも）、次のような政治史の定式であろう。

天皇親政→摂関政治→院政→武家政権

「律令国家」は「天皇親政」に、「王朝国家」は「摂関政治」と「院政」に、「中世国家」は「武家政権」に対応する。勿論、そのような単純な割り切り方では済まされない問題が出るので、実際の「何々国家」論は複雑化の様相を呈するが、この政治史の定式が思考の基本的枠組みになっていることは間違いないように思われる。そこで次に、この定式の問題性について検討を加えよう。

この定式の起源は古く、十七世紀に遡る。日本史学は林羅山・鵞峰父子によって創始され、儒学者流の史学として出発した（小沢栄一『近世史学思想史研究』〈吉川弘文館、一九七四年〉参照）。この定式はその日本史学の骨格というべきものであり、その後に継承されること三五〇年、現在も日本史の常識的な見方として通用している。

林鵞峰は「本朝通鑑条例」の一条に、この定式を次のごとく記した。

延喜より以来《このかた》、後冷泉に至るまでは、則ち国政多くは是れ藤氏より出づ。後三条帝より近衛帝に至るまでは、則ち多くは是れ太上皇の政なり。保元より以後、政権武家に移る。此れは是れ国家の変、筆を操る者知らざるべからず。

ここで「延喜より以来」とあるのは、『本朝通鑑』続編が醍醐天皇から始まるためであり、鵞峰自身は「国政……藤氏より出づ」の始まりは藤原良房であるとみなしている。

これは後世には「摂関政治」と呼ばれるが、鵞峰はこれに独特の歴史的意味付けを与えた。彼は『国史館日録』寛文四年十一月九日条に、菅原道真失脚事件に関説して次のように書き記している。

これを熟思するに、則ち此の変は啻《ただ》に菅公一人の禍に匪《あら》ず。而して本朝王政の不振は此れに権輿《けんよ》す。良房・基経・時平の三代、権を世《よよ》にし、王子・元舅と雖も比肩するを得ず。菅公（中略）乍《たちま》ち貶謫《へんたく》に逢ひてより以来《このかた》、他家の世政に預かる者無し。闔国《こうこく》悉く藤氏に帰し、王室を蔑視す。平清盛は藤氏の所為に倣《なら》ひて、至尊を脅かす。頼朝に逮《およ》びて天下武家の有と為れるは、由来する所、一朝一夕の故に非ず。人皆王室の衰へは武家の威に因るを知りて、其の藤氏に本《もと》づくを知らざるなり。

鵞峰は「王室の衰へ」は「藤氏に本づ」き、それが「武家の威」の原由であると説く。彼はこの見解が自己の発見であることを自覚した。同書寛文五年十一月六日条にも、

世の人、藤氏の縦《ほしいまま》にするを知らず。唯平家を以て朝憲を蔑《なみ》するの始めと為す。其の見る所博《ひろ》からざるの故なり。今

想ふに、夫《そ》れ藤氏は俑《よう》を作り、平家はこれに傚《なら》ふのみ。藤氏の勢は王莽の簒の如し。平家の暴は董卓の逆の如し。頼朝の威は曹操の姦の如し。

とある。この発見は『本朝通鑑』続編の編纂の中で生まれたのである。ここにかの定式が成立する。『本朝通鑑』続編編纂の意義はまことに大きく、日本史学はこの事業によって創始されたといえようが、それは同時に、日本史が一つの定式の枠にはめられる始まりでもあった。

この定式を世に広く普及させたのは新井白石『読史余論』である。定式はこの書の時代区分論（「天下の大勢」九変・「武家の代」五変）において確立され、具体化された。その明解な立論は今も強い影響力を及ぼしている。この定式は次々と後世の史学者の脳裏に刻み込まれ、日本史はこの定式に則って繰り返し叙述されてきた。

彼ら儒学者にとって、史学研究の目的は「徳川の世」の正統性を明らかにすることにあった。なぜ今、徳川氏がこの世を治めているのか、京都の朝廷は政治の実権を失っているが、なぜそれでよいのか、「徳川の世」ははたして永続するのか、その説明を歴史に求めたのである。そこに二つの解明すべき課題が生まれる。第一は、朝廷が政治の実権を失った理由であり、第二は、「武家」（平氏・鎌倉幕府・室町幕府・豊臣氏）が滅亡を繰り返した理由である。その解答は徳川氏の歴史的使命を明らかにすることに繋がるのである。その解答がこの定式であった。

この定式は、平安時代以来の歴史を、天皇に対する摂関・上皇・武家の「不敬」「謀反」「僭上」の展開とみなす。つまり権力闘争の歴史であったとする。それは朝廷自身の内部から始まった。摂関・上皇が天皇の権威を貶めたために、武家もまた天皇に対する「謀反」を企て、政治の実権を掌握するに至ったという。まず朝廷が自己崩壊を起こし、それが武家政権の誕生を導いた、という論理である。

武家が次々に滅亡するのは、天皇に対する「謀反」のためである。その点において、儒学者にとっては後醍醐天皇がきわめて重要であった。彼らは後醍醐は「王政」（「天皇親政」）の復活を目指したとみなし、それに「謀反」したのが北条高時と足利尊氏であるとみる。故に、鎌倉幕府と室町幕府の滅亡は必然であり、同時に、後醍醐「中興」の失敗によって、「王政」の復活はもはや不可能であることが明瞭になったと解した。尊氏によって擁立された皇統は室町幕府の滅亡と運命を共にするほかない、それが平安時代以来の歴史の結末になるはずであった、というのが彼らの見方である。

ここに「徳川の世」の意義が導かれる。「神君」家康は「天子」（天皇）を尊び、「天子」を滅亡から救ったのみならず、院政を認め、摂関制を「天子」の守り役として重んじ、朝廷の再興に努めたという。徳川氏には全く「謀反」の行いはなく、故に、「徳川の世」は永続しうるという。つまり、「徳川の世」は、過去の「武家の代」からの単純な延長の上にあるのではなく、過去の「武家の代」のあり方の否定の上に成立した、というのが彼らの考え方であろう。「徳川の世」の正統性とはそのような理念であった。

かくして、この定式は、儒学者にとっては超克されるべき歴史であったといえよう。「徳川の世」はかかる権力闘争の世界であってはならないのである。「徳川の世」において「天皇親政」「摂関政治」「院政」「武家政権」の遺産のすべてが調和され、歴史の超克が実現された、というのが彼らの歴史観なのではなかろうか。

以上のような由来をみれば、この定式は、「徳川の世」の終焉とともに無価値になってよさそうに思われるが、実際は現在も強靱に生き続けている。それは明治維新において、この定式にさらに新しい意味が付与され、「王政復古」のスローガンが掲げられたからである。定式の最後の「武家政権」の次に「→天皇親政」が付け加わり、この定式は「日本国」の原態への回帰という歴史観に読み替えられた。それは「日本国」は古代から十九・二十世紀の今に至るまで一貫して続いてきた、という国家観の主張となる。

一方、かかる国家観に反対する論者の主張は、「日本国」の長期にわたる存続そのものを認めないことによって、かかる国家観を否定しようとする傾向にあった。国家は時代とともに変わる、という国家観が対置される。それが「何々国家」論として展開されてきた議論の意味であるように思われる。しかるに、その「何々国家」論の基礎にあるものも、同じくこの定式であった。かくして、この定式は二十世紀にも広く通用したのである。

但し、儒学者にとっては当然の前提であったもの、即ち、「日本国」の存続という観念は、二十世紀には希薄化する。定式はその捕縄から解き放たれて独り歩きをするようになり、日本史の通念に定着していった。

肝要なのは明治維新の位置付けであろう。明治維新によって(旧)「日本国」は滅亡し、新しく(新)日本国が成立した、それは日本史上に初めて起きた国家の興亡である、とするのが日本史の実相に即した見方なのではなかろうか。この国家観に基づくと、日本史はどのように見えてくるであろうか。この定式にしても、そもそも儒学者独特の価値観と「徳川の世」を正当化したいという欲求とが、ない交ぜになって生み出されたものである。どれほどの妥当性を有するか、甚だ疑問とせざるをえない。この定式を白紙に戻し、見直すべきであろう。

3　朝廷史・政治史の見直し

定式を構成する「天皇親政」「摂関政治」「院政」「武家政権」のそれぞれのイメージは、どのようなところから生まれたのであろうか。推測すれば、おそらく、「天皇親政」は六国史、「摂関政治」は『大鏡』や『栄華物語』、「院政」は『愚管抄』や『神皇正統記』、「武家政権」は『保元物語』『平治物語』『平家物語』『承久記』『太平記』などの軍記物が、それぞれのイメージの源ではないかと思われる。これらはいずれも人の手の加わった二次史料であり、創作的性格の濃厚な文献も多い。そこには歴史学の基礎である史料的価値の分別という素朴な問題があろう。

まず、「天皇親政」が九世紀以前のイメージになっているのは、九世紀以前には六国史以上の史料がないからであろう。六国史は天皇中心の叙述形式をとるので、これをそのまま受容すると「天皇親政」が簡単にイメージされることになる。もしも六国史(編纂書＝二次史料)よりも史料価値の高い一次史料に恵まれれば、時代のイメージを大きく変える手懸かりになるであろうが、現実には六国史に拠るしかないということが歴史研究に立ちはだかる大きな壁になっている。まして七世紀以前ともなると、『日本書紀』という全く頼りない文献しか存在せず、これで歴史研究がどのように成り立つのか、それ自体が厳しい問題であろう。かかる状況のもとで、既存の「天皇親政」イメージを実証的に打破することは、実際にはなかなか難しい。おそらく「天皇親政」イメージは今後も根強く残存するのではないかと予想される。

この点、「摂関政治」については事情が異なっている。十世紀以後は貴族の日記という一次史料が存在し、それによって朝廷政治の実相を知ることができる。実際にもその研究は蓄積され、「摂関政治」イメージはもう既に過去のものになったといってよかろう。ただ、なおそのイメージの残滓を引きずっている部分も見受けられるが、それを払拭することは十分に可能であろう。

「院政」についても、貴族の日記（一次史料）に基づく研究が進んだ結果、もはやかつてのイメージは希薄になった。もともと江戸時代の儒学者には『愚管抄』『神皇正統記』の論旨についての誤解があった。そして最も問題なのは、彼らの思考の根底に、在位の天皇の執政（「天皇親政」）を理想とし、譲位後の執政を本来あるべからざる変則のものとみなす感覚があったことである。これは天皇という存在の捉え方に関わっており、現在もなおこの感覚は残っているようにも感じられる。この感覚を消去することが、「院政」の見直しにとって必要であろう。

最後に「武家政権」であるが、実のところ意外なほどに、この「武家政権」イメージは現在も強靭に生き続けている。一連の軍記物は、全体を通して「武家政権成立史」となるような筋立てに作られているので、それなりの説得力を発揮するのであろう。しかし、軍記物は創作性の濃厚な作品であり、その筋立てを安易に受容することは厳に慎まれねばならない。しかるに従来は、折角の一次史料も、この「武家政権成立史」の枠の中で、軍記物の筋立てに合わせた解釈に留まる使われ方がなされてきたように思われる。もっとも平治の乱や承久の乱は一次史料を欠くけれども、前後の事件には一次史料があり、また、『愚管抄』『神皇正統記』という軍記物よりも良質の同時代史料もある。あらためて史料価値の順位を、第一が貴族の日記、第二は『愚管抄』『神皇正統記』、第三に軍記物と明確にし、保元の乱から元弘・建武の乱に至る諸事件の一つひとつについて、再検討を加えることが必要であろう。この作業を進める中から、「武家政権成立史」に替わる新しい構想が生まれるかもしれない。

かくして、定式から離れ、史料に即して実情を探るうちに、見えてくるものがある。それは、一つに朝廷というものの捉え方であり、そしてもう一つに、平清盛や源頼朝、後鳥羽天皇、後醍醐天皇等の行動の意味である。

まず、朝廷について考えよう。『愚管抄』や『神皇正統記』が保元の乱・平治の乱以前の朝廷に復帰することを願ったように、中世の貴族にとって、理想の朝廷とは白河・鳥羽院政の時代であり、さらに遡って藤原頼通の関白時代であった。それは皇統の分裂問題に揺れ続けた時期（冷泉天皇〜三条天皇期）の後に訪れた、一三〇年ほどにもわたる安定期である。

この時期にも皇位継承問題は起きたが、天皇の直系（「正統《しょうとう》」）はほぼ一貫して確立されていた。その「正統」の天皇と摂関との協調関係が軸になり、朝廷の安定が保たれた。この「正統」の天皇は、上皇の場合もあるし、在位の天皇の場合もある。「正統」が上皇のときにはその執政を「院政」と呼び、在位の天皇であればそれを「親政」と呼んで区別するが、いずれも天皇の執政であることに変わりはない。天皇と摂関とを対立関係に設定するのは誤りである。白河院政も鳥羽院政も摂関との協調が基本方針になっている。摂関は貴族を束ね、院政と親政とを問わず、その支え役となった。摂関が権威ある存在であることが、朝廷の安定の要なのである。

このような天皇執政と摂関制の結合を基軸にする朝廷のあり方は、いつごろどのように成立したのであろうか。

例えば、院政の起源を辿ると、それは何も平安時代の後期に生まれたものではない。院政の本質は、天皇が自らの意思で直系の皇位継承者を決めようとすることにある。その意思表示の手段に譲位を使うと院政になる。院政は「正統」であることの証しである。その意味で、院政の初例と目されるのは、七八一年の光仁天皇の譲位であろう。光仁の譲位は、早良親王を皇太子に立て、早良が直系継承者であることを明示するために行われたとみられるからである。これは後に、後三条天皇が実仁親王を直系継承者として皇太弟に立てるために譲位した（一〇七二年）のと、全く同じ事例である。しかも、二人とも譲位の後、半年で死去し、院政としては中途で挫折した点も同じであった。

光仁の後、院政を本格的に実現した例は宇多天皇である。但し、宇多の院政も最後は挫折に終わった。また、平城・嵯峨・淳和天皇期や冷泉～三条天皇期のような皇統が分裂した時期の場合は、そもそも天皇の「正統」が不確定になっており、院政を目指しても、その実現に成功した例はない。成功裏に院政を全うしたという点においては、白河天皇が最初である。

このように、院政の始まりは譲位の制度の始まりに関係している。「正統」の天皇でその譲位を初めて行ったのは、八世紀の聖武天皇であった。いわば、聖武は院政の始まりに道を拓いたといえようが、彼の果たした役割はそれだけではない。摂関制の成立に道を拓いたのもまた聖武であった。

藤原氏が特別待遇を受けるようになったのは、聖武の生母が藤原氏であったことに起因する。藤原氏の一族は多数公卿に昇進し、次第に藤原氏が公卿を独占するようになり、貴族社会は大きく変貌を遂げていった。

また、天皇の「正統」の資格として、生母が藤原氏であることが重んじられるようになった。実際にこの藤原氏生母型の天皇が「正統」の地位を確保したのは、九世紀の文徳天皇からであり、それに伴い、この皇位継承と一体的関係にある家系に対して、その特別の地位にふさわしい待遇として設けられたのが摂政・関白である。摂関制は天皇の「正統」の権威を支えるために生まれたのであった。

平安時代的な朝廷は、親政とともに、院政や摂関制、藤原氏と源氏による公卿の独占などを特徴とするが、それらの諸要素は八世紀から九世紀にかけて、天皇制の必要によって生み出されたのである。朝廷はこれらの諸要素が有機的に構成された組織である。この特徴はその後一貫して江戸時代まで維持されたとみることができよう。

ここでまた定式に触れると、定式の最大の問題点は、「天皇親政」「摂関政治」「院政」の三つを分解して対立させる結果、朝廷という存在が見えなくなってしまうことにある。この「朝廷」こそが基本的視点に据えられなければならない。同様に七世紀以前についても、この朝廷の視点が基本となろう。七世紀以前の朝廷の諸要素と構成はどのような内容であったか、そこから平安時代的朝廷にどのように変わってゆくのか、その朝廷史としての視点が大切であろう。

次に、話題を変えて、平清盛や源頼朝、後鳥羽天皇、後醍醐天皇等の行動の意味という問題を取り上げたい。

前節に林鵞峰の言を引用したが、そこに「武家政権」を作ったとする清盛や頼朝について、「至尊を脅かす」「朝憲を蔑す」「平家の暴は董卓の逆の如し」「頼朝の威は曹操の姦の如し」と書かれているように、鵞峰は清盛・頼朝の行為を天皇に対する反逆とみなした。かかる見方は一連の軍記物の筋立てに拠ったものであるが、同じような発想は現在もなお、「武家政権成立史」として受け継がれている。「公家」と「武家」との対立関係が土台に据えられている点に、その伝統を見ることができよう。

しかしながら、先に史料価値の第一・第二に順位付けた貴族の日記や『愚管抄』などによって清盛や頼朝の行動を分析してみると、軍記物に語られている姿とは全く別の異なる姿が現れるのである。清盛について若干の説明をしよう。

まず、平治の乱（一一五九年）について。『平治物語』は清盛と源義朝の対立ということを事件の主因の一つにしているが、この事件はそのような武士の対立が原因になって起きたものではない。問題の焦点は後白河上皇と二条天皇の対立にあり、藤原公教という上流貴族が中心になって二条派を結集し、後白河を敗北させたという事件である。清盛はもともと事件とは無関係であったが、公教に誘われて二条派に加わり、大きな働きをする。但し、義朝との合戦は、事件としては付録にしかすぎない。

次に、いわゆる「鹿谷の密議」（一一七七年）について。『平家物語』は、位人臣を極めた清盛と後白河とは対立関係に入ったとし、後白河側が清盛打倒の陰謀を企むも、清盛は察知して首謀者を粛清したと語るが、この「鹿谷の密議」なるものは実際の事件とは全く異なる話であり、『平家物語』の創作である。実際には、清盛と後白河とは協調関係にあった。

『平家物語』の筋立てはフィクションなのである。

最後に、治承三年十一月政変（一一七九年）について。これは清盛が後白河に反逆し、幽閉した事件である。そのこと自体は事実であり、清盛の行動は「謀反」の疑いをかけられ、一一八〇年代内乱の原因になった。問題は、なぜ清盛は後白河に反逆したのか、その理由にある。『平家物語』に乗って、後白河との長い暗闘の果ての暴発であるとみれば、清盛の目的は後白河からの権力奪取にあったとみなすことになろう。いわゆる「平氏政権」の論である。ところが、実際には、朝廷の体制に変化はなく、「平氏政権」などといえるようなものは何もないのである。

この事件の原因は摂関家後継者問題であった。清盛は、朝廷が安泰を保つためには摂関家の安泰が重要であると考えていた。しかるに、後白河のやり方は摂関家を破壊するものであるように、彼の目には映ったのである。彼はそれを朝廷の危機と捉えた。彼が後白河に対する反逆を決断したのは、朝廷を危機から救う方法はそれしかないと考えたからである。彼は朝廷を支えるという上流貴族の意識を保持していた。そこに彼の行動の意味があるとみることができよう。

平治の乱・治承三年十一月政変などの内容や清盛の人物像をこのように見直してみると、十二世紀後半の政治史全体の様相が、従来言われてきたものとはかなり違ったものに見えてくるのではなかろうか。そのことは、頼朝や後鳥羽天皇、後醍醐天皇などについても同様である。

例えば、頼朝や東国武士の挙兵を朝廷に対する反逆とみるのでは、すぐに様々の矛盾と疑問が生じてしまう。この見方を変え、頼朝勢力は後白河の擁護を呼号して挙兵したのであり、彼らは反平家であるが、反朝廷ではない、と捉えるならば、一一八〇年代内乱における彼らの行動はきわめて分かりやすくなるであろう。鎌倉幕府はこの内乱の中で誕生するのであるから、このことが鎌倉幕府の性格の捉え方に直接に繋がるのはいうまでもない。

また、後鳥羽天皇がなぜ承久の乱を起こしたのかという問題も、『承久記』に乗って後鳥羽の目的は幕府の打倒にあったとみるのは、後鳥羽院政の経過および実態とあまりに矛盾することになる。それに対し、『愚管抄』は乱直前の情況として、後鳥羽が摂家将軍を廃止しようとしており、緊急事態にあることを力説している。後鳥羽が行動を起こした理由はこの摂家将軍問題にあると解するのが妥当であろう。つまり、後鳥羽は幕府の改革（打倒ではない）を意図したと捉えれば、彼の行動の意味は分かりやすくなる。幕府は後鳥羽院政体制における不可欠の構成要素であった、と理解することが可能になろう。

さらに、後醍醐天皇についてはいろいろあるが、いまは正中の変（一三二四年）なる事件だけに触れておきたい。『太平記』はこの事件を後醍醐による幕府打倒の陰謀と描いており、それによって、後醍醐は即位の当初から幕府の打倒を計画したとする理解が普及している。しかし、事実としては、幕府は、後醍醐は京都に起きた騒乱事件と無関係であるとの判定を下し、後醍醐の在位をそのまま認めた。これに拠り、『太平記』の筋立てはフィクションとみるべきである。後醍醐が幕府打倒を意図するようになるのは、元弘の変（一三三一年）の直前にまで下ると考えられる。その倒幕の理由は、『神皇正統記』も言うように、皇位継承問題にあった。彼の子孫の皇位継承の望みが全く絶たれたときになって初めて彼は倒幕の行動に出たのである。「天皇親政」の理想の実現などという話は儒学者の夢想というべきであろう。

以上のように諸事件を見直した上は、政治史の全体像についても新たな捉え方が必要になろう。それでは具体的にどのような構想が可能であろうか。

4　朝廷再建運動の展開

「日本国」の政治体制は、十二世紀末、鎌倉幕府の成立によって大きく変化する。それ以前までの朝廷の支配という体制から変わって、以後は朝廷と幕府が共存しつつ密接に結合する政治体制が構築された。この鎌倉幕府の成立以前の時代を「古代」、以後の時代を「中世」と区分し、「古代」の政治体制を「朝廷の支配」、「中世」の政治体制を「朝廷・幕府体制」と呼ぶことにしたい。この「朝廷の支配」から「朝廷・幕府体制」への転換はいかにして進行したか、その大まかな見取り図を以下に述べよう。

（1） 菅原道真失脚事件〈朝廷再建運動の形〉

朝廷の支配は無為自然に続いたわけではない。当然ながら、様々の事件が起き、それを克服しながら、朝廷は長く存続してきた。即ち、朝廷の中に危険な事態や重大な困難が生じたとき、これを克服し、朝廷のあるべき姿を回復しようとする運動が起きる。これを「朝廷再建運動」と名付けよう。その代表例としては、九〇一（延喜元）年に起きた菅原道真失脚事件（図1）がある。

事件の原因は、宇多上皇が醍醐天皇（長男）の異母弟である斉世親王の立太子を企て、醍醐に替えて斉世を直系にしようと図ったことにあるらしい。宇多は道真と共謀していた。これに対し、醍醐と藤原時平が協力して公卿を結集し、道真の流罪を決定する。宇多は孤立無援の中で敗れ、宇多院政は幕を閉じた。

この事件の特徴は次の諸点にある。これを朝廷再建運動の模範とみなすことにしたい。

① 原因は「正統」の天皇の決定をめぐる問題（皇位継承問題）にある。
② 父子の天皇が対立し、子の天皇が貴族の支持を得て、父の天皇に勝利する。
③ 摂関（又はその後継者）が子の天皇に協力し、事件を主導する。

この事件は院政や摂関制、藤原氏生母型「正統」理念などが絡み合っており、平安時代的朝廷のあり方がよく示されている。但し、かくのごとく、子の天皇が父の天皇に勝利した実例はきわめて少ない。

図1

醍醐天皇 藤原時平 その他の公卿	↔	宇多上皇 菅原道真

例えば、白河法皇とその孫の鳥羽天皇の対立は、関白藤原忠実勅勘事件（一一二〇年）として決着したが、これは祖父の天皇が勝利しており、従って、朝廷再建運動という形にはならなかった。

よくみられるのは、兄弟天皇の対立である。冷泉系と円融系の皇統の分裂は、従兄弟の対立から再従兄弟の対立へと続いたが、この問題は敦明親王辞太子事件（一〇一七年）によって解決され、「正統」は円融系に定まった。この類の事件もまた、一種の朝廷再建運動とみることができよう。このとき、事件を主導したのは前摂政藤原道長である。

かかる事件の後では、その経験を生かし、事件の発生を予防しようとする動きが現れる。後朱雀天皇は後冷泉（長男）の即位と同時にその異母弟の後三条を立太子させたが（一〇四五年）、このとき関白藤原頼通は後三条の立太子に反対を表明した。それは将来に皇統の分裂が起きることを懸念したためである。危険な事態に陥ったときは朝廷再建運動によって解決しなければならないが、そもそもは危険な事態を招かないことが理想であるのはいうまでもない。頼通の行動は、そのような摂関の責任と任務の自覚に基づくものであろう。

朝廷再建運動は、以上のごとく、天皇同士（父子・兄弟）にも、天皇と摂関・貴族の間にも、厳しい緊張関係があることを語っている。それが平安時代的朝廷の実態であり、朝廷の支配はその厳しさに護られて続いていた。

（2）保元の乱〈摂関家の混迷〉

しかるに、この朝廷に一つの異常事態が生まれる。それは保元の乱（一一五六年）に現れた。実のところ、保元の乱自体は朝廷再建運動といえる事件ではない。乱を起こした崇徳上皇と後白河天皇の二人はともに傍系にすぎず、「正統」の地位にあったのはこのとき皇太子の二条天皇である。それは貴族全体の合意にもなっており、貴族の大部分はこの乱に参加していない。後白河はこの乱に勝利しても、中継ぎ役とみなされることに変わりはなかった。保元の乱は傍系天皇と摂関家父子だけの、朝廷の主流から外れた脇の事件である。

異常事態とは摂関家の分裂である。当主忠実と関白忠通の父子は激しく対立し、摂関家は朝廷の安寧を保つ責務を果たしえなかったどころか、逆に、事件の火元になった。摂関家父子の対立さえなければ、本来、これは起きるはずのない事件である。天皇と摂関家の権威は大きく損なわれた。

（３） 平治の乱〈主導者の下降〉

保元の乱が語るのは、摂関がその責任を全うしえない状態にあるときには、天皇の危険な行動を防止することができない、ということである。このことはすぐに再び現実となったが、ここで起きたのが朝廷再建運動であった。それが平治の乱（図２。一一五九年）である。

事件の原因は、後白河上皇が直系を二条天皇（長男）から他の異母弟に替えようとする意図をもったことにあるらしい。その手始めに後白河は側近の藤原信頼を使って、二条擁護派の信西（藤原通憲）を殺害したが、このとき同じ二条擁護派の内大臣藤原公教が後白河の危険な意図を察知し、二条派を総結集して、後白河に反撃を加えた。即ち、二条天皇を内裏から脱出させ、平清盛の六波羅邸に迎えたのである。孤立した後白河は敗北を認め、仁和寺に逃れた。その後、源義朝が合戦に突入するも、清盛に敗北した。

この平治の乱の構図は、前述の菅原道真失脚事件のそれによく似ている。父（後白河）と子（二条）が対立し、子が貴族の支持を得て、父を敗北させた点は全く同じである。まさにこれは朝廷再建運動と呼ぶにふさわしい。

しかしながら、一致しない点がある。それは事件の主導者の家格である。菅原道真失脚事件を主導した時平は摂関の家系であるが、平治の乱を主導した公教は、上流貴族とはいえ、摂関家ではない。この点が朝廷再建運動の伝統から外れており、その意味は頗る注目に値しよう。朝廷再建運動の主導者が摂関から上流貴族に下降したのである。

図２

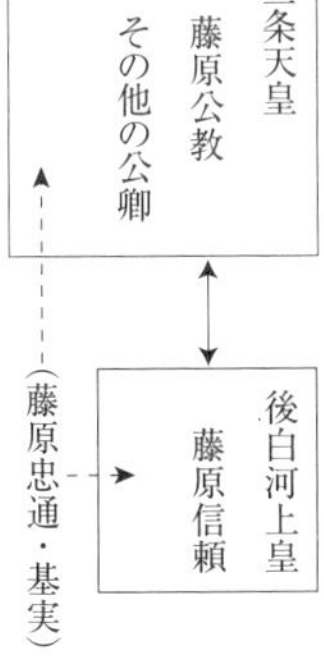

このような事態になったのは、関白基実（忠通の長男）が信頼の妹を妻に迎え、後白河に擦り寄ろうとしたために、摂関家が信用を失っていたからである。後白河の暴走をただ黙過しただけであったとなれば、摂関の権威はますます低落せざるをえない。しかし、ここで清盛がまたも大きな働きをした。彼が摂関家の権威を称える発言をしたことによって、摂関家は窮地から救われることになった。清

盛は摂関家中心の朝廷秩序を守ろうとする伝統的な価値観の持ち主であったとみられるのである。

（4） 治承三年十一月政変〈清盛の朝廷再建運動〉

この後、清盛は上流貴族に昇進を遂げ、二条天皇の死後は、後白河の側近として院政を支えた。その清盛が後白河に反逆した事件、即ち、治承三年十一月政変（図3。

図3

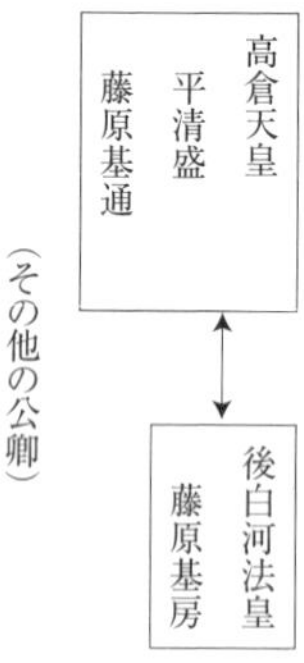

一一七九年）もまた、朝廷再建運動と捉えることができる。

この事件の原因は、前述したように、摂関家後継者問題である。清盛にとっては、摂関家はそれほどまでに重んぜらるべきものであったということであろう。清盛は高倉天皇を担ぎ、高倉「親政」を以て後白河「院政」を否定した。子の天皇が父の天皇を退ける、という朝廷再建運動の形を作ったのである。しかし、実際にはこの父子が対立関係にないことは明らかであり、清盛の行為は「謀反」であるとする見方が次第に広がった。また、清盛が貴族の結集を図らず、全く単独でこの事件を起こしたことも、彼の立場を弱めた。

この事件を朝廷再建運動とみなす場合、特異なのは清盛が主導者になった点である。清盛を武士の側面からのみ見れば、これは朝廷再建運動ではなく、朝廷破壊運動であるとする捉え方にもなろうが、清盛はこのとき紛れもなく内大臣昇進格の上流貴族になっており、朝廷の最長老でもあった。この側面から見れば、この事件は清盛にとって、平治の乱の再演であったといえるのではなかろうか。

つまり、この事件の清盛は平治の乱の公教に相当する。しかも、相手は同じ後白河である。清盛は自ら関わった平治の乱の体験を手本にすることができた。彼は公教の立場に自らを置き換え、この事件を主導したとみれば、この事件は分かりやすくなろう。

（5） 一一八〇年代内乱〈朝廷・幕府体制の成立〉

かくして、十二世紀後半における朝廷再建運動には、一つの特徴が明瞭に現れた。それは主導者の身分が下降するという現象である。もともとは摂関の役割であったものが、摂関から上流貴族へ、そして武士出身の成り上がり上流貴族へと、主導者の下降は進んできた。この傾向がさらに進めば、次には武士である下級貴族に、その先には武士そのものにまで、主導者を担う資格が生まれてくるであろう。

治承三年十一月政変は一一八〇年代内乱の幕開きとなった。後白河擁護・清盛打倒を呼号した頼朝勢力が、東国に生まれて最終的に内乱に勝利し、この頼朝勢力を母体にして鎌倉幕府が成立する。即ち、朝廷・幕府体制が成立するのであるが、この転換はどのような過程を辿ったであろうか。

頼朝勢力の目標が後白河擁護・清盛打倒にあったという点において、彼らの戦いが朝廷再建運動に繋がるものであることは間違いない。しかし、彼らを朝廷再建運動の担い手そのものにみなすのは早計であろう。下級貴族止まりで流人になった頼朝には、まだ朝廷再建運動を主導する資格はなかった。誕生当時の頼朝勢力は、朝廷の再建は天皇や上流貴族によってなされるべきである、という意識に支配されていたであろう。彼らの役割は朝廷再建運動が可能となるように情況を変えることであった。つまり、朝廷再建運動の下支え役というのが頼朝勢力の役どころであり、それは彼らの自己認識であったと思われる。頼朝勢力は後白河の支持を獲得することに一貫して全力を傾注しながら、源義仲や平家との戦いを進めた。

頼朝勢力には、平家を滅亡させて朝廷再建の下支え役の使命が終われば、自らを解体させるという方向もありえたであろう。頼朝が京に居を移して上流貴族の仲間入りをし、東国武士との関係を疎遠にすれば、そのようになったかもしれない。しかし、頼朝勢力はもう一つの別の方向に進んだ。それは自らの勢力をそのまま存続させる方向である。その分かれ目は頼朝が東国の住人として生きる道を選んだときであるが、それが決まったのはかなり早かったらしく、おそらくは長男頼家の誕生（一一八二年）によって確定したのではないかと思われる。

頼朝勢力は長く存続する組織となった。その理由は、朝廷の混乱や謀反は今回に限られることではない、今後もそれは繰り返し起こるに違いない、という将来の見通しにあろう。その都度、朝廷再建運動が繰り返されねばならないのであり、その朝廷再建運動の下支え役を果たすために、頼朝勢力は存続していなければならない、というのがその理念であると考えられる。御家人制や守護・地頭制はかかる理念によって正当化されたのである。

しかし、一方、頼朝はこの下支え役に満足してはいなかった。彼はその枠を越え、自ら朝廷再建運動を主導しようとする行動をとった。それは摂政人事への介入である。頼朝もまた、摂関家の権威を重視する故に、強い関心を示したのであろう。

頼朝が初めて摂政人事に介入したとき（一一八四年三月）、彼は鶴岡八幡宮に参籠して神意を確かめたという。頼朝にとってはただならぬ覚悟を要する重大問題であった。二度目の介入は九条兼実を内覧に就任させるなどの成果をあげ（八五年一二月）、頼朝はそれを「天下草創」と語った。この「天下草創」とは朝廷再建運動を頼朝なりに表現した言葉である。さらに三度目の介入で、兼実の摂政就任がようやく実現をみた（八六年三月）。頼朝はこの後、後鳥羽天皇の譲位に際し、皇位継承問題にも介入する動きをみせている（一一九八年）。

このように、頼朝は明らかに朝廷再建運動の担い手として振舞っている。この点が重要であろう。頼朝勢力は全国の覇権を握ったとき（一一八五年）、幕府という呼び名にふさわしい存在になるが、しかし、それだけでは朝廷・幕府体制が生まれたということはできない。もしも幕府が朝廷再建運動の下支え役に留まっているならば、政治体制としては、依然、朝廷の支配と称されるべきである。従って、頼朝が朝廷再建運動を主導する実績を積み上げたことが重視されるのである。

幕府は朝廷再建運動の主導役になりうる組織として登場した。朝廷・幕府体制の本質は幕府のかかる性格にあると考えられる。これに基づき、幕府の成立とともに、政治体制は朝廷・幕府体制に転換した、と捉えることにしたい。

（6）　承久の乱〈幕府の朝廷再建運動〉

頼朝死後の後鳥羽院政時代においては、皇位継承問題にも摂関人事にも、幕府の発言はみられず、幕府はあたかも下支え役になり切ったかのようである。しかし、再び幕府が朝廷再建運動を主導するときが、しかも本格的に主導役を務めるときがやってきた。それは承久の乱（図4。一二二一年）である。

承久の乱において、なぜ幕府は天皇と戦うことができたのであろうか。これは一一八〇年代内乱で頼朝勢力が天皇（後白河）擁護を掲げて平家と戦ったのとは、全く違う情況である。承久の乱では幕府（鎌倉派）の敵は後鳥羽上皇その人であった。天皇と戦うという思想も精神も持たない武士が、なぜ後鳥羽に弓を引くことができたのか。

そのヒントは、乱後に守貞親王（高倉天皇二男。入道）の院政と皇統が成立したことにあろう。守貞は後鳥羽の同母兄であり、もしも平家都落ちに際して平家に連れ去られていなければ、即位したのは後鳥羽ではなく、この守貞のはずであった。守貞系皇統の成立は、三八年前に遡って、その本来あるべき皇位継承を実現した、という意味をもっている。後鳥羽に対抗できる者は守貞を措いて他にいない。この守貞が存在したことによって、幕府は後鳥羽と戦うことが可能になったと考えられよう。

幕府の戦いは、図4の構図のごとく、守貞を担いだ朝廷再建運動として理解することができる。但し、守貞は隠棲しており、彼自身の行動は全く何もなかった。また、上流貴族では西園寺公経が反後鳥羽の旗幟を鮮明にしたが、彼は逮捕され、反後鳥羽派の動きは封じられた。幕府はほとんど独力でこの朝廷再建運動を主導し、そして勝利したのである。

図4

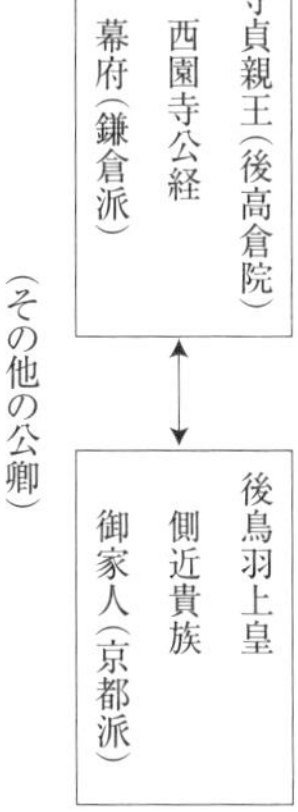

それでは、幕府はこの朝廷再建運動の構想をどのように我が物としたのであろうか。興味深いのは、後鳥羽に対する積極的な攻撃を強硬に主張したのが、大江広元と三善康信の二人であったと伝えられていることである。この二人は朝廷の下級貴族の出身者である。それに対し、武士は天皇との戦いに怖じ気づき、動揺した。この武士の動向に流されたならば、幕府は必ずや敗

北したであろう。しかし、広元・康信の強硬論が幕府を制し、京都に向けて進軍を開始したことによって情勢は逆転した。広元・康信が幕府を勝利に導いたといえるであろう。

広元・康信が勝利の展望をもちえたのは、この朝廷再建運動の構想を脳裏に描いたからであるように思われる。守貞を担ぐという発想は、朝廷の事情に通じた広元・康信にして初めて可能であろう。そもそも朝廷再建運動の思想、即ち、不適格の天皇を退けるという思想は貴族社会のものである。広元・康信にして初めて理解できることであった。武士には限界があった。承久の乱における幕府の勝利は、貴族の思想と行動によって得られたのである。

承久の乱の結果、幕府は朝廷再建運動の主導者たる地位を確立する。それは幕府が後嵯峨天皇を擁立したことにも現れた（一二四二年）。幕府のかかる行為は「神意の代行」であると意識されるようになり、幕府の権威は高まる。朝廷再建運動の主導者は、ついに武士がその担い手となるところまで下降した。それは朝廷・幕府体制の一つの到達点である。

しかるに、その後、幕府は皇位継承問題の対策を誤り、皇統の分裂問題は解決不能の情況に陥る。それが幕府の権威を失墜させ、後醍醐天皇の朝廷再建運動によって幕府は倒壊した。続いて、足利尊氏は光厳天皇を擁護し、幕府を再興して、朝廷・幕府体制を再建する。朝廷再建運動が政治史の主たる動因であったのはこの時までであり、観応擾乱（一三五〇年）を転機として、以後の政治史の展開は性格が変わるようである。それは朝廷・幕府体制が第二段階に入ったことを意味するであろう。

＊

朝廷の支配は朝廷再建運動という自己運動を伴っていたが、その自己運動の中で主導者の下降というねじれが生じ、そのねじれが進行した結果、幕府が誕生して、政治体制は朝廷・幕府体制に転換した。これを一応の筋立てとし、本稿を閉じることにしたい。

2章　東国の王権——鎌倉と平泉

五味 文彦

はじめに

王権論から東国の王権についてコメントするというのがここでの課題である。中世の王権を考える際には、いうまでもなく京都にある古代からの王権とそのあり方が大きな問題になるが、それと直接・間接に関わる形で生まれたのが東国の王権としての鎌倉幕府であった。

他にも平泉の藤原氏や琉球の王権なども考えられ、それらとの関係についても考察することが求められようが、ここではそのうちの中世の特質をよく物語っている鎌倉の王権について、その形態や特質をまず考察し、それをテコに平泉の王権の性格や展開などを探ってみることにしたい。

1　鎌倉の王権

東国の王権について語る『吾妻鏡』は、幕府の始まりについて、京都で出された平氏を討てという以仁王（高倉宮）の令旨が伊豆の北条の館にもたらされ、それを「前武衛」源頼朝と北条時政の二人が開いて見るという場面で描いている。治承四(一一八〇)年四月二十七日条を見よう。

高倉宮令旨、今日、前武衛伊豆国北条館に到着す(中略)北条四郎時政主は当国の豪傑なり。武衛を以て婿君となし、専ら無二忠節を顕す。これに因り最前彼の主を招き、令旨を披かしめ給ふ。

令旨に象徴される朝廷の権威、頼朝という武士の長者、さらに時政に代表される東国の武士団、これら三つの結びつきにより幕府が開かれた、というのが『吾妻鏡』の考える幕府成立の真相であるが、ここに王権の誕生がうかがえる。

そこには何よりも京の王権の存在が重要な役割を果たしていたのであって、朝廷の貴種を迎え、朝廷の命令を受ける形で、鎌倉の王権は始まったのである。その後の幕府の展開においても朝廷の影響は大きかった。寿永二(一一八三)年十月には東国の支配権が、元暦元(一一八四)年には諸国の検断権が、文治元(一一八五)年には守護地頭の補任権がそれぞれに朝廷によって認められてきたように、朝廷からの授権によって幕府の体制が整えられてきたからである。

したがってこれを果たして王権といえるのかという問題もあるが、頼朝の挙兵に集まったのは父義朝に仕えて以来の武士であり、挙兵した後に頼朝は南関東の武士たちの家々を巡ってその承認をとりつけて鎌倉に根拠地を据えたことを考えるならば、武士の集合体に擁された王という性格が頼朝には認められ、そこに王権としての要素が見いだせる。頼朝を迎えた三浦氏は「貴種再興の秋」にあったと喜び、千葉氏は「源家中絶の跡を興す」ことに感涙し、上総氏は「人主の体」に叶う頼朝の存在を見て従ったという。

その後の幕府の展開を考えても、頼朝は寿永二年にそれまで実力で領域としていた東国の支配権を朝廷に認めさせるなど、その後も東国を一貫してその固有の支配領域としている。元暦二(一一八五)年には勝手に任官した武士たちの東国への帰郷を認めぬ布令を出し、もし墨俣以東(尾張・信濃以東諸国)に戻ったならば断罪に処す、と命じている。ついで文治二(一一八六)年六月には武士の乱暴の取り締まりについて西国(尾張・美濃・越中以西諸国)では朝廷が行うように求めているが、このことはこれ以後、東の東国については、幕府が独自に取り締まることを意味していた。

頼朝は文治二年に奥州の藤原秀衡に出した書状のなかで、「御館は奥六郡の主、予は東海道惣官」と述べて、秀衡に優越することを伝えているが、ここで東海道惣官という自己規定をしているうちの東海道とは東国を意味し、その惣官に東国の支配者としての立場が示されている。さらに同三年には鶴岡八幡宮の放生会を開催するにあたり、東国での殺生禁断を命じており、二度目の建久六（一一九五）年の上洛の帰途には、頼朝は東国に入った遠江国橋本で、国の在庁や守護沙汰人らを集め、国務や検断をしっかりするように命じている。これは東国に戻ってほっとした王の気分がなせる行為であったろう。

建仁三（一二〇三）年九月十五日、源実朝を「関東長者」として征夷大将軍に任じる宣旨が鎌倉に到着しているが、この「関東長者」とはまさに東国の王を表現したものであった。このように幕府は東国の武士の連合体であり、その王に推戴されたのが将軍、関東長者にほかならない。承久三（一二二一）年に承久の乱が起きると、幕府追討の宣旨が出されたが、それが鎌倉に到来した際、これに応じて王の名の下に東国一五カ国の家々の長に出陣の命令を下している。これら遠江・信濃以東の国々こそ東国であったが、その西の境界は遠江・信濃で、北は北陸道と接し、東は北奥羽の外ケ浜、南は伊豆諸島という罪人の配流の地であった。

貞永元（一二三二）年に幕府が制定した『御成敗式目』は、西国での二本所間の相論は朝廷が裁断するものと規定しているが、これは東国については幕府が独自に裁くことを意味していた。それとともに新たに西国を統治する機構として六波羅探題が機能するようになると、幕府は東国の裁判や行政を主に担当するようになる。建長六（一二五四）年四月二十九日に、唐船の制限令が政所執事・問注所執事二人に命じられているが、二人は東国を分担して法令の施行にあたっていたことから、この法令は東国について定められたものとわかる。

こうした東国を領域とする王権が存立していたのであるが、その王が本拠地とした鎌倉は、頼朝の先祖頼義が、北条時政の先祖である平直方から譲られた由緒の地であった。頼義は奥州の安倍貞任を攻めるにあたって鎌倉の由比浜に石清水八幡宮の若宮を勧請しており、頼朝の父義朝は相模の三浦氏をバックにして鎌倉の亀谷に館を構えたことがあった。そうした由緒とともに、三方を山に囲まれ、前方が海という要害の地であったことなどから、頼朝は鎌倉に居を占めることと定めたのであった。

頼朝は治承四（一一八〇）年十月七日に鎌倉に入って、吉日を選んで伊豆から妻の政子を迎えたが、ここに「鎌倉殿」という王が誕生した。和田義盛を侍所の別当に任じ、大倉郷に大倉御所を設け十二月十二日に入っている。「御共の輩、侍所（十八ケ間）に参り二行対座す。義盛、その中央に候じて着到す」とあって、入御の儀式は侍所の別当が着到を受け付けて始まり、「凡そ出仕の者三百十一人と云々。又御家人ら同じく宿館を構ふ」とあるように、多数の御家人が参仕しており、御所の周囲には御家人の宿館が建てられ、道路が整備されていった。

頼朝は二度上洛しているが、結局は鎌倉に帰っており、その後の将軍について見ても、上洛してすぐに帰ってくるか、あるいは王をやめさせられて鎌倉から追放されている。鎌倉は東国の王権の根拠地としての機能を帯びていたのである。

その鎌倉の整備は、建久二（一一九一）年三月四日に起きた鎌倉大火で御所が焼け、八幡宮の神殿や回廊・経所が灰燼に帰したのを契機に始まる。建保三（一二一五）年七月十九日に「町人以下鎌倉中諸商人」の員数が定められているが、これは商人らの定着をよく物語っている。

次の画期は、承久の乱後の都市整備である。元仁元（一二二四）年十二月の諸国の疫癘の際には、陰陽師の申請によって、鎌倉の四角四境鬼気祭が東の六浦、南の小壺、西の稲村、北の山内で行われており、これ以後、王権の所在地として、京に倣って鎌倉の整備が図られていった。京都の行政制度である保や、土地制度である戸と丈尺の制が導入され、嘉禄元（一二二五）年には幕府御所が鎌倉の中心部である若宮大路沿いに移転している。

延応二（一二四〇）年には鎌倉の都市大整備事業が行われている。それは年明けに彗星と地震があり、連署の北条時房

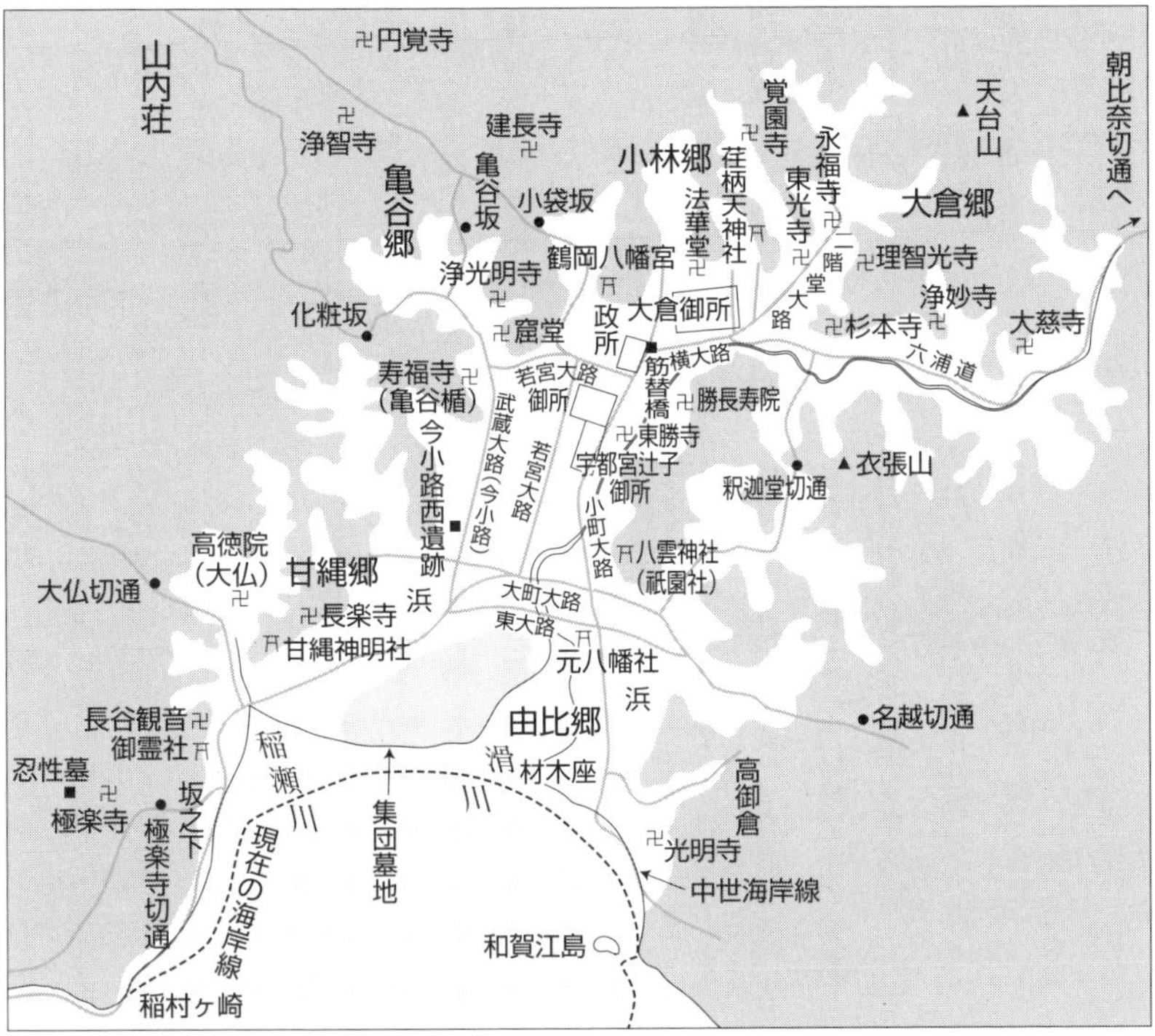

図１　鎌倉時代の鎌倉（永原慶二監修『岩波　日本史辞典』より一部改変）

が亡くなるなど、異常事態が起き、そのために将軍頼経の上洛が延期されて、徳政が行われたことと深く関連していた。その第一弾が二月二日の鎌倉中の警備・売買に関する法令の制定であり、第二弾が二月二十五日に鶴岡八幡宮の神官が所持する鎌倉中の地の保護令の制定、第三弾が十一月二十一日に鎌倉中の警固のために篝屋を置くことを定めたことである。

また北条泰時は鎌倉とその別荘がある山内荘を結ぶ「山内道路」を造ることを定めた。これは「嶮難」のために「往還」の煩いがあったので、泰時自身の「沙汰」（負担）で行うものとされた。巨袋坂の切り通しである。さらに鎌倉と東の六浦とを結ぶ「六浦道」も整備している。こちらは「縄」を曳き「丈尺」を打って、「御家人」に負担を課しており、泰時の負担ではなく、御家人の手によって造られている。朝比奈切り通しである。また泰時の援助で勧進上人浄光の手により鎌倉の西には大仏が建てられ、同じく泰時の援助で勧進上人往阿弥陀仏により鎌倉の南の小壺には和賀江の港湾が造られている。

ここに鎌倉の周辺部が整えられたことにより、幕府は寛元三（一二四五）年に鎌倉中に法令を出し、道路の清掃を義務づけ「町屋を作り、漸々路を狭むるの事」といった庶民の家が道路に進出することを禁じるなど、王権の下の民衆統治の法令を出したのである。

このような承久の乱後の鎌倉の繁栄をよく伝えているのが『海道記』である。この書は貞応二（一二二三）年四月上旬に、京の白河に住む「侘人」が鎌倉に赴いた時の記事という体裁をとる、漢文の訓読体に近い和漢混淆文の紀行文である。それから二〇年後の仁治三（一二四二）年八月中旬、京の東山のほとりに住む「閑人」が、鎌倉に旅行した際の紀行文として『東関紀行』も著されているが、これは『海道記』よりも流麗な和漢混淆文で記されている。この二つの紀行文には鎌倉の鶴岡八幡宮や大御堂、大仏の様子が描かれ、王都の繁栄ぶりが記されている。

さて第三の画期は、新たに将軍として宗尊親王を迎えるにあたって鎌倉を本格的に整備したことである。まず建長三（一二五一）年に鎌倉中の町屋の場所を定めている。大町・小町・米町・亀谷辻・和賀江・大倉辻・化粧坂山上などの七カ所に限定し、これ以外での小町屋や売買の施設を設けることを禁じたものである。建長五年九月十六日には新制を定めて、関東御家人と鎌倉居住の人々の過差を停止することを命じているが、朝廷の新制に倣ったこの武家新制は、武家の王の名の下で出されたものである。さらに建長七年には鎌倉中の挙銭という小口金融を制限し、質物を入れた人の名と在所を記すように命じるなど、様々な法令が王都である鎌倉を対象に出された。

弘長元（一二六一）年にはこれらの鎌倉の都市法の集大成ともいうべき弘長の新制が出され、鎌倉の行政区である保の奉行人を通じて土地や検断など各種法令の実行が命じられている。まさに鎌倉の王権は京の王権に倣って整備されていったのである。

2　王の身体と儀礼

王の領域と王権の所在地について見てきたが、次に王の身体について考えてみよう。

鎌倉に入った頼朝は、治承四（一一八〇）年十月に鶴岡若宮を由比浜から移している。その名目は「祖宗」を崇めるためであった。由比の若宮は源氏の基礎を築いた源頼義が由比の地に八幡宮を康平六（一〇六三）年勧請したことに始まるもので、『吾妻鏡』には、「伊予守源頼義朝臣、勅定を奉て、安倍貞任を征伐の時、丹祈の旨有り。康平六年秋八月、潜かに石清水を勧請し、瑞籬を当国由比郷に建つ（今これを下若宮と号す）」と記されている。頼朝はその由比の若宮を御所の西隣に遷すと、治承五（一一八一）年正月朔日に鶴岡若宮に参詣し、朔旦の日を奉幣の日と定め、これ以後、王の身体にともなう儀礼は鶴岡八幡宮の整備とともになされていった。

妻政子が頼家を産む時には鶴岡社頭から由比浦までの参詣の道を造っており、文治三（一一八七）年八月には、鶴岡八幡宮で放生会を開くにあたり殺生の禁断を東国に発し、鎌倉中や近くの海浜河溝には雑色を派遣してこのことを伝えている。これは殺生禁断が王の名の下で行われてきたことを考えるならば、極めて重要な事件であったと指摘できよう。しかもこの時には石清水八幡宮の放生会では行われていなかった流鏑馬を御家人に命じて行わせており、京の王権とは違う武家の王権がそこに表現されていると見てよかろう。その年の年末に頼朝は鶴岡八幡宮に参詣すると、翌年春正月に伊豆・箱根権現の二所参詣を祈願し、正月十六日に鶴岡八幡宮に詣でて精進した後、二十日に出発している。京の王権による熊野詣に倣ったものである。

他方で、文治元年に父義朝の菩提を弔う勝長寿院を御所の南に建てた後、文治五年には母の菩提を弔う塔を鶴岡八幡宮に造営している。六月九日にその御塔供養が盛大に行われたが、その供養が終わるのを待って、十三日に奥州の藤原泰衡の使者が殺害した源義経の首を腰越浦に持参し、その実検が行われている。こうして頼朝は奥州の藤原氏を滅ぼすべく追討の宣旨を朝廷に要求するが、それが認められないなか、文治六年に奥州へと出兵する。ここにおいて頼朝の東国の王としての立場は明らかになる。

頼朝は奥州藤原氏を滅ぼした合戦の際に、藤原氏が建立した精舎を見て、数万の怨霊を鎮め、三有の苦果を救うための寺院の建立を計画した。永福寺であるが、ここに王の寺が誕生することになった。その名の永福は奈良の興福寺に倣って命名されたものとも考えられ、頼朝の死後には義朝の旧跡に寿福寺が建立されている。ただ奥州の騒動が続いたため永福寺の造営は延期されたが、頼朝が上洛して鎌倉に帰った後の建久二（一一九一）年二月十五日に、頼朝はその寺地を決めるために大倉山辺を歴覧し定めると、建久三年十月二十五日に惣門を立て、二十九日には扉と仏後の壁画の完成をみ、十一月二十日に造営が終了し、二十五日に堂供養が行われている。導師は園城寺の大僧正公顕であった。

永福寺は、頼朝が初めて寺号をもつ寺院として造営したもので、後に頼朝のことを「永福寺殿」と称した記録も見えるように、幕府や頼朝にとっては格別に重要な寺院であった。

建久二年の鎌倉の大火によって鶴岡若宮が焼失すると、新たに石清水八幡宮が勧請されて、鶴岡八幡宮寺はここに幕府護持の宮寺へと発展をみることになり、こうして鶴岡八幡宮寺、勝長寿院、永福寺、寿福寺などの御願寺が次々と建立され、担当の奉行人が配置されて整備されていった。

建久三年に頼朝は征夷大将軍に任じられるが、すぐにこれを辞退している。すでに東国の王にとって征夷大将軍の官職はさほど必要ではなかったのであろうが、それとともに頼朝はその地位の継承を考え始める。王の継承はどうあるべきか、大きな問題だった。建久四年三月に頼朝は上野の三原野、下野の那須野、武蔵の入間野など関東の各地で狩りを行うと、五月には駿河の富士野の狩りに臨んで、その十六日に「将軍家督若君」頼家が鹿を射ると、喜んだ頼朝はすぐに狩りを止めさせ、山神矢口の祭りを行い、鎌倉の政子にそのことを報告している。頼家が武将の後継者として認められたことを意味すると考えたのであろう。

しかしことはそう簡単にはすまなかった。この狩りを敵討ちの場として狙っていた曾我兄弟は敵の工藤祐経を討つと、さらに頼朝の御前へと殺到した。将軍の身体が狙われたのである。この事件の直後には頼朝の弟範頼が謀叛を疑われて殺害されるなど、王の後継者をめぐって暗闘があったと見られる。したがってこの事件を描いた『曾我物語』とは、鎌倉の王権のあり方をめぐる物語を伝えるものであった。

この事件はその後の将軍（王）の後継問題に深く関わっていた。すなわち血統によって後継者が定められるのか、王が衰退したならばそれを退ける「王殺し」が行われるのか、この二つの選択が浮上したのである。この時は前者の血統によって選ばれた頼家が後継者の王となったが、しかし頼朝の跡を継いだ頼家は後者の「王殺し」によって伊豆に幽閉され、弟の実朝がその跡を襲うことになる。

実朝の時代になると、王朝文化が直輸入され、王権が飾られた。実朝が将軍になった翌年の元久元（一二〇四）年に行われた将軍の読書始では、御侍読に後鳥羽上皇の近習であった源仲章が起用され、三月には天台止観の談義が御所で行われているなど、朝廷の様々な儀式に倣って、王権に関わる行事が整えられた。七月に、頼朝の時代に鎌倉に下って仕えていた源光行が『蒙求和歌』を著しているが、これは李翰が著した『蒙求』から人物を抜き出しその事績を仮名で説明し、和歌を添えた書物であって、おそらく幼い実朝にささげられたものであろう。実朝の母の北条政子は、儒者の菅原長守の子為長に中国の政治の書『貞観政要』を仮名で記したものを書くように依頼したといわれており、実朝は東国の王としての教育を受けたのである。

王朝文化の幕府への影響を決定づけたのは、京都から実朝の御台所に坊門信清の娘を迎えたことである。上皇の寵愛した西御方の姉妹を御台所に迎えたのを機に、実朝の周辺には京の文化が一気に流入した。後鳥羽に倣って和歌を始めた実朝は、歌人の藤原定家の弟子となっていた御台所の侍の内藤朝親を通じて『新古今和歌集』を入手し、さらに定家から和歌の指導を受けるようになって、やがて実朝の詠んだ和歌の添削と定家の和歌の口伝とが鎌倉に届いている。実朝は後鳥羽の芸能好みの影響を受け、建永二（一二〇七）年三月には闘鶏の会を御所で開き、建暦二（一二一二）年三月からは毎月三回、旬の鞠会を開いている。八月には北面の三間所を学問所として近習の壮士を詰めさせ、十一月八日には御所で絵合を行ったが、そのために『小野小町盛衰図』『吾朝四大師伝図』などの絵巻が京都から取り寄せられている。

その翌年に起きた和田合戦で焼失した御所の再建にあたって、実朝は中門を建てるように指示しており、御所も京都風の御所に完全に作り替えられ、鎌倉とその周辺の文化空間も整えられていった。御所のなかの持仏堂には、本尊として文珠菩薩が安置され、聖徳太子の御影が掲げられた。年初に鶴岡八幡宮に参詣し、年末に勝長寿院・永福寺に詣でるのが恒例とされ、後鳥羽の熊野詣にならって、箱根・伊豆権現や、三島社に参詣する二所詣も恒例となった。

建暦三（一二一三）年九月十二日に幕府で駒御覧があった際に、実朝はその馬を「今日の護持僧」や「当番の陰陽師」に下賜しているので、この時期までには京の王権に倣って護持僧や陰陽師が番を結んで王の身体を護持する体制が整備されていた。

しかし京に見習ったその行動や制度に反発する勢力も大きく、「歌鞠の両芸」ばかりに勤しむかに見える実朝への御家人の不満が募った。東国武士の一人は、「当代は歌鞠をもって業となす。武芸廃れるに似たり」と批判したというが（『吾妻鏡』）、和田合戦はその不満が形を変えて現れたものである。将軍に刃を向けたのが将軍を武芸で支える侍所別当の和田義盛であったことが何よりもその点をよく物語っている。

こうして右大臣にまで昇進した実朝も殺されるところとなった。「王殺し」である。実朝は承久元（一二一九）年正月に甥の公暁によって殺害されたが、殺害したのが鶴岡八幡宮寺の別当で、しかも殺害の場が八幡宮の社頭であったことは、八幡宮の性格を大きく変えることになった。源氏の氏神という性格よりも、東国の王を守る社としての性格を強く帯びるようになったのである。承久の乱にあたっては、世上無為の祈禱として大仁王会がここで行われ、嘉禄元（一二二五）年五月には千僧供養が行われて、天下の疫気、炎旱に対する祈りがなされている。その年には幕府御所もすぐ近くの若宮大路沿いに移転してきている。

実朝の死にともなって幕府の有力御家人たちは連署して、皇子の下向を朝廷に願った。幕府が武士団の連合であることをよく示すものであるが、それは認められず、摂関家の九条家から王を迎えることになると、ここに王の姓は藤原となって、源氏との縁は切れる。そのため鶴岡八幡宮はその藤姓の王を護持するものとして機能していった。そしてその二年後に承久の乱が起き、これに幕府が勝利したことで、さらに東国の王権は独自の成長を遂げるところとなったのである。

藤原氏将軍とともに、多くの護持僧や陰陽師のほか、法曹官人や歌人など、王朝の官人や文化人が鎌倉に下ってきて仕えるようになった。そして王を補佐していた北条政子が嘉禄元（一二二五）年七月十二日に亡くなると、その直後から執権の北条泰時は有力御家人による合議政治を目指した。十月三日に御所の移転について「群儀」を行うと、十二月二十一日に新御所に執権の泰時・時房と評定衆が集まって「評議始」を開いている。それは執権を中心にして、有力御家人から選ばれた評定衆の合議によって政治を運営する体制の成立を意味するもので、そこから王は排除されていた。続いて貞永元（一二三二）年に『御成敗式目』が制定されると、評定衆一三人は理非の裁断には公平にあたることを神に誓う起請文を提出している。

王は実際の政治の場から排除され、王の周辺は学芸の文化で色を染められた。京から下ってきた歌人たちは実朝時代に育った関東歌壇の武士歌人とともに将軍の主催する歌会に出て、都の文化の息吹を伝えている。寛元元（一二四三）年九月五日の後藤基綱亭の和歌会に出ている二条教定や藤原隆祐、源親行などはその代表的存在である。

さて宮騒動を経て前将軍の藤原頼経を都に追った北条時頼は、宝治合戦に勝利した後、後嵯峨上皇の皇子宗尊親王を鎌倉に将軍として迎えることとし、建長三（一二五一）年に禅院の建立を企画すると、同五年十一月に「建長興国禅寺」の供養を行っている。その作善の趣意は「皇帝万歳、将軍家及重臣千秋、天下太平、下訪三代上将、二位家幷御一門」の没後を祈るものであって、まさに王の寺として建立されたことがわかる。その建長寺という寺号が年号に因むことをも考えると、鎌倉がこれまでとは違う首都としての側面をもつ都市へと変貌したことを意味していよう。

3　鎌倉の王権の前提

鎌倉の王権の成立を遡って、他の角度から記しているのが『曾我物語』である。真名本の『曾我物語』は、巻頭で日本の国の始まりを記し、源平両氏が並び立ったことや、源氏の先祖と源氏の争い、源氏の代々などを語った後、伊豆の伊東一族の内紛を綴るなかで、曾我兄弟の敵討ち事件の発端となった伊豆の奥野の狩りの風景へと叙述が及んでゆく。

ここにまた一つの不思議あり。武蔵・相模・伊豆・駿河、両四箇国に大名たち、伊豆の奥野の狩して遊ばむとて、伊豆の国へ打越えて伊藤（伊東）が館へ入りにけり。助親（祐親）大きに喜て、様々にもてなしつつ三日三箇夜の酒宴ありけり。両四箇国の人々はかれこれ五百余騎の勢を以て伊豆の奥野へ入りにけり。

武蔵・相模・伊豆・駿河の四カ国の武士たちが伊豆の奥野の狩りに集まったことから物語を始めており、この四カ国の武士たちの動きに沿って武家の王権の形成が語られてゆくのである。

武士たちは「馬の上、徒歩立ち、腕とり、おどりこえ物などこそ武士のしわざなり」などと称して遊びに興じており、そこには日常的な交流がうかがえる。その狩りの場で父を殺害された曾我兄弟の場合、「父方は伊豆の豪家、母方は相模の国の御家人たちなり」ということで、父や母の縁者の家に何日も逗留しつつ遊び育ったといい、武士たちの間には四カ国の武士たちによる広い婚姻関係が結ばれていた。

こうした人的な結合を生んでいたのは、この四カ国が東海道という道を介して結びついていたからであり、武士たちの根拠地である館は東海道やその支線に沿った地に構えられていて、兄弟が往来したのもそれらの館を結ぶ道であった。各地にある天台宗系の有力寺院の存在も重要な役割を果たしていた。とくに箱根・伊豆権現は武士の信仰を広く集め、武士の師弟もそこで童となって教育を受けたり、出家して大衆の一員となることもあった。そうしたなかで武士の横の交流も盛んになり、様々な情報を共有するようになっていた。そのなかに伊豆に配流されていた頼朝の姿があって、武士たちの何人かは頼朝に宿直して仕えていたという。

これ以前、保元の乱を記した『保元物語』では、崇徳上皇方にあった源頼義が、味方の劣勢を見て、「東国へ御幸をなし奉り、あしがら・箱根をきりふさぎ、東国八カ国の家人等を相催して、都へ返し入れ候はん事、案の内に候」と語り、上皇に東国に下ることを勧めたといい、平治の乱を記した『平治物語』は、平清盛に破れて東国に落ちていった源義朝が「東国にくだり、兵相具してのぼらんずるぞ」と東国での再起を考えていたという。東国には京とは違う独自の場があり、自立した地域として京に対抗する機能を有しており、その機能とともに頼朝は挙兵して王権樹立へと向かったのである。

さらにその樹立に大きな影響をあたえたのが、平泉に根拠地を占めていた「奥六郡の主」奥州藤原氏である。頼朝は平泉の藤原氏を滅ぼして東国の王の道を確実なものとして上洛を果たすと、さらに二階堂永福寺を、平泉の中尊寺にある大長寿院に倣って建立している。平泉の遺産のうえに鎌倉の王権は築かれたことがわかる。

このように藤原氏は、頼朝に先だって平泉を中心に王権を樹立していたが、その王権の形成の運動は十一世紀の東北地方での戦乱の時代にまで遡る。

十世紀から十一世紀にかけて関東では戦乱が起こり、それが東北地方にまで及んでゆき、源頼義による前九年の合戦、清原真衡による延久の合戦、源義家による後三年の合戦などの合戦が続いた。清原真衡はその合戦を経て、東北地方の経営のための橋頭堡である山北三郡（雄勝・平鹿・山本郡）と奥六郡（伊沢・和賀・江刺・稗抜・志波・岩井郡）を領有して東北地方に君臨すると、北に広がる北奥羽の地域は、それまで北海道や千島・樺太の地域と同じく擦文文化圏に属していたのだが、この地域をも勢力下に入れようとしていった。

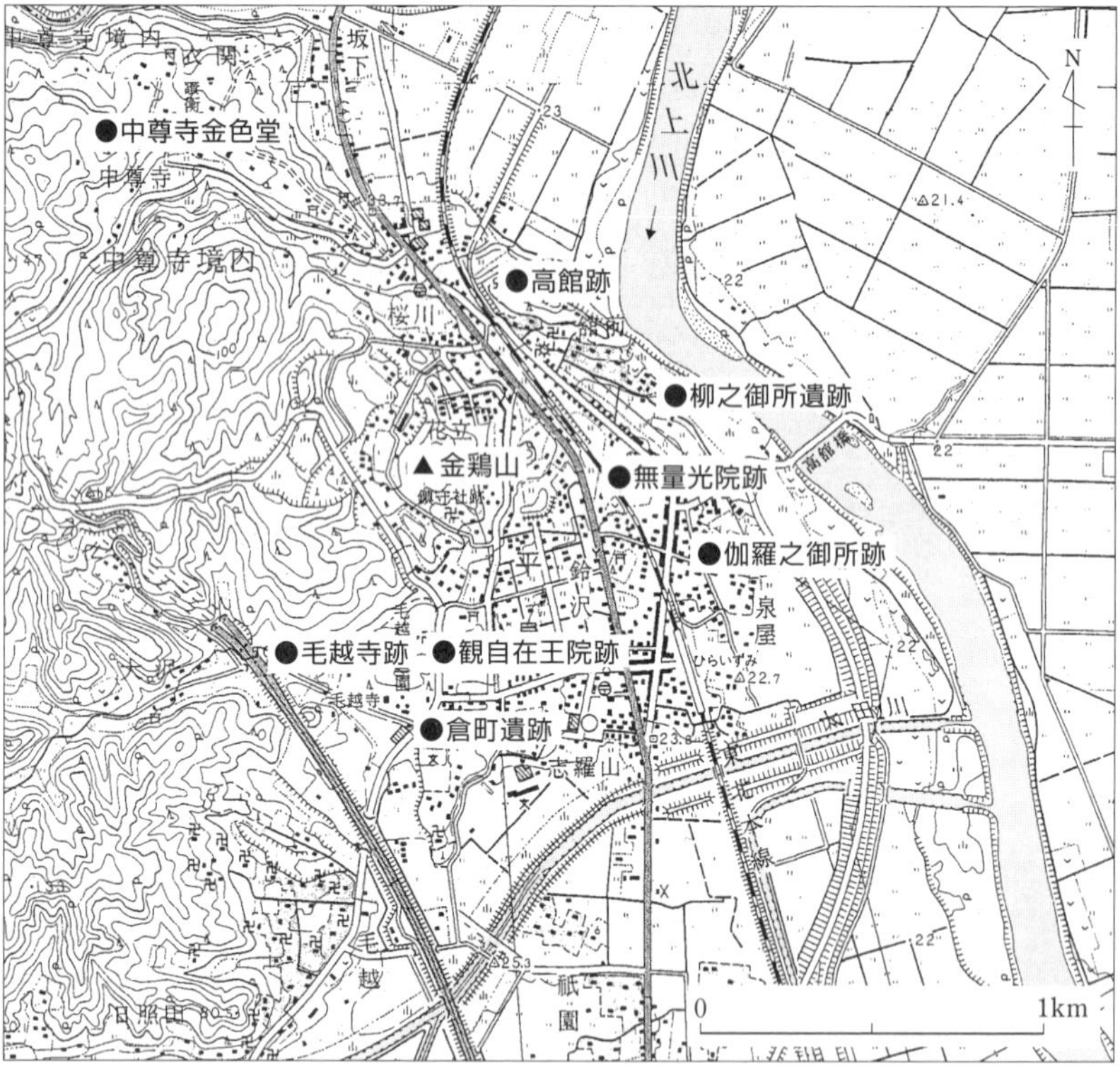

図2　平泉近郊地図

その真衡の死後に起きた清原氏の内訌と源義家の介入を経て、勢力を握ったのが藤原清衡である。清衡は奥六郡を伝領した後、宿館を豊田館から平泉に移すと、しだいに勢力を南にひろげてゆくとともに、さらに北へも領域を拡大させて、南は白河関、北は津軽の外ケ浜までひろがった。勢力下の一万余の村々に仏聖灯油田を寄付し、白河関から外ケ浜にいたる行程二〇日余りの奥大道には一町別に笠卒都婆を立てたといい、その中央の地にあたる平泉に建立したのが中尊寺である。

ここに平泉は王権の所在地とされたのであり、清衡は在世三三年の間に延暦・園城・東大・興福等の中央の大寺や、大陸の天台山の僧などあわせて一〇〇〇人に供養を依頼し、死に際しては逆修を行って一〇〇日の結願の日に亡くなったという。まさに王にふさわしい死であって、おそらく金色の阿弥陀仏が安置されていた金色堂で往生を遂げたものであろう。死後に骸が金色堂の須弥壇に納められたのも王にふさわしい。

この時期は京では分権化の深まりに応じて王権が強調された時代であった。白河天皇は「ゆヽしく事々しきさまにぞ好ませ給ひける」王で、京の東の白河に八面九層の塔をもつ法勝寺を創建して「国王の氏寺」となし、京の南の鳥羽の広大な地を占定して離宮である鳥羽殿を造営している（『今鏡』）。清衡の中尊寺創建もこの白河上皇のモニュメントによる王権の表現に対応していたというべきであろう。

奥州の中央の山上に中尊寺の伽藍を設け、釈迦堂には百余体の金容の釈迦像など金色の木像を安置した。大長寿院は二階建ての大堂であって、皆金色の金色堂はまさに王権を象徴していた。奥州に荘園が次々に立てられるなど、京の王権が奥州に浸透していった時代に対応する形で、奥州の王権が形成されたものと見られる。

ここに平泉の王権の基礎はつくられたのだが、その王権を継承した基衡は、中尊寺を鳥羽院に申請して御願寺化をはかるとともに、平泉に円隆寺や嘉勝寺などの建立を進めて、それらを含んだ毛越寺と称する大寺院を建立した。そのうちの円隆寺の「円」は後三条院の御願寺である円宗寺などの四円寺、嘉勝寺の「勝」は白河院の御願寺である法勝寺などの六勝寺に因むものであり、そこに中央の影響の大きさがうかがえる。

また毛越寺という命名であるが、毛には毛の国、越には越の国が内意されていると見るべきであろう。上野・下野の毛の国と、北陸道の越の国に因むものと考えられ、それを支配下におさめようとする動きが認められる。この時期には頼朝の父源義朝が東海・東山道へと支配を伸ばしており、それと張り合うような形で毛・越の国々に支配を伸ばそうとしていたのが基衡の構想であって、それが毛越寺の命名となっていると見られる。

基衡は円隆寺の建立に際して、九条関白藤原忠通に自筆の額を書いてもらい、本尊の薬師如来の造立のために仏師雲慶に仕度として渡したのは、金百両や鷲羽百尻、水豹皮六十余枚、安達絹千疋、希婦細布二千端、糠部の駿馬五十疋、白布三千端、信夫の毛地摺千端など、東北地方からさらに北方での産品であった。仏像が完成すると、生美絹を船三艘に積んで送り、さらに練絹も三艘で送ったという。

こうした豊かな平泉の世界からの情報を聞くにつけ、京からは接触が続いた。摂関家の藤原頼長は陸奥と出羽の荘園を父から貰い受けると、基衡と交渉して荘園の年貢を引き上げるように求め、ついに年貢の金の増収に成功している（『台記』）。陸奥守藤原師綱は公領の官物の増収を狙って田地の検注を実施しようとして、合戦をも辞さないその態度に基衡は検注の実施を認めざるをえなかったという（『古事談』）。

藤原氏は北方をはじめとする各地との交易を通じて多くの宝物を蒐集していたが、その頃に京では白河院の跡を継承した鳥羽院が、コレクションで王権を飾っていた。鳥羽の離宮を整備して建立した勝光明院に付属して宝蔵を設けると、そこに列島内外から宝物を集めており、延暦寺の前唐院や平等院の経蔵などの宝物を見るなど、コレクションに意を注いでいた（『古事談』）。廷臣もその上皇の意に応じて宝物を献上し、摂関家は鎮西に渡来した奇獣や珍鳥を献上し、院の腹心の信西は遣唐使になることを夢見て中国語を学んでいたという。

日宋間の交易が急速に拡大するようになったのはこの時期からで、諸国の荘園が院の周辺に集中的に寄進されて院領荘園が膨れ上がり、諸国の武士も源平の両氏を通じて院に仕えるようになった。全国的に武士の館の社会が出現していて、基衡の館の社会もその一つであったが、さらに基衡の建立した毛越寺周辺には街区が形成された。平泉の主要な宗教施設を書き上げた平泉寺塔注文（『吾妻鏡』文治五年九月十七日条）には次のように見える。

一　高屋の事　観自在王院の南大門の南北路に、東西に数十町に及んで、倉町を造り並ぶ。また数十宇の高屋を建つ。
　　　　　　　同院の西面南北に数十宇の車宿有り。

毛越寺の東に位置する観自在王院の周辺には倉町や高屋、車宿などがあって賑わっていたことがわかる。基衡の館はおそらくこの観自在王院にあったのだろう。基衡の後家がこの寺院を建てたのは、その跡地を継承したからと考えられる。

さて基衡の跡を継承した秀衡は、未完成だった嘉勝寺を完成させるとともに、北上川の近くに根拠地を移した（柳之御所遺跡）。平泉の寺塔注文にはこう見える。

一　館の事（秀衡）
金色堂の正方。無量光院の北に並べ、宿館を構へり（平泉館と号す）。西木戸に嫡子国衡の家有り。同四男隆衡の宅相並ぶ。三男忠衡の家は泉屋の東に在り。無量光院の東門に一郭を構へ（加羅御所と号す）、秀衡常の居所也。泰衡相継で居所と為す。

これによれば金色堂の正方に位置する平泉館を整え、その近くに子息の家や宅を配し、宇治の平等院に模した無量光院を造営して、その近くに御所を構えていたのである。

この時期に京では、後白河院が宮城の再建を果たしてモニュメントの構築に関わるとともに、法住寺殿に付属して蓮華王院を建てその付属の宝蔵には内外のコレクションを納めるなど、王権がコレクションで飾られた。平清盛はこれに応じて大陸との貿易を推進して書籍や宝物を院に献上したが、それらを入手するためにも奥州の金が必要とされ、奥州に多くの目が注がれるようになった。

これに応じて秀衡は否応なく京の動きに直接の対応を迫られ、鎮守府将軍や陸奥守にも任じられた。都から逃れてきた人々を受け入れ、金を求める動きにも対応していった。源頼朝の追討を命じる宣旨も受け入れている。しかしその結果、頼朝の王権によって滅ぼされるところとなったのである。

以上に見てきた平泉の王権の性格を考えると、極めて京の王権を模したものであったことがわかる。たとえば毛越寺の吉祥堂の本仏は京の補陀洛寺の本尊を模したものであり、観自在王院の阿弥陀堂は基衡妻が建立したものであるが、その四壁の図は「洛陽霊地名所」を描いており、無量光院の院内の荘厳は悉く宇治平等院を模したものであった。

さらに平泉に建立された「鎮守」も、中央の惣社や東方の日吉、白山、南方の祇園社、王子諸社、西方の北野天神、金峰山、北方の今熊野、稲荷等も、悉く京とその周辺にある本社に模したものという。まさに京の王権のコピーとしての要素が強い。

しかしこれらを書き上げたのが平泉の僧であったことを考えると、すべてが京の王権をコピーしたとのみ評価することはできない。たとえば鎮守にしても、伊勢や八幡・賀茂・春日などの京の王権に直接に関わるものは見えない。伊勢は京の王権を象徴する神、八幡は源氏の氏神であると同時に賀茂社とともに王城(京都)を鎮護する神であって、天皇が位から退くとまず参拝したのがこの二つである。春日は藤原氏の氏神であるが、これもまた京の王権を支える存在であった。明らかに選択されているのであって、しかもこれらは平泉に存在する寺社であることを考えるならば、平泉以外の地では王権は異なる表現でなされていたことが考えられる。

とはいえ頼朝のように、武士の家の集合体に擁された王という性格はうかがえない。奥州藤原氏は上洛を考えたことはなかったようである。そこで注目されるのが、文治五(一一八九)年七月に出された藤原泰衡追討の宣旨が「陸奥国住人泰衡は辺境に雄飛し」と記している点である。藤原氏は辺境王という性格を有していたものと指摘できよう。辺境王は境外の地と向き合いつつ、中央の王に従属することで、その王権を成立させ、維持させていたのである。

おわりに

東国に生まれた王権について見てきたのだが、翻って西国の王権についてはどうであろうか。平氏が安徳天皇を帯同して西海に逃れた時、皇統は分裂して二つの王権が併存する事態が生まれたことが注目される。これは保元の乱における崇徳上皇方と後白河天皇方との対立に発するもので、それが実力によっておさまった後には、さらに平治の乱に発する二条天皇と後白河上皇との対立が起きている。そうした皇統の分裂を孕んだ延長上に、二つの王権の分裂が位置していたのである。その一つが武家に擁された王権という点では、鎌倉に誕生した王権の影響とも深い関わりがあった。

平氏が鎮西に逃れたのも注目される。古代から大宰府は「遠の朝廷」としての位置にあったことや、平清盛・頼盛が大宰府の長官であったことが大きいが、同時に保元の乱の少し前に源為義の子鎮西八郎為朝が鎮西で活動していたこととも関係していたのであろう。さらに琉球の王権の祖が為朝であるという伝承もまた興味深いものがある。

平氏の滅亡により、以後、西国では院政期から鎌倉時代を通じて京以外に王権は成立しなかった。だが鎌倉末期の皇統の分裂と鎌倉幕府の滅亡は、やがて南北朝という王権の分裂をもたらすようになる。京・鎌倉の王権が南北朝の王権分裂にどう関わっていたのか、このことは重要な課題であるが、本稿の扱う対象外にあたる。

〔参考文献〕

石井進『日本中世国家史の研究』（岩波書店、一九七〇年）。

石井進『中世武士団』（小学館、一九七四年）。

五味文彦『増補　吾妻鏡の方法』（吉川弘文館、二〇〇〇年）。

五味文彦・佐野みどり・松岡心平編『中世文化の美と力』（中央公論新社、二〇〇二年）。

五味文彦編『日本の時代史8　京・鎌倉の王権』（吉川弘文館、二〇〇三年）。

五味文彦『中世社会史料論』（校倉書房、二〇〇六年）。

佐藤進一『日本の中世国家』（岩波書店、一九八三年）。

佐藤進一『鎌倉幕府訴訟制度の研究』（岩波書店、一九九三年）。

本郷和人『新・中世王権論』（新人物往来社、二〇〇四年）。

3章　中世における権威と権力——「王権」という道具立てをめぐるコメント

新田一郎

はじめに

「王権」「権威」「権力」といった言葉は、日本史学の分野では自然言語的に、厳密な定義を伴うことなく問題領域ごとの文脈に強度に依存して用いられている。そこにさらに別の定義を持ち込んでも、いたずらに複雑性を増すだけにもなりかねないが、何らかの定点を設定しないことには、狭い文脈を横断する議論は存立しがたい。問題の構図を摑み取るために、いったん抽象度を高めて俯瞰を試みるところから始めたい。

1　「王権」の構図

上野千鶴子氏は、網野善彦・宮田登両氏との鼎談において、「王権」を「象徴的な〈外部〉の独占 monopoly のことである」と定義づけている(1)。歴史学者の言語感覚にはいささか馴染みの薄い言い回しだが、まずはこれを私なりに嚙み砕いておこう。

ここで言う〈外部〉は、空間的外部に限定されない。人々の生活する日常の世界とは異質な領域が、空間的にであれ時間的にであれ、あるいは世界の深奥の構造に向かってであれ、〈外部〉として分節されることによって、それと分かたれた〈内部〉に理解可能な構造が析出される。しかし〈外部〉は、〈内部〉から当然に隔離されているわけではなく、予測も制御もできない種々の作用が〈外部〉から〈内部〉にもたらされうる。例えば天文気象や災害などの自然現象であり、脆弱な人々に対し威力をふるう疫病や野獣であり、あるいは異界の異能者たちかもしれない。それらは〈外部〉にありながらその作用はしばしば〈内部〉に及び、人々の世界を強力に条件づける。こうした、〈外部〉から〈内部〉への越境にいかにして対処するかは、世界の存立にとって不可欠の条件であり、上野氏の構図においては、こうした局面に「王権」の独占的な作用が想定されている。

こうした、〈外部〉を〈内部〉から分かつ境界を設定し〈内部〉の世界の成り立ちを条件づける営為には、〈外部〉を「括弧に括る」認識作用が関係し、境界の具体相は人々の認識能力の如何に規定されるだろう。日本古語において「通常の人間を超えた作用」がひろく「カミ」と観念されたことは、おそらくはそのあらわれである。そうして認識の〈外部〉におかれた「カミ」のはたらきを〈内部〉へと穏やかに導入し、世界を平穏ならしめること。そのことは、上野氏の定義する「王権」の作用に適うだろう。

こうした観点から日本史学の領域に材を求めるならば、河音能平氏や黒田日出男氏によって着目された『常陸国風土記』の谷田開発の記事には、興味深いものがある。(2)「自」郡西谷之葦原」の開発を妨げる「夜刀神」を、箭括氏麻多智が武力をもって制し、「神地」と「人田」の境界を画して、自ら「神祝」として子孫にいたるまで祭祀を司った、という。神を祀ることによって内外の境界を画し、神の「祟」「恨」を防いで〈内部〉における農耕の成り立ちを確保する。黒田氏はこの例を掲げて「古代的開発の、在地首長層による推進は、宗教的・祭祀的姿態をとらざるをえなかったといえるだろう」と述べている。もとより、ここに示されているのは開発の過程ではなく、「神祝」という特別な地位役割を設定し問題を「括弧に括る」ことによって与えられた、〈外部〉との境界についての説明である。人間世界が異質な〈外部〉に囲繞され、常に〈外部〉からの干渉の可能性に曝されている、という条件のもと、境界を扼し半ば〈外部〉に身を置くことによって内外の通交を制御する、要するに〈外部〉との付き合い方を知っている、ということが、この世界において非対称的な役割構造を生み出す重要なリソースとして作動している、と理解されよう。

境界を扼し〈内部〉を条件づける作用には、境界や通交の質によって、始原説話や祭祀・交易などさまざまなヴァリエーションが想定されようが、そのようにして析出されるさまざまな構造を未分節なままに集約し「王」がその一身に担っている状態が、文化人類学の分野で言う「神聖王権 divine kingship」に他ならず、フレイザーの「王は宇宙全体の状態を集約した存在」という表現も同じことへと帰着する。世界の存立条件を一身に引き受け、世界に秩序をもたらす作用を未分節なままで「独占」することによって生じる特異な位置ないし役割を、上野氏は「王権」と定義した、というわけである。

もとより、この定義の採否をめぐっては議論の余地のあるところだろうが、本稿はこれを暫定的な参照軸として、日本史学における「王権」、ひいては「権威」「権力」をめぐる議論の俯瞰を試みることにしたい。

2　神の変貌と人為の世界

先に言及した『常陸国風土記』の記事の続き、麻多智によって開発された地において、さらに開発を進めるべく池の堤を築こうとした壬生連麻呂は、蛇の姿をとった「夜刀神」の抵抗に遭いながら、「令レ修二此池一、要在レ活レ民。何神誰祇、不レ従二風化一」と喝破し、魚虫雑物を憚り懼れず打ち殺すよう役民に命じて蛇神を退けた、という。かくして〈境界〉が引き直されたわけだが、ここで「民を活かす」とする趣旨のもと「カミ」に対抗し、「カミ」の領域を人の世界へと〈内部〉化する作用として「風化」が掲げられ、「カミ」もまたそれに従うべきものとして語られている。この逸話が設定されているのは孝徳天皇の代であるが、孝徳天皇は「尊㆓仏法㆒、軽㆓神道㆒、斮㆓生国魂社樹㆒之類、是也[3]」などと「開発のためにはカミをも恐れぬ儒教的・開明的な王として描かれ」「儒教と仏教の二つを国家イデオロギーの基軸としていた[4]」という。そのもとで官位を帯びた麻呂は、役民を率いて「カミ」を制し、ローカルな世界の構造を組み替えている。人の認識と制御可能性の範囲が拡大するに従って、〈外部〉と〈内部〉の間には緊張が生じ、境界は推移してゆくことになる[5]。壬生連麻呂は、茨城国造にして行方郡を建てたとされる人物であり、「役民」の動員が郡大領としての権限を背景になされたと解するならば、中国をモデルとして構築されつつある制度が、ローカルな「カミ」に対抗する先進的なtoolとして用いられた、ということになろう。

そもそも日本古語における「カミ」は、必ずしも善なる属性を持つわけでなく、人々に対して道徳的な義務づけを課する存在でもない。世界のあるべきさまが「カミ」において規範的に示されるのではなく、むしろ、異質にして威力を持った「カミ」との緊張関係においてこそ、人々の世界が構築された、といってよい。そうしたローカルな「カミ」を風化に従わしめようとするこの過程はしばしば、ローカルな「首長制 chiefdom」を統合して「王権 kingship」へと取り込む過程として記述される。ローカルな「カミ」に一定の系譜性を与え、祭祀に一定の形式を与えることによって、律令国家はその支配する世界の成り立ちを統合的に表現する二次的な「王権」として存立した。そこでは「王」は世界を一身に具現し、その「徳[6]」によって世界をしかるべくあらしめることが期待される。

一方、そうした風化の過程で、仏教をはじめとする先進的なtoolが、ローカルな世界に一貫性のある理解と説明を供給し、ローカルな「カミ」を世界内に取り込む作用を持ったことが注目される[7]。こうしたことは、いわゆる「神仏習合」の起点としてしばしば言及される、「罪を悔いて仏道に帰依しようとする神」の姿にも通じよう[8]。そのように「カミ」をも包含するグローバルな仏教というtoolは、当初「王権」と密接に結びついた形で日本に導入され、「王権」に独占された「秘儀」として「王権」の存立を支えたのであろう。「カミ」は、「王権」のもとで仏教の教説によって画される境界の〈内部〉の存在として説明を与えられ、世界内的な存在へと変貌してゆくのである。(9)

ややくだって十世紀、賀茂・石清水などの天皇行幸に伴う「返祝詞」が成立したとされることについて、(10)佐藤弘夫氏が「返祝詞の成立は、神々が「非合理」の衣を脱ぎ捨てて人間との対話可能な「合理的」存在にまで立ち至ったことを、端的に物語る現象だったのである」(11)と述べていることは、こうしたこととの関連で示唆的である。ここでは「神々」は世界内において説明を与えられ理解される対象として認識されている。また、「カミ」の作用が「祟」から「罰」へと次第に転換するという点(12)や、疫病や怨霊などに対する観念について見ても、「カミ」のはたらきに理解可能な合理性を想定し、また種々の方術を用いたある程度までの操作可能性を想定する思考を、見出すことができるかもしれない。さらにくだって十三世紀後半に至れば、「蒙古襲来」に際して伝えられた神々の振る舞いは、戦い傷つき助けを求めるという、人と同じ理法に支配された姿を示すことになる。(13)

仏教によって骨格を与えられた世界の構造を所与の前提として、その内部に相対的な完結性を持った人為の世界が構築される。こうして構築された世界において、では「王権」はどのような位置を占めどのような作用を持つのか。仏教や、やがて仏教に付随してもたらされた種々の方術は、文明の求心点としての「王権」の成り立ちを支えたであろうが、しかし、やがて仏教の「秘儀」性が喪われ、人々が直接に仏教に相対し世界の理法に触れるようになったとき、「王権」に対する理解の位相が変化し、「王権」の成り立ちにも変化が及ぶことになるだろう。(14)すなわち、世界のグローバルな構造輪郭が措定され、「王権」が出発点ではなくなる。そうして世界の〈外部〉の独占が崩されたとき、天皇の存立は、上野氏の定義に厳密に従えば「王権」ではなく戯画に過ぎなくなる、のかもしれない。実際、中世の天皇はしばしば仏教によって説明され、救済され、あるいは罰を与えられる、世界内的な存在として描かれることになるのである。(15)

世界の基幹的な構造がいわば背景化されることによって、人が相互作用する領域が区画され、そこで展開される「人の所為」は行為主体たるそれぞれの人に帰せしめられる。[16] この条件のもとでこそ、人と人との関係において「意図された効果の産出」（ラッセル）に結びつく非対称的な作用としての「権力」を、「王権」という特異な位置においてではなく、人間世界の内部で論ずることができるだろう。[17]

3　世界内化された「権力」

以上、「前置き」としては長すぎた感があるが、世界の構造をめぐるこうした構図を参照しつつ、以下では中世における「権力」の様相について瞥見しておこう。

こうした主題をめぐって、しばしば議論の中心に置かれるのは、鎌倉幕府と朝廷の関係であり、鎌倉幕府がそれ自身「王権」としての独自の成り立ちを持っていたのか、という類の問題である。源頼朝が鎌倉に置いた組織が、一定の領域においてコントロールを掌握し、「意図された効果を産出」しうる「権力」として作用していたことは、まず異論のないところであろう。また、黒田日出男氏が指摘したように、日月蝕に際し将軍については天皇に準じた作法がとられるなど、[18] 世界の〈外部〉からの作用に関わって特別な儀礼的位置づけを与えられていたことも窺える。しかしながら、鎌倉将軍が独自の世界を構築していたわけではなく、自己表現の形式においても、また貴種としての系譜性などについても、既存の世界の規矩によっており、鎌倉将軍を独自の「王権」の担い手とすることは（少なくとも本稿で暫定的に用いている意味では）適切ではなく、基本的に共通の世界像を背景とし、その内部で分節される方向をとった、とみるべきであろう。[19]

公家・武家それぞれの内部において作動している「権力」については、しばしば「主従制的」「統治権的」という二つの位相が想定されて論じられる。この点については別稿で若干の整理を試みたところだが、[20] 要するに前者は個別相対の非対称的な関係に沿って作動するのに対し、後者はより一般性をもって「構成的」に作用する。[21] そこで作用している「権力」は、直接の物理的強制力によるのではなく、かといって実体的な「道理」によって裏づけられたものとも認めがたい[22]。社会内で遣り取りされるシグナルが一定の範型に沿って認識され、人々の振る舞いの前提に組み込まれる、その範型を供給し制御することによって作用するのが、「構成的権力」である。こうした「権力」は、相互関係を整合化するうえで効用を持ち、人々に需要される。状況に対する条件づけの非対称的な構造が、循環的に人々の認識を拘束する、その中に「構成的権力」が蓋然的に顕現するのである。

河内祥輔氏は、鎌倉幕府成立期の「坂東武士はつねに中央に強い関心を向け、京と往還し、そこでの事件を体験し、朝廷と自分との関係を考え」ていたのであり、東国における平氏から源氏への交代は、「坂東武士」たちにとって京都に接続するチャンネルの切り替え一本化としての意味を持ったのだ、としている[23]。この観点に立つならば、「坂東武士」たちにとっての〈外部〉である中央との間の回路を幕府が扼することによって非対称的な構造が析出され、それが「権力」を生み出す資源として作用したことが想定される。一方、承久の乱以降、幕府の意向が京都社会に対して「権力」として作用したことは疑いなく、これは、京都社会の内部では有効な決定を生み出すことが困難な状況において、〈外部〉からのパラメータが需要されたことの結果として理解される。公武の間に、それぞれに対して互いに〈外部〉から条件づけあう(ただし対称的ではない)関係が構築され、ある種の棲み分けを伴う均衡が模索されていたことは、既往の研究に示されていよう。

このことは、鎌倉時代の公武関係が必ずしも対抗的なものでなかったこと、それぞれが相手方の存在を前提とし、そこから内部秩序を構築する原資の一部を調達していたこと、を示す。河内氏は、朝廷の維持ないし再生へと向けた志向性が中世の政治の前提に置かれていた、との解釈を示している[24]が、一方で源家将軍が途絶えた後、とりわけ承久の乱以降の「幕府再建問題」のプロセスについても、現に存在している条件を維持しようとする傾向性を認めうるかもしれない。それぞれの存在が前提条件として繰り込まれ、その条件のもとに人為によって展開される政治の領分が構築され、人々はその内部において一定の前提条件のもとに種々のシグナルを遣り取りし、そこで完結した「ゲーム」が展開されることになる。[25]「ゲーム」の基本的な構造を規定する境界条件が自明化されて「括弧に括られる」ことによって、この「ゲーム」は、その自明性の範囲と程度において実定化する。このように「括弧に括られた」「ゲーム」の前提条件が、「権威」という問題に関わるのであり、河内氏が中世の政治の前提として想定するところは、「権威」構造の問題に他ならない。それは、「ゲーム」を理解可能なものにし、非対称的な「権力」のシグナルを受信解読可能なものに「構成化」する、基本的なコンテクストを与える仕掛けなのである。[26]

それが何らかの規範的な世界像に基礎を置いているとは限らない。鎌倉時代の公家社会では、振り返って過去を鏡としたときに武家の存在は必ずしも正則なものとは認識されず、そこに認知的不協和を伴いつつ理法を求める視線へと展開してゆく一方、[27]承久の乱の結果として固着させられた事実的な布置が状況を循環的に条件づけている。鎌倉中後期の公家社会の中に存したアンビヴァレンス、すなわち「東風」に対する実践的な需要と、そうした条件づけの仕組みに対する認知的不協和との共存は、[28]そうした状況をよく示している。それを所与の条件として受け取るだけでなく、一定の理法のもとに理解しようと努め、翻って現実を改変する可能性を論じる営為も、この条件のもとで生まれる。鎌倉幕府に対する京都の人々のアンビヴァレントな認識や、後醍醐天皇の企図は、[29]そうした可能性を念頭に置いたものであったろう。現に存する条件は、現に存するというまさにそのことゆえに参照され暫定的な規定性を持つだろうが、その度合いをどのように測定すべきか。また、河内氏のいう「朝廷再建問題」、あるいは武家の役割が、誰にとって、またいかにして自明であったのか。状況の推移やそのメカニズムを含めて、なお精細な検討を要しよう。

建武政権が解体した際に持明院統から光明天皇が立てられたこと、「正平の一統」の後に相当の無理を押して北朝が再建されたことなどは、直接には公家社会における公事遂行上の必要に因ったものであろうが、京都に居を構えた武家・足利氏にとっても「朝廷の存立」「公事の遂行」が政治の中心的課題として自明化しつつあったことを想定させる。「王などは木か金で造っておけばよい」と伝えられる高師直の放言は、そうした仕掛けをめぐる「武家」と「武士」の認識のギャップを示すかもしれないが、それでも「どうやら必要とされているらしい」ことが（鎌倉時代のように「武家」というチャンネルを介さず直接に）武士たちに認識されつつあったことをも示唆しよう。(30)『建武式目』などにおいて武家政権の存立を語るのに用いられている「政道」その他の観念装置にしても、古来より連続した世界の内部において現に用いられているモデルに沿ってその規矩が構えられており、武士たちをそこに包摂しようとする動向を見てとれる。(31)

足利義満の位置づけにも微妙なものがある。新たな「王権」として独自の世界を用意したわけではなく、既存の構造を利用して連続した歴史空間の中に位置を占め、政権を構築した義満について、公家社会の側からも、公事再興の営為の中にその存在を整合的に位置づけようとする試みが存在した。(32)義満没後に太上天皇号が贈られようとしたことは、そうした認識のあらわれであろうが、それが辞退され義満があらためて（公家とは立ち位置の異なる）「武家」として回顧されるようになったことの意味は小さくない。(33)このことによって、公家と武家を含む構造(34)が自明化し、「武家の存在・役割」という条件が自明化して、「権威」構造に組み込まれて作用することになる。

4　「権力」の極相

自明化した舞台装置の上で展開される、いわば「世界内化された権力」は、足利義教においてひとつの極相を示す。義教が義持没後の後継者に推された際、還俗し元服し判始の儀礼を了えていざ自身の判をもって「判㆓断天下事㆒」しようとしたところ、将軍就任以前にそうしたことをするのは適切ではない、との意見が呈せられ、将軍宣下以前には管領奉書をもって代える、との措置がとられることになった。義持が後継者を指名しないまま死去した後、「籤」によって「神意」を問うて義教が選ばれたことは、よく知られた話であるが、そうして選ばれた義教が自ら政務を執ることは、「神意」によって直接に基礎づけられるのではなく、「将軍宣下」という世界内的な手続を経てこそ正統化されるのである。こうなると、天皇に「誰を将軍にするか」の選択権が生じかねず[35]、実際にはそうした作法はそのまま定着はしないものの、「天皇権威の上昇」[36]が生じる一因となったと見られる。いずれにせよ義教は、自らを起点として新しい世界を構築するのではなく、連続している時間、連続した世界の内部で、その構造に依拠して「権力」を掌握したのであった。

いったん将軍宣下を受けるや、義教は苛烈な「権力」を揮い、人為外の条件から解放された「権力」の極相を示すことになる。その意に沿わぬ者にはきわめて厳しい態度で臨み、京都社会の人々をして「恐怖」せしめた義教の「権力」は、「将軍宣下」の手続を経たことによって正統化される、という形式に根拠を置いており、世界内において成立した義教の「権力」を制約するものは、少なくとも制度的には存在しない。

この点については、義教が「沙汰」において「外様」の手続形式を重視していたこととの関係を考えるべきであろう[37]。義教はその初政にあたり、「諸人愁訴を含まぬように」との顧慮を述べて、現世の政治の主宰者としての役割の自覚を表明し、守護や奉行人らにはそれぞれの任を全うすることを求め、人為世界の内部で「合理性」を追求する姿勢を示している[38]。人為世界において完結して「理」を論じうることを前提に、「制」を立て人々に「法」を供給することが、政務の担い手の役割として認識される[39]。義教はある意味きわめて生真面目に、「権力」の担い手としての役割を徹底的に遂行しようとしたのではないか。

ところで、義教が将軍宣下を受けるまでの間、管領奉書が暫時用いられたわけだが、この管領という職は、将軍（室町殿）の政務を補佐すべく設置され、その存立は将軍に依存していたはずである。畠山満家は義持のもとで管領に任ぜられ、義持の死後も引き続きその職にあったが、「武家」として政務を執りうる将軍の不在の状況で、管領による代行がいかにして根拠づけられたのか、必ずしも判然としない。おそらくここではそうしたそもそもの成立事情は閑却され、現に稼動しているシステムの正則な構成要素としてのラベルの有無が問題になったのであろう。管領は将軍からではなく「権威」

構造から直接に根拠づけられており、その意味では将軍と同じ次元で、ただしそれぞれに異なる役割を担うことになるのであろう。だとすればそこには、この社会において「権力」を生み出す仕掛けがあらわれているに違いない。構造上の位置づけを示すラベルがそれぞれの役割の担い手を指示し、措定される役割の非対称性が「権力」を現象させることになる。(40)

だが、義教においてこうして現象したとみられる「権力」の極相(41)は、安定して存立したものではない。「権力」の限界を画する仕組みの不在は、京都社会における義教の「専制」を可能とし、政治世界の内部においてこれに対抗する手段を持たない人々を「恐怖」せしめたが、しかし「京都の政治社会」はなお完全に閉じた世界ではない。京都を離れた地に対する義教の「権力」の作用は、各国の守護などを介した間接的な形をとっており、その効果には時により地域による差異があり、そのことをめぐって義教と宿老たちの間に認識の差異が見られるケースもある。(42)また、極端な例として赤松満祐は「政治」という制限条件から逸脱することによって状況を改変しようとして「嘉吉の乱」を起こしたのであった。満祐は「権威」構造そのものの破砕には至らず誅伐されているとはいえ、そうした逸脱の可能性は、やがて京都の政治社会そのものの存立を揺るがすことになるのである。

おわりに

中世の日本(43)の「権威」構造の中に、天皇が重要な構成要素として組み込まれていたとはいえ、この構造の存立根拠が天皇の意思に帰着するわけではない。「権威」は、特定のアクターに帰着するのではなく、構造そのものに即して観念され、構造をめぐる諸アクターのシグナルの遣り取りの中に析出される。ときに儀礼的なシグナルの遣り取りを通じて、諸アクターはそれぞれの位置に応じて拘束しあい、循環的に構造を再生産する。後醍醐天皇の企図に対して用いられた「主上御謀叛」との評言は、天皇の地位・役割が「権威」構造の上で規定されるものであったことを、端的に示している。「室町殿」もまた同様であり、「権威」構造を前提とした遣り取りの中で非対称な「権力」関係を生成させる仕組みが、天皇を中心とした儀礼的構造によって象徴的に表現されている。吉田孝氏が「レジームとしての天皇制」[44]と呼び、水林彪氏が「幕藩体制にとっての「法」としての天皇」[45]と呼ぶ、いずれも同じことを指している。そうした仕組みが、中世から戦国さらに近世へ向けてどのように推移したのか。構造が連続しつつも組み替わるメカニズム、〈外部〉としての国際環境の作用など、解明すべき問題はなお多いが、ひとまずは筆を擱く。[46]

（1）網野善彦・上野千鶴子・宮田登『日本王権論』（春秋社、一九八八年）一三頁。
（2）『常陸国風土記』行方郡の条。河音能平「『国風文化』の歴史的位置」河音『中世封建制成立史論』（東京大学出版会、一九七一年）、黒田日出男「広義の開発史と『黒山』」黒田『日本中世開発史の研究』（校倉書房、一九八四年）参照。
（3）『日本書紀』孝徳即位前紀。
（4）西宮秀紀「神祇祭祀」『列島の古代史7　信仰と世界観』（岩波書店、二〇〇六年）。
（5）こうした作用は、「猿神退治」として類型化される説話によって象徴されるかもしれない。
（6）「徳」は必ずしも道徳的善を意味するとは限らず、しばしば「いきおい」と訓まれ威勢を意味して用いられることは、周知の通りである。
（7）国語学者の大野晋氏は、『万葉集』と『源氏物語』における「カミ」の用法を対比し、前者においては概ね「恐るべきもの」「（ローカルな）支配者・領有者」という意味で用いられていた「カミ」の語に、後者においては「助けを求める対象」「頼む相手」という意味が付加されているとし、それは「奈良時代以降にカミとホトケが融合し始め、助けるというホトケの役割が次第にカミに浸潤し、カミを包み込んだ結果である」としている（大野晋『一語の辞典　神』三省堂、一九九七年、四三頁）。
（8）例えば義江彰夫『神仏習合』（岩波新書、一九九六年）など参照。
（9）より正確には、仏教はひとつの「方術」として用いられた、というべきかもしれない。陰陽道にせよ医道にせよ、種々の「方術」は、人々を取り巻くさまざまな現象に対処する先進的な技術の一環として需要されたのであり、そのことは、中世にいたるまで仏教寺院がさまざまな実践的知識のセンターとして機能していたこととも整合的に理解される。
(10)嵯峨井健「鴨社の祝と返祝詞」『神主と神人の社会史』(思文閣出版、一九九八年)。
(11)佐藤弘夫『神国日本』(ちくま新書、二〇〇六年)六九頁。
(12)「祟り」は、そもそもは「カミ」一般について想定される「〈命ずる神〉からの一方的指令」であったが、「平安期には祟りだけをもっぱらにする邪霊を分出し」、中世の「神」は「人々の行為に応じて、ある基準に照らして厳正な賞罰権を行使するもの」となったという(佐藤弘夫「祟る神から罰する神へ」佐藤『アマテラスの変貌』法蔵館、二〇〇〇年)。
(13)こうした事例について海津一朗『神風と悪党の世紀』(講談社、一九九五年)参照。
(14)このことと、「密教」「顕教」の関係とは、やや位相が異なる。
(15)佐藤弘夫「中世の天皇と仏教」佐藤『神・仏・王権の中世』(法蔵館、一九九八年)参照。
(16)こうした思考構造の成立の背景には、自然環境に対する操作可能性、いわば「人と自然の力関係」の変移が想定されるかもしれない。理解可能となった「カミ」に対して、人の運命は、予測不能な神意に翻弄されるものではなく、ある程度まで将来を見通したうえで自らマネージすることが可能なものとして認識される。そのように独立した意思と能力を有する人間を前提としてこそ、人に責務を課し賞罰をもって報いる、いわゆる「応報史観」のような思考が成立しうるのではないか。
(17)大平聡氏の「王権から国家へ」という構図(「古代の国家形成と王権」本書所収)は、このような、「権力」の世界内化という問題に関係しよう。
(18)黒田日出男「こもる・つつむ・かくす」黒田『王の身体、王の肖像』(平凡社、一九九三年)。
(19)夙に指摘されているように、鎌倉へは多くの密教僧や陰陽師が招請され下向し、武家に仕えた。これらは既に「世界内化」された方術として供給され、武家の成り立ちを(公家のそれと連続した世界の内部における儀礼的な局面で)支えたものと思われる。
(20)新田一郎「統治権的支配」『日本歴史』七〇〇(二〇〇六年)。
(21)「構成的」という表現は大山喬平氏の用語に由来する。個別の関係に固着せず一定の範型を経由して作動することの謂いである。前注(20)新田論文参照。
(22)なお、「公権力」の作用の根拠を「強制力」ないし実体的な「道理」に求め、とくに鎌倉時代について、武家の「強制力」と公家の「道理」という拠り所の差異を見出す見解も示されている（例えば本郷和人『中世朝廷訴訟の研究』東京大学出版会、一九九五年）。しかし、武家としても組織的な常備軍を備えていたわけではなく、その「強制力」は動員に応じる御家人たちのレスポンスに依存する。恭順を求める武家と御家人武士との間には、しばしば緊張関係が存し、また、承久の乱や元弘の乱に際して反幕府方が動員した軍勢は、幕府のそれと同質であり、幕府が「強制力」を直接に掌握していたわけではない。むしろ動員のロジックこそが重要なのである。一方、「公権力」の作用の根拠を実体的な「道理」に求めるには、「道理」の測度の客観性をめぐってかなり強い条件を必要とする。

(23) 河内祥輔『頼朝の時代』（平凡社、一九九〇年）四三頁。

(24) 河内祥輔「中世の国家と政治体制」（本書所収）。

(25) こうしたことがらを叙述するにあたり「（社会的）ゲーム」という概念を用いることについては、さしあたり新田一郎「書評・海津一朗『中世の変革と徳政』」『史学雑誌』一〇四―八（一九九五年）を参照されたい。

(26) このような暫定的説明を基とした場合、「権威」構造の特徴は、諸アクターが相互作用に際しこれを自明の前提として用い、それ以上に遡って根拠を問われない、という自明性に求められる。従って「権威」は、中心において能動的に行使されるというよりは、諸アクターが相互関係において前提として繰り込むことによって、その関係の中に現象する。相互関係に埋め込まれた諸アクターの振る舞いは儀礼的構造の中でしばしば強く制約され、能動的な「権力」として作動する自由度を持たないことがままある。

(27) 例えば『愚管抄』に見るような歴史意識は、こうしたことと密接な関係があろう。

(28) 例えば関東を「東関蛮夷」と呼ぶ一方でその「無㆘逆㆓天理㆒之志㆖」ことを指摘して拙速な倒幕の企てを誡め時機を待つことを説く『吉田定房奏状』を見よ。

(29) 後醍醐天皇の企ては、世界のそもそもの存立に遡る条件を一身に扼する「王権」の再構築を図ったもので、その企図は密教など呪術的な領域に及んでおり、「異形の王権」の名にふさわしいアナクロニスティックな企てであった、というべきかもしれない。

(30) 師直の放言はしかし、「権威」に求められる作用を案外的確に言い当てたものというべきかもしれない。重要なのは「王」自身ではなく、「王」をめぐって周囲に展開される遣り取りである。「公事」やさまざまな儀礼が必要とされたのは、それによって人々の存在理由が満たされ相互関係が測定され、世界に整合性が与えられるためである。〈外部〉を切断した人為世界においてなお、そうした儀礼性は、システムに不可避につきまとう不完全性を「括弧に括る」作用として、合理性の尽きる局面において需要されるのである。

(31) この点についてはさしあたり新田一郎『太平記の時代』(講談社、二〇〇一年)参照。

(32) この間の経緯については、二条良基に焦点を据えて詳述した小川剛生『二条良基研究』(笠間書院、二〇〇五年)が最も参考になる。

(33) この点をめぐっては義持と斯波義将の意向が重要な意味を持ったとみられるが、義嗣でなく義持が後継者に立てられ、義満への尊号宣下が辞退された前後の事情の詳細については、残念ながら明確に語る史料が知られていない。

(34) 富田正弘氏のいわゆる「両政務体制」は、こうした構造の具体的な表現形態について精細な像を示している(富田「室町殿と天皇」『日本史研究』三一九、一九八九年)。

(35) 実際に後小松院の周辺に不穏な動きがあったと見られる点など、新田一郎「建武政権と室町幕府体制」『新体系日本史1 国家史』(山川出版社、二〇〇六年)参照。

(36) 今谷明『室町の王権』(中公新書、一九九〇年)など参照。

(37) このあたりの経緯の概略についても前注(35)新田論文参照。

(38) これを桜井英治氏は「神訴から理訴へ」と表現している(桜井『室町人の精神』講談社、二〇〇一年、一四三頁以下参照)。

(39) 中世の「法」は、基本的にはそれぞれの「やり方」であり、「武家法」であれば「武家のやり方」の自己提示としての意味を持つ。そうした「法」が、武家なら武家と関係を持つ他者によって観察され、彼らの振る舞いの前提条件として繰り込まれるようになれば、そこに非対称的な影響関係が発生し、「権力」の可能性を生じる。そうした作用を持つ「法」の供給を期待される存在が、中世後期に「公方」として観念されることになる。

(40) こうしたことは、この前後の時期に特徴的に用いられている「中央の儀」というタームの理解にも関わろう(笠松宏至「中央の儀」笠松『法と言葉の中世史』平凡社、一九八四年)。本来の決定権者の意向を周辺の者が詐称する「中央の儀」は、詐称される「権力」の「本来の」所在が明らかであってこそ意味を持つはずである。

(41) 自分自身の置かれた立場に対する義教の認識は、きわめて合理的かつ明快であり、周囲の人々のアモルファスな状況認識との間に鋭い対比を見せている。このあたり、青年期までを仏教寺院で過ごした義教の知的素養がどのように作用しているものか、当時の仏教寺院における学問の現世性・実践性とも関わって興味深いものがある。

(42) 在京を原則とした守護たちが中央と地方とを結ぶ回路として重要な意味を持っていたこと、中央から地方へ及ぶ「権力」は距離によって逓減するものであったこと、守護の「下国」によってそうした求心的な構造が壊れる可能性が認識されていたこと等々を含め、前注(35)新田論文参照。

(43) こうした「権威」構造の側から「日本」を定義することもできるかもしれない。「日本」という「権威」構造に、誰が、どのような過程を経て参入して(あるいは絡めとられて)いったのか。そのことと関連して、中世後期の国際環境の中で、「日本」と〈外部〉との間にどのような〈境界〉が画され、〈内部〉の統合性がどのように意識されていたか。そうしたことが、「日本」の限界を画する上で決定的に重要な意味を持つだろう。

(44) 今谷明「権力から権威へ」今谷ほか『天皇家はなぜ続いたか』(新人物往来社、一九九二年)八一～八二頁に引用された吉田孝氏の発言。

(45) 水林彪「近世天皇制研究についての一考察」『歴史学研究』五九六・五九七(一九八九年)。

(46) なお、「王権」の語はときに「君主権 sovereignty」と互換的に用いられ、近代的な「主権 sovereignty」との類推で論じられることもある。「王権」を「kingship」の訳語としてではなく、「王」の「権力」として解するならば、中近世ヨーロッパの「王」にモデルを求め、一定の領域の内部で作動する至高の権力として「君主権」の類推で捉えようとする発想にも、それなりの理由が認められるかもしれないが、近代的な「主権」との間にはなお大きな隔たりがある。新田一郎『中世に国家はあったか』(山川出版社、二〇〇四年)参照。

4章　中世後期の王権をめぐって

池　享

1　「王権」の多義性

筆者は、これまで「王権」を正面から論じたことはなく、「外野」から見てきた者だが、「王権」をめぐる議論は「こんにゃく問答[1]」の様相を呈しているような感想を持っている。その主な理由は「王権」という言葉が多義的に使われていることであり、そのため議論の焦点が定めにくい状況にあると思われる。

例えば、この問題を多面的・総合的に検討しようとして企画された岩波講座『天皇と王権を考える』の総論で、網野善彦氏は日本では「約一三〇〇年間、同じ国号と同じ称号の世襲的王権を持ち続けてきた[2]」としている。このように網野氏は、古代から現代に至る日本の天皇を一貫した「王権」所持者としているが、どのような定義に基づいてこのように規定できるのかは論じていない。その一方で、中世東国「国家」「王権」など「『天皇』だけではないいくつかの、それぞれに個性を備えた『王権』のあったこと[3]」も指摘しており、「王権」は同時に分有され並存しうるもののようにも書かれている。また、「人の力をこえた聖なるものへの畏怖、信仰、宗教、それらと結びついた儀礼、芸能など[4]」が、「王権」を維持していく上で重要だったとされているが、これらと「王権」がどのように結びついているのかについては、特に触れられていない。このように見ると、「王権」に関しては、さまざまに活発な議論が展開されるようになっているという以外に、全体としての合意はないのが現状かという印象を持たざるをえないのである。

同じ講座で、日本の王権論に大きな影響を与えているヨーロッパの王権研究の現状を紹介している樺山紘一氏は、かつては「一定地域のあらゆる統治権力を専有する唯一の権力」を「王権」としてきたが、そのような理解に従えば「封建社会にあっては、王権は存在しえない」ことになってしまう、「王権」を「権力や権威を社会のうちの諸勢力と分有する統治の形態」[5]と見なすべきだとしている。とはいっても、王自身は「同等者のうちの第一人者」なのではなく、独自の国王特権や優越原理を有していることも指摘している。具体的には、爵位授与権は王に留保され、通行税・関税などの徴収権は王権に由来していた。こうした国王は病者の治癒などの奇跡を行う超越性・神秘性を有すると意識され、その権威を強調するものとして独特の儀礼や象徴物が生み出されたことなどに、関心が寄せられていることも指摘されている。これらは「王権の確固たる基礎づけを可能とする」[6]ものではあろうが、歴史学が対象とする王は、人類学的「王殺し」で犠牲として捧げられるような象徴的存在ではなく、現実的な権力としての地位・権限を有する存在であり、それを前提として「奇跡」が意識され独自の儀礼・象徴が存在するのであって、その逆ではないだろう[7]。

実際にも、日本中世の「王権」をテーマとして話題を呼んだ網野善彦氏の著作『異形の王権』[8]にしても、今谷明氏の『室町の王権』[9]にしても、現実の権力として国家に君臨した後醍醐天皇・足利義満が主人公であった。その後も「王権」という言葉をタイトルに含む出版物は数多刊行されているが、『中世王権の成立』[10]を著した伊藤喜良氏は、「王権とは何ぞや」と問いを発し、「最高権力者で強力な物理的強制力を持ち……」という回答をとりあえず提出している[11]。また、『分裂する王権と社会』[12]を著した村井章介氏は、王権の定義は行っていないが、具体的に論じているのは外交権（「日本国王」の地位）をめぐる室町幕府と征西府との争いであり、足利義満による内政における「日本国王」の地位の獲得である。つまりは、国家意思の最高決定権を軸として「王権」が論じられているのである。

「王権の意味を、『王の権力』を内包させ、『王を王たらしめている構造・制度』の意味で用いる」[13]べきだとする荒木敏夫氏の提言がある。これは、「王権を天皇の権力とのみ限定しないで、鎌倉・室町・江戸の幕府権力も一つの王権としてとらえ、多元的王権論によって日本の支配階級の構成を歴史的に理解」しようとする立場に基づいている。こうした問題提起の意味自体は理解できるが、そこから、「王権」の意味を「⑴王の権力、⑵王を王たらしめている構造・制度、⑶時代を支配する者・集団の権力の三つに分けて考えるのが妥当」とするのには疑問がある。もちろん、どのような言葉を用いるかは論者の自由に属するが、こうしたレベルの異なる範疇を一つの言葉で表現するならば、無用な議論の混乱を招く結果を招きかねないからである。

筆者は、王権の意味を荒木氏の分類のうちの⑴に限定し、⑵は王権存立のための装置／システム（イデオロギー・儀礼・象徴物など）とし、⑶のうち王権以外の権力を論ずるのであれば、「政権」などの言葉を用い、「王」の使用は避けるべきだと考える。国家意思決定・執行の最終権限を有するのが国王であるが、国王権力＝王権の存立にはイデオロギー・儀礼などのシステムや権力機構が必要であり、それが王権論の対象を構成するという関係で理解するのである。したがって、⑴〜⑶は王権論の検討対象ではあるが、だからといって、その範囲内にあるものがすべて王権であるわけではない、つまり、王権と王権論は区別する必要があるのである。[14]

2　日本王権正当化のイデオロギー

このように王権の意味を規定した上で、あらためてこれまでの研究を振り返ってみると、最近では儀礼研究も盛んになっているが、王権論が主として論じてきたのは、王権の所在と王権正当化のイデオロギーの問題だったといえよう。前者については、南北朝内乱を境として天皇（朝廷）から将軍（幕府）に移行したという線で落ち着いたと考えられるが、後者については、さまざまな議論が展開されており、未だ定説を得ていない状況にある。

王権正当化のイデオロギーとしては、大きく分けるならば、古代天皇制成立以来の皇孫《すめみま》思想と、中国より導入された天命思想があった。前者によれば、王権は天照大神の血統を受け継ぐ子孫が代々継承するものであり、政治の実権を握る者も皇孫である天皇から委任されることにより、支配の正統性を与えられることになる。後者によれば、王権は天が有徳者に天下統治のために与えるものであり、徳を失えば易姓革命などによって王権を奪われることになる。この二つが絡まっていることが、日本前近代の王権論において、常に天皇の存在を視野に入れて議論しなければならない基本的原因となっている。

早川庄八氏は、八世紀の天皇の即位宣命には天孫降臨神話に基づく皇孫思想と外来の天命思想が併存・混在していたが、天命思想は天武系の天皇が傍系の天皇・皇太子の改廃を正当化する論理として用いられたのであり、皇孫思想の枠組の中での矮小化された思想として受け容れられたに過ぎなかったとしている。(15) 水谷千秋氏は、この早川説を批判して、皇孫思想の確立と天命思想の本格的受容は同時期のことであり、未だ天皇の権威が確立していない状況下で、『日本書紀』に見られるように天命思想と皇孫思想のすり合わせ＝折衷的受容という動向もみられたとする。(16)

こうして、ともかくも天命思想は日本の支配層に受け容れられたが、易姓革命の肯定へとは発展しなかったようである。長村祥知氏は、院政期より皇統以外の臣下が儒教的徳治主義に基づき帝王の徳の欠如を批判するようになり、それが承久の乱を契機として成立した『六代勝事記』の後鳥羽上皇批判を準備したとしている。その内容は、恣意的人事による君臣関係の乱れ、弓馬への直結＝武への傾倒だったが、あくまで後鳥羽個人の批判に止まり、「不徳の君を廃した臣が代わって君となる易姓革命の論理ではな」く、むしろ、皇孫を擁護するために、責任を後鳥羽個人に帰したのだという。(17) 村井章介氏は、鎌倉末〜南北朝期には、花園上皇や吉田定房は易姓革命説を受容し、後醍醐天皇の討幕運動は「主上御謀反」、則ち一種の易姓革命と通念されていたが、後醍醐は自らの統治の正当性の根拠を「種」の秩序に置いて易姓革命を否定し、厳しく「帝徳」を要求した北畠親房も天子の氏姓が変わらないところに「神国」の特長を見出したとする。また、政治の実権を朝廷から奪っただけでなく、自ら法皇の地位に就こうとした足利義満も、その正当化の論理に易姓革命説ではなく百王説（皇統は百代で絶えるという終末論的歴史観）を用いたが、それは治者の徳を問題としない政治的タクティクスだったという。[18]

こうして、日本では易姓革命説は定着することなく、天皇という政治的存在も否定されることなく今日に至っている。だからといって、王権の正当化において皇孫思想が究極的根拠であり続けたことにはなるまい。これまで概観したように、どのような思想が重視／選択されるかは、その時代の国家権力のあり方や政治状況に基づいているのである。天皇王権が存続していた鎌倉時代においても、国家権力の一部を担うようになった幕府（王権論の分類でいえば(3)にあたる政権）は、北条泰時が御成敗式目制定について「ただ道理のおすところを記され候」と説明しているように、儒教的徳治主義に基づいて支配の正当性の論理を独自に展開していた。

まして、天皇が王権を喪失する南北朝期以降においては、王権の正当化において皇孫思想は実質的意味を失っていた。長村氏によれば、南北朝期になると、後鳥羽に対する帝徳批判で君民関係が最重視されるようになり、武家を民を統治する存在に擬するようになった。長村氏はこれを「反逆の論理が統治の論理を伴うものに発展している」と評価し、その理由として後嵯峨院政後期以降の公武による「徳政」「撫民」理念の共有をあげている。[19]「撫民」＝「民の統治」則ち国家の社会への介入は、これ以降ますます強化されることになるが、その担い手は武家であり、天皇・公家の出る余地は狭められる一方だった。

足利義満が天皇（法皇）の地位を簒奪することができなかったのも、宿老層が自らの地位を守るために種姓秩序の維持を図ったことによるのであり、皇孫思想に基づいて阻止されたわけではない。その種姓秩序も、「下剋上」から「地侍の倅」の羽柴秀吉が関白・太政大臣に就任するに至り、実質的には解体していくのである。[20]武家政権による王権掌握以後は、天皇の地位の存否は国政上の重要問題にはなっていない。それは、王権の帰属をめぐる問題が、天皇との関係においては主要な政治的イッシューではなくなった、則ち決着がついたことによっているのだろう。イデオロギー的にいえば、天命思想が皇孫思想に屈服／従属したのではなく、天皇が王権を喪失したことにより皇孫思想は現実の政治的意味を失ったのである。むしろ、易姓革命＝天皇の地位の剥奪が実現されたか否かを基準として、日本の王権を論じること自体を再検討する必要があろう。

3　武家王権と天皇

実際、近年の研究では、公武統一政権[21]・公武結合王権[22]という概念が提示されているように、王権喪失後の天皇は、武家王権の下での国家支配システムの中に肯定的に位置付けられるようになっている。これらは、従来の「公武対立史観」とは見方が大きく異なるものである。

「公武対立史観」は、もともとは徳川政権の打倒によって成立した近代天皇制国家の正統化のため、大政委任論によって「大政奉還」「王政復古」を正当化する官許史観だったといってよい。国体論に基づく皇国史観はそれを一層増幅し、建武政権を打倒した足利尊氏は朝敵・悪逆人の烙印を押された。「戦後歴史学」においても、社会構成史的「発展」史観の立場からではあるが、「公武対立史観」は継承された。古代的天皇権力・権威は中世的武家権力によって否定・克服されるべきものであり、その残滓も近世封建制の確立によって一掃されるべきものだったのである。そこから逆に、何故天皇の地位は否定されなかったのかという問題意識が生まれ、織田信長が正親町天皇との確執に敗れたかのような評価すら行われたのである[23]。しかしこれは、社会構成体の移行により「下部構造」が変わる以上、それに規定される「上部構造」も全面的に変わるはずだという、社会構成体論の単純化に基づく発想である。「下部構造」論においても形骸化した荘園制の最終的否定に画期を求める発想には問題があるが、「上部構造」の相対的独自性も考慮に入れるならば、それ以上に実態から遊離した問題意識だったといえる。そもそも、何のために天皇の地位が否定されなければならなかったのかについて、当時の歴史状況に基づいた説得的な説明がなされる必要があるのである。[24]

このような研究史を踏まえると、武家王権存立システムの中での天皇の位置・役割の解明の意義は大きいといえよう。「公武統一政権」と「公武結合王権」は、そのための重要な概念である。しかし、両者の含意には少なからぬ違いが存在する。「公武統一政権」は、室町期に太政官政治が制度/形式的に存続し、武家=室町殿の王権による国家支配がそのシステムを組み込んで行われていたことを示す概念である。これに対して「公武結合王権」概念は、提唱者の堀新氏が「公武両勢力が合体することではじめて王権たりえるのではないか[25]」としているように、王権の所在に関する理解が異なっている。ただし、ここでの「王権」の意味は本稿で筆者が示した(1)に限定したものではなく、堀氏が前出の山本博文説を支持しているように、天皇による王権の正統性賦与機能も含めて「王権」としていることによる相異である。

その意図を了解した上ではあるが、なお筆者は「公武結合王権」概念に山本説と同じ疑問を覚える。それは定義の問題に過ぎないのかも知れないが、公家が武家と対等の立場から王権に関与しているというニュアンスを拭いきれないからである。とりわけ、王権存立システムの中での天皇の位置について、「公武統一政権」概念のように具体的構造が示されているわけではないことが、その感を強くさせる。天皇が一貫して「王」であったという主張の具体的根拠は天皇が「王」と称されていた事例であり[26]、「公武結合」についても具体的には相互の「運命共同体」的認識が指摘されているだけなのである。[27]また、織豊期を境とする「王権構造の転換[28]」という議論はあるものの、「唐入り」と武威が鍵となったとして王権における武威の比重が増大したことは指摘されているが、構造転換の具体的内容は述べられていない。織豊期を転機として、武家は公家に対し所領宛行権を行使し法度によって規制するようになった。このような王権存立システムの変化がありながら、それを同じ「公武結合王権」と規定して基本概念に据えることが適切かどうかも問題であろう。

この武家王権存立システムにおける天皇の位置について、筆者はかつて、秀吉が、関白・太政大臣就任や武家官位制の導入によって「天皇の政治的機能を支配体制の不可欠の構成要素[29]」に組み込んだと主張した。「公武結合王権」概念を批判する以上、この「不可欠の構成要素」という言葉の含意を説明する責任があろう。というのも、単に「不可欠」としただけでは、如何なる次元での不可欠性なのかが曖昧だからである。一九七〇年代の幕藩制国家論においても、例えば三鬼清一郎氏により「天皇を不可欠の構成要素として含む国家公権[30]」といった評価が提出されている。周知のように三鬼氏は、「関白の国制機能」「国郡制的支配原理」を、豊臣政権・初期幕藩制国家の「統治権的支配」の根幹をなす実質的な権限・支配原理に位置付けたがゆえに、このような評価を行っているのである。

それに対し筆者が問題としたのは、天皇の官位授与や元号制定といった機能であり、当時の国家においては支配の形式的正当性を賦与する「権威の源泉」、あるいは「金冠」部分と評価されているものであり、三鬼氏の評価とは異なっていることを確認しておきたい。武家官位制は武家編成の形式であるが、それは「伝統的国制」に規定された「実利的官位」のような実質性を帯びるものではなく、また、「さまざまな可能性のうちの一つが、さまざまな偶然性を媒介として現実化した[31]」としているように、特定の政治状況下で武家王権が主体的に選択したものと考えている。他に選択の余地はあったのかという疑問もあろうが、近世においても新井白石や荻生徂徠が江戸幕府独自の「勲階」を定めるべきだとしているように[32]、他の可能性も存在したと考えている。武家の官位のあり方は、鎌倉期よりさまざまな歴史的変遷を遂げているのであり、武家官位制は「日本封建制における武家の身分秩序がとる必然的形態ではなく、豊臣・徳川政権が自らの置かれた政治状況に規定されて創出した身分編成政策」と見るべきである[33]。武家王権存立システムにおける天皇の位置は、律令制的支配権に淵源を求めることができるが、当時、その権限は形骸化して実体を失っており、政治的機能はあっても支配権といえるものはなかった。武家王権にとっての天皇の役割はそのようなものであり、皇孫思想に基づく支配の正当化は、淵源からいっても実質からいっても、無意味・不必要だった。実際、武家官位についていえば、現実の授与権は王権を所持する武家が推挙権という形式で握っており、被授与者側も官位は武家から与えられたものと意識していたのである。[34]

イデオロギー的に見ると、こうしたことが可能となった理由として、天命思想の系譜をひく天道思想の流行が挙げられる。この時期には、神道・儒教・仏教の三教一致論的思潮が広まり、ほんらいは皇祖神である天照大神が、大日如来と習合した太陽神として普遍神（God）化していた。こうした思潮を背景として、豊臣秀吉による「日輪の子」という主張が生まれるのである。ここでは、支配の正当性は天＝太陽神から直接与えられるのであり、皇孫からの委任は論理的に排除されている。秀吉が「惣無事令」において勅命を持ち出しているのは二次的問題である。また、秀吉は日本は「神国」だと主張しているが、それは皇孫が君臨する国ではなく、神＝天の命をうけた「天下人」が君臨・統治する国なのである。[35]

近年、近世武家権力の神国観における将軍と天皇の序列が注目されており、高木昭作氏は、中世の神仏混淆思想による日本＝神国・仏国観を前提に、『東照大権現縁起』の解釈を通じて、徳川家光が「大日―天照大神―天皇―東照大権現―将軍、という一連のながれのなかで将軍の地位の正当性」を根拠付けたと主張している。[36]これに従えば、神と武家王権との間には天照大神の子孫である天皇が上位に介在していたことになる。これに対しては、曾根原理氏の『東照大権現縁起』は「天皇を山王権現と『同体異名』の東照権現に従うべき存在と規定している……天皇権威の将軍権威に対する優越を読みとった高木説に対し、筆者はほぼ反対の結論に至っている」[37]という批判がある。また佐藤弘夫氏は、高木氏の著書を書評する中で、「中世の神国思想と近世のそれとの間には、その論理構造においても社会的機能においても、むしろ相違点の方が大きいようにみえる」[38]として、神国思想を王権正当化の基本に据えることに疑問を提示している。宗教史の素人である筆者には、テキストを独自に解読する能力がないが、王権正当化のイデオロギーだった皇孫思想と天命（天道）思想は、前述のように時代状況により内容や重点の置き方が変化しているのであり、固定的コスモロジーを前提とすることなく考える必要があろう。

（1）ご存じのこととは思うが、「こんにゃく問答」というのは古典落語の一つで、旅の僧とこんにゃく屋の主人が交わす「禅問答」が中心的内容なので、このタイトルが付いている。本人が言いたいことと、相手の理解していることとが全く違っているのに、お互いがわかった気になって延々と問答を繰り返す話で、転じて「とんちんかんな問答」（『日本国語大辞典』）という意味で使われる。

（2）網野善彦「社会・国家・王権」『岩波講座　天皇と王権を考える1』（二〇〇二年）六頁。

（3）同右、一一頁。

（4）同右、一三頁。

（5）樺山紘一「ヨーロッパの王権」『岩波講座　天皇と王権を考える1』（二〇〇二年）三「権力の専有と分有」参照。

（6）同右、二二九頁。

（7）ちなみに『角川世界史辞典』（二〇〇一年）では、「王権」は「ある部族や国家を統率するために一人の支配者に付与された権力」と定義されている。なお、『角川日本史辞典（新版）』（一九九六年）では、「王権」は立項されていない。

（8）平凡社、一九八六年。

（9）中公新書、一九九〇年。

（10）青木書店、一九九五年。

（11）同右、二一頁参照。もっとも、その後で「どうしても王の観念的権威を問題としなければならない」（二三頁）としているが。

（12）日本の中世10（中央公論新社、二〇〇三年）。

（13）荒木敏夫「王権論の現在─日本古代を中心として─」『歴史評論』五六四号（一九九七年）参照。

（14）山本博文氏は、「王権」を「然るべき手続きによって就任し、その国の正統な統治者として被統治者の多数から承認される権力」と規定し、「その子孫が王の血筋の保持者であると広く認められること」が重要な条件であるとしている。そのうえで、慶長期には天皇王朝と武家の徳川王朝・豊臣王朝があり、三人の王が存在したが、国家としての日本の政府は駿府政権だったとしている（山本「統一政権の登場と江戸幕府の成立」歴史学研究会・日本史研究会編『日本史講座5　近世の形成』東京大学出版会、二〇〇四年）。「王権」は本文の⑴⑵に該当し、「政権」が⑶に該当するように見えるが、「王権」から最高権力の所在の問題を捨象することによって、重層的・対抗的に王権が存在する論理構成になっている。山本氏の規定に従えばこのようになるのだろうが、敢えて天皇や豊臣秀頼を徳川家康→秀忠と並置して「王」と規定する意図はよく理解できない。天皇は王権正統化の装置の担い手であり、秀頼は王の地位から降りた／形式的には王となる可能性を残していた存在と考えて、さほど問題があるとは思われない。

(15) 早川庄八「律令国家・王朝国家における天皇」『日本の社会史3』(岩波書店、一九八七年) 参照。
(16) 水谷千秋「古代天皇と天命思想」『日本史研究』五二三号(二〇〇六年) 参照。
(17) 長村祥知「『六代勝事記』の歴史思想」『年報中世史研究』三一号(二〇〇六年) 参照。
(18) 村井章介「易姓革命の思想と天皇制」『講座前近代の天皇5』(青木書店、一九九五年) 参照。
(19) 前注(17)長村論文、四六頁。
(20) 拙稿「武門の誉れは天皇をこえたか—中世の王権—」荒木敏夫他編『日本史のエッセンス』(有斐閣、一九九七年) 参照。
(21) 富田正弘「室町殿と天皇」『日本史研究』三一九号(一九八九年) 参照。
(22) 堀新「織豊期王権論—『日本国王』から『中華皇帝』へ—」『人民の歴史学』一四五号(二〇〇〇年) 参照。
(23) 今谷明『信長と天皇』(講談社現代新書、一九九二年) 参照。なお、拙稿「戦国・織豊期の武家・天皇関係を見る目」拙著『戦国織豊期の武家と天皇』(校倉書房、二〇〇三年、所収) も参照されたい。
(24)「公武対立」史観批判については、堀新「信長・秀吉の国家構想と天皇」池享編『日本の時代史13 天下統一と朝鮮侵略』(吉川弘文館、二〇〇三年、所収)、市沢哲「中世王権論の中の足利義満」『歴史評論』六四九号(二〇〇四年) 参照。
(25) 前注(22)堀論文、一六頁。
(26) 同右「一 日本国王について」参照。
(27) 堀新「織豊期の王権論をめぐって」『歴史評論』六四九号(二〇〇四年) 参照。朝廷側の認識はともかく、信長側も朝廷を保護していた以上、朝廷の不手際が信長の面目を失わせると述べるのは当然だろう。だからといって、信長が朝廷を「運命共同体」と考えていたとすることに飛躍がある。あまり良い比喩ではないかも知れないが、部下の失態は上司の面目を失わせるが、罷免などの断固たる措置によって面目を回復することも可能である。
(28) 前注(22)堀論文、一二頁。
(29) 前注(24)拙著、一一〇頁。

(30) 三鬼清一郎「戦国・近世初期における国家と天皇」『歴史評論』三二〇号(一九七六年)一九頁。
(31) 前注(24)拙著、九一頁。
(32) 尾藤正英「尊皇攘夷思想」『岩波講座　日本歴史　近世5』(一九七七年)参照。
(33) 前注(24)拙著、第三部第四章「武家官位制再論」参照。
(34) 前注(24)拙著、第三部第三章「武家官位制の創出」参照。
(35) 前注(24)拙著、第二部第三章「織豊政権と天皇」参照。
(36) 高木昭作『将軍権力と天皇―秀吉・家康の神国観―』(青木書店、二〇〇三年)七八頁。
(37) 曾根原理「徳川王権論と神格化問題」『歴史評論』六二九号(二〇〇二年)。
(38) 佐藤弘夫「書評:高木昭作『将軍権力と天皇―秀吉・家康の神国観―』」『歴史評論』六五八号(二〇〇五年)八三頁。

Ⅲ部　近世における王権

1章　近世王権論と天皇

藤田覚

はじめに

近世史研究では、「王権」という語を用いることはあるものの、「近世の王権」をテーマにして正面から議論することは、ほとんどなかったのではないか。「日本国王」号という点では、朝鮮国書に将軍をどのように表記させるのかという称号の問題、具体的には、対馬藩による国書改竄問題、あるいは新井白石の殊号、復号問題など、東アジア世界における将軍の国際的称号が議論されてきた。それと、白石や荻生徂徠が、「律令制」から自立した武家政権独自の儀礼・秩序の創設を主張したことなどが俎上にあがった程度ではなかろうか。

しかし近年、とくに中世史研究において中世王権についての議論がさかんに行なわれてきたことをうけるかのように、近世史研究でも王権や王についての発言や検討がいくつかみられるようになった。積極的な主張としては、将軍（幕府）も王権、また天皇（朝廷）も王権として理解する二つの王権とその関係論、あるいはそれがあわさった公武結合王権論などの諸説が出されている。さらには、豊臣秀吉と徳川家康の神国思想、および徳川家光期の「東照権現仮名縁起」をめぐる議論なども、それに関わるものと理解できる。

近世史研究において、王とは何か、王権とは何か、についてのつきつめた考察を欠いて議論がなされている現状が一方にあり、しかも筆者は近世王権論を正面から議論する力量を持たないので、近世王権論としての本格的な考察に代え、本稿では、①近年の王権研究と近世王権論のかなり雑駁な整理と若干のコメント、②近世の天皇・朝廷の自己認識とその展開、③江戸幕府の天皇・朝廷認識とその変化、この三点を取り上げることにしたい。

「前近代における王権」というシンポジウムの統一テーマで近世王権を論じる報告としては、まことに不十分なものであるが、議論のための話題を提供できれば幸いである。

1　近年の中世王権論・近世王権論について

中世王権論

王、王権を国家権力の掌握者・統治者と規定するならば、天皇王権として古代に形成された王権の中世、近世における担い手は誰か、という議論になる。中世のまがりなりにも統一された国家権力のあり方として権門体制論があるが、それへの批判として鎌倉期の東国政権（国家）論があり、とくに近年、京と鎌倉の二つの王権の併立を措定したうえでその関係を論じる、「京・鎌倉の王権」論が提起されている。(1) 室町期には、「京・鎌倉の王権」が衰退し、解体した結果、「王権簒奪」論まで出され、王権の実質的掌握者としての室町幕府・足利将軍権力が論じられている。(2) ただ、鎌倉公方との関係から、全国政権というより「西国中心の国家」説もある。室町幕府の弱体化をうけて、国郡に割拠する戦国大名領を国家、戦国大名を「国王」ととらえ、その戦国大名間の戦争に勝ち抜いた者が近世の国王として登場する、とも展望されている。(3)

中世史研究での王・王権論の特徴として、第一に、王権＝天皇ではなく、武家政権の首長である将軍も王・王権として積極的に措定している点を指摘できる。「王権とは王たる意思」あるいは「「統治する者」を「王」として定義」(4) に端的に示されるように、王とは統治者、統治行為を行なう者が王、という規定から、将軍、武家政権を王、王権とする理解が導き出されている。なお、王＝統治者という定義からだけではなく、身体論からの「二つの王権」論もある。(5)さらに、「京・鎌倉の王権」という表現によく示されるように、一国内に二つの王権が併立しているという理解を、第二の特徴として指摘できる。権門体制論への批判としてあった、中世における統一的な国家の存在への懐疑的な説を発展させたもの、と位置づけることができる。

しかし他方、「京・鎌倉の王権」のような統一的な中世日本国家の存在に懐疑的な説に対しては、政治的・国家的な統合の契機として、天皇・朝廷に淵源する律令制などの法や制度、伝統的な国制や神国観念などの国家観を重視すべきだという意見もある。(6)さらに、室町将軍の「日本国王」について、中世対外関係史の研究者は、日本国王は中国との外交用語（呼称）であり、しかも足利義満自身が天皇より下位にあることを認めていて、国内的には日本の王、国王を意味するものではなかった、という。また、中世日本国のイメージは、天皇・朝廷を中心に観念され、中世日本の王は天皇とするのが中世史研究の通説、という主張もある。(7)

そもそも王権を国家権力の掌握者、統治者とする規定は正しいのか、という根源的な問いもある。(8)また、「二つの王権」論は、中世国家論と密接に関連させ、たんに併立していると説くだけではなく、その両者の関係や交渉を具体的に提示する必要があるだろう。

最近の近世王権論について

戦後の歴史学では、権力者、国家統治者としての天皇が研究対象になったため、非権力者、非統治者としての中世後期から近世期にかけての天皇の研究は乏しかった。しかし、一九七〇年代の近世国家論研究のなかで、天皇・朝廷を近世国家権力のなかに位置づける試みがされるようになった。日本封建制と天皇、幕藩制国家と天皇・朝廷など、近世の国家と社会に天皇・朝廷が持った意味が論じられ、近世になお存在意義を持った国郡制（国役、国奉行、国主、国郡絵図などの「国」「郡」）など、伝統的な国制と近世国家支配との関係が取り上げられた。そのなかで、近世の国家権力について、「両者（将軍と天皇）あわさって一つの公権力が十全な形」「一体的結合をはかることによって幕府は公儀権力たりえた」[9]、あるいは「（公儀権力の）金冠部分」「公武御同体の公儀」[10]などの表現で、近世の国家権力を意味する公儀権力は、天皇・朝廷を不可欠の存在として成り立っていたことが指摘された。天皇は現実の統治機能を担う、あるいは果たすわけではないが、将軍権力が国家権力、公儀権力として立ち現れるうえで必要不可欠な役割を担った、と理解された。

以下に、比較的最近の近世王権論のいくつかを整理しながら取り上げてみたい。

①二人国王（二つの王権）説。荒野泰典氏によれば、この説は、ケンペル、シーボルト、ペリーら欧米人に広くみられ、近世日本には、宗教的皇帝（天皇）と世俗的皇帝（将軍）の二人の皇帝がいる、というよく知られた理解である。しかし、近世初期の宣教師たちは、天皇を内裏、国王、王などと呼び、徳川将軍を国王、王と呼ばないし、将軍自身も、国王、王を自称しなかったという[11]。近世初期の史料（宣教師関係の史料）に表れる当時の日本人の認識では、王、国王とは天皇を指し、近世初期の日本人にとって、王、国王とは天皇であったらしい。

紙屋敦之氏は、近世日本の国王は天皇と将軍の二人であると論じる。通説では偽作とされてきたが、徳川家康は二回国王を自称したと主張し、禁中並公家諸法度第一四条の「国王・大臣」の国王とは天皇と将軍である、と解釈した[12]。史料解釈にやや説得的ではない点がある。黒田日出男氏は、明言されてはいないが、中世の二人国王説で近世も説明しようとする[13]。しかし、日食・月食のさいの「こもる・つつむ」などの作法は、近世では天皇のみで将軍にはみられない。黒田氏の身体論の限界なのか、あるいは近世の将軍は国王ではないのか、のいずれかであろう。古代史家の吉田孝氏は、京都と江戸にあり方の異なる王権が重層しつつ併存する、王権の二重構造を指摘される[14]。二人国王（二つの王権）説は、二人の国王（二つの王権）の関係、国家的な統合について具体的に論じなければ、統一した近世日本国の不存在につながる可能性があるのではないか。

②複合王権説。複合とは、天皇と将軍、あるいは朝廷と武家政権が「あわさって」王権を構成する、という趣旨で用いる。①の二人国王説の修正版ともいえる。山本博文氏は、将軍は全国王権で世俗的実質的王権、天皇は伝統的・観念的な京都王権、という二人国王説に立つものの、両者あわせて全国的で完全な王権となる、と折衷する。徳川王権は、儀礼（将軍宣下の儀礼、鳴物停止令など）のうえで天皇に優越するものの、生身の将軍は天皇を凌駕できないイデオロギー上の限界があった、とも指摘する。[15] 堀新氏は、公武結合王権論を主張する。鎌倉期以来、武家政権は、王・国王である天皇を中心とした朝廷と結合することにより王権の構成要素となり、次第に比重を増して徳川将軍は王権の中枢を担うに至った、という。武家政権は王・国王である天皇の王権と結合して食い込み、王権の中枢を握った、という理解である。[16] 山本、堀両氏ともに、文化人類学でいう「神聖王権」の援用であろうか、王権の主体となった武家政権である徳川将軍、あるいは織田信長らの王権に付随する神性や聖性にも触れる。

複合王権論は、王権論を持ち込んだところに新味はあるものの、すでに紹介した一九七〇年代の宮地正人氏や深谷克己氏の公儀権力論、近世国家論と内実は基本的に同じなのではないか。王権論を導入すると何を新たにつけ加えることができるのか、なお見極めることが求められる。

③徳川王権論。さきの山本氏も徳川王権ととらえているので、この説の一つでもある。中世史家の本郷和人氏は、王とは「統治する者」という理解から、江戸幕府をただ一つの近世王権という。「東照権現仮名縁起」をめぐる議論のなかで、曾根原理氏は、天台仏教思想、仏教的神国思想から検討し、徳川王権神話において山王権現と一体化した東照権現は天皇に優越する、と理解して徳川王権説に立つ。[17] 大桑斉氏は、天台仏教思想に裏付けられた徳川始祖神話のなかに、徳川王権の宗教性を論じる。[18]

この説に対しては、天皇権威の優越を説く高木昭作氏の主張があり、また、「東照権現仮名縁起」は、数次にわたる作り変えのなかで天皇の位置づけが変わるなど、天皇権威からの「自立」志向、あるいは願望の可能性はあるものの、天皇の権威に優越すると断定できるのか、やや疑問が残る。とくに、徳川「王権」は、天皇・朝廷とは違う独自の王権儀礼や観念を作り上げることができたのか、という問題があろう。

④天皇国王論。吉田昌彦氏は、近世初期から天皇を頂点とする国家システム、王覇論的秩序であった、と主張し、天皇を王と位置づけた。(19)

古代国家・天皇王権の系譜と伝統をひくものの、明確にもはや統治権者、国家権力の掌握者としての君主、国王ではなくなった天皇が、近世国家においても公儀権力による掌握と再編をうけつつも否定されることなく存続し、儀礼上も観念上も秩序の最上位に位置づけられ、将軍・幕府が公儀権力として立ち現れるための装置として、政治的、宗教的、イデオロギー的に重要な機能を果たしていた、と理解される。誰が王か、王権が誰に担われているのか、ということよりも、近世国家のなかでの天皇の位置と役割、および天皇・朝廷と将軍・幕府との関係を、固定的・静態的にではなく、近世を通じての変化・変容に注目しながら具体的に究明することのほうが重要ではないか。

おそくとも卑弥呼の邪馬台国に「神聖王権」として生まれ、国家を統治するヤマトの大王、古代の天皇へと発展していった王権と、それにまつわる神性、聖性などの観念のその後のゆくえは問われる必要があろう。「神聖王権」にまつわる「神性・聖性」などの観念は、さまざまな禁忌に包まれた天皇とともにあることは自明である。また、王権＝統治者と規定するならば、天皇がそれに該当しないことも明白である。そこで以下に、ヤマトの大王以来の系譜をひく江戸時代の天皇の自己認識と江戸幕府側の天皇認識、およびその展開と変化を検討したい。

2　江戸時代天皇の自己認識とその展開

天皇が、宣命や祝詞などに表現する意識、それは必ずしも天皇個人ではなく、院も含めた朝廷といってもよいと考えられるのだが、とくに自らの位置、地位についての意識を検討する。ここでは、①即位のさいの宣命、②伊勢公卿勅使に持たせた宸筆の宣命、③神事・祭祀のさいの祝詞と都状、④天皇の署名、などを取り上げる。

即位宣命

最初は、天皇即位式のさいに読み上げさせる宣命である。つぎの史料は、宝永七（一七一〇）年十一月の中御門天皇の即位宣命である（「中御門天皇実録」巻一、一二九頁）。なお、宣命は助詞を万葉仮名で小書きする独特の表記であるが、以下の引用にあたっては万葉仮名をひらがなに改めている。

現神と大八州国所知す天皇が詔旨らまと宣ふ、勅命を親王、諸王、諸臣、百官人等天下公民衆聞食と宣ふ、掛畏き平安宮に座す倭根子天皇が宣ふ、此天日嗣高座之業を、掛畏き近江の大津の宮に御宇し天皇の初賜ひ定賜へる法随に被賜と仕奉と仰賜ひ授賜へる、恐み受賜り進も不知に退も不知に懼み座さくと宣ふ、大命を衆聞食と宣ふ、然に天下治賜へる君は、賢佐を得て平く安く治賜ふ物に在となむ聞所す、朕雖眇末、親王より始て王臣等の相共なひ扶奉む事に依て無諂欺心く明に直くして、食国天下之政は平く安く令有と所念行すなり、天皇朝廷を助仕奉と宣ふ天皇が勅命を衆聞食と宣、

江戸時代に即位した天皇の即位宣命は、みなほぼ同文である。しかも、よく知られているように、桓武天皇が天応元（七八一）年に即位した時の宣命と、「辞別」を別にすればほぼ同文である。つまり、桓武天皇以来一〇〇〇年以上、ほぼ

同じ即位宣命を用いてきたのである。桓武天皇の当時は、日本の国土と人民を支配し統治する天皇としての即位宣言であった。統治の実態が失われた近世に至っても、日本国の王、国王である天皇として即位する宣言は、そのまま引き継がれてきた。

宸筆宣命

伊勢公卿勅使に持たせ、伊勢神宮の神前で読み上げさせた宸筆宣命を中心に、そのなかにみえる天皇の意識を探ってみたい。[20]

①天和二（一六八二）年霊元天皇宸筆宣命案

公卿勅使の派遣にあたって二種の宣命が作成される。中務省の内記が草案を作成し、天皇に奏聞したのちに内記が清書する宣命と、天皇みずからが書くことになっている宸筆宣命の二つがあった。内記が作成する宣命は定型的なもので、「朝野群載」（『新訂増補国史大系　朝野群載』三〇一頁）に載せられている伊勢神嘗祭の宣命とほぼ同文である。宸筆宣命は、天皇が関白らと相談しながら作成され、天皇の意向を盛り込んだ内容になる。その点で、天皇個人の意思や願望、さらには心情などもかいま見せてくれる希有な史料である。なお宸筆宣命は、伊勢内宮で読み上げたのち内宮の禰宜が破いて焼いてしまう。

天和二年正月、江戸時代二回目の公卿勅使が伊勢神宮へ派遣された。勅使に指名されたのは、参議正四位上の松木宗顕、公卿勅使派遣の理由は、前年十二月の伊勢神宮内宮炎上による。このときの宸筆宣命は、霊元天皇が右大臣一条冬経（兼輝）や関白近衛基熙らと相談しながら作成され、霊元天皇の意向を盛り込んだ内容になっている。

霊元天皇宸筆の宣命案（『宸翰英華』二、二四三頁）の必要な箇所のみを引用する。

掛畏き伊勢の度会の五十鈴の河上の下都磐根に大宮柱広敷立て高天原に千木高知て称辞定奉る天照座皇太神の広前に

恐み恐みも申て申く、○中略、治天剰二十年に及へるは、偏是皇太神の深き御護り、厚き御恤に依てなり、然るに世已及澆季ひ、帝道爰漸衰ぬれは、自本神事の久絶たるを継ぬる功も無く、且又朝政の已廃たるを興せる務も無きを、毎恐毎愁ふる事になむ、○中略、殊更両三年の間五穀不熟万民餓饉せるに、脱衣の善政をも不施、責身の祈謝をも不致し、併冥助所不可加かと、就彼就是て寝寐不安沖襟叵堪、○中略、皇太神此状を平く安く聞食て、縦可来む災難なりとも、鎮護の誓を不忒して、未萌に令攘却給て、神威増耀き、朝廷再興り、宝祚の隆なること天壌と無窮く、常磐堅盤に、夜守日守に、護幸給ひて、国家静謐、万民和楽、五体安穏、諸願円満に、護恤給へと、恐み恐みも申て申く、

この宣命案から、つぎの三点を指摘しておく。第一は、神事や朝政、総称して朝儀の廃絶を歎き、その再興を願っていること、第二は、自らを治天、すなわち天下、国家の統治者と表現するとともに、延宝八（一六八〇）年から続く飢饉に際して、人びとを救済する善政を施すことができなかった、と伊勢の神に詫びていること、第三は、神の力をかりて朝廷の再興を願っていること、以上の三点が重要である。①朝儀の復古再興願望、②朝廷再興の願望、③治者意識、君主意識、以上の三点にまとめられる。

②享和元（一八〇一）年光格天皇宸筆宣命案

江戸時代四回目になる伊勢神宮への公卿勅使が、享和元年三月に派遣された。勅使は、正二位権大納言の花山院愛徳、派遣の理由は、享和元年の干支が辛酉にあたったことにある。中世には、辛酉の年に革命改元と伊勢神宮への公卿勅使派遣が行なわれた。辛酉革命の厄運の年に、災厄を祓い天下の泰平を祈るため、公卿勅使が派遣された。朝廷は、恒例により寛政十三年二月五日に寛政から享和へ改元するとともに、公卿勅使派遣を再興させた。辛酉にあたる年の公卿勅使派遣は、弘長元（一二六一）年を最後に中絶していたので、およそ五〇〇年ぶりの再興であった。これは、当時の朝廷が推進していた朝儀の復古再興の一環である。たんなる再興ではなく、勅使に正二位権大納言という高位の公卿を起用し、伊勢神宮の内宮と外宮に神宝を奉納し、荒祭宮に獅子形を奉納したことなど、儀式書に則った本来の形式への復古でもあった。

つぎの史料は、享和元年三月十四日付けの宸筆宣命案の一部である（『宸翰英華』二、五一八〜五一九頁）。

○上略、剰治天二十年余にも及事は、誠に冥慮の広き御助に依てなり、自本兼仁軽才菲徳の性にして、神事の久絶たるを継ぬる功も無く、朝政の已廃たるを興せる務も無く、脱衣の善政をも不施、責身の祈謝をも不致、仰ても可仰き神威、恐ても可恐き帝位なるを、動れは輙思安居て、等閑に治天歴年て、懈怠りにのみ至らむ事有むかと、○中略、皇太神此状を平く安く聞食て、縦可来む災難なりとも、鎮護の誓を不忒して、未萌に令攘却給て、神威増耀き、朝廷再興り、宝祚延長、国家静謐、五穀豊饒、万民和楽、五体安穏、諸願円満に、護恤給へと、恐み恐みも申て申く、

霊元天皇の宸筆宣命とほぼ同じ文言で、①朝儀の復古再興願望、②朝廷再興の願望、③治者意識、君主意識、の三点が盛り込まれている。③の点に関して、霊元天皇の時は、飢饉の連続という特殊な状況を背景に持っていたが、そうではない光格天皇の時にも、善政を施すべき存在という、治者意識、君主意識の文言を盛り込んでいることに注意を払いたい。

なお、光格天皇がとくに伊勢の神に祈ったことが、「辞別」に記されている。

辞別て申く、兼仁眇々たる傍支の身にして、辱く天日嗣を受伝へる事は、偏是深き御護厚き御恤に依てなり、倩此事を思惟に、従旁支して皇統を続奉るは、誠に継体の栄昌へむ為なりと、旦に思ひ、暮に念ひて、祈申せる任に、平く安く聞食て、応護の厚き御恵を垂給ひて、天日嗣の隆まさむこと綿々として、天壌と無窮く、常磐堅盤に、夜守日守に、護幸給へと、恐み恐みも申て申く、

「辞別」は、とくに天皇が神に祈りたいことを記すので、天皇の意識や心情がにじみ出ることがある。閑院宮家という傍系から、はからずも皇統を継いだことを強く意識し、傍系の者に皇統を継がせた神意は、天皇のさらなる繁栄と隆盛を実現させることにある、と光格天皇は理解する。②の朝廷再興の願望などは、霊元天皇と同じだが、光格天皇はより具体的な動機を持っていたといえる。傍系から皇統を継いだ天皇であるが故に、天皇の隆盛、朝廷の再興への願望はより強かったといえよう。

③文久元（一八六一）年孝明天皇宸筆祝詞

文久元年五月に、江戸時代最後の公卿勅使が伊勢神宮に派遣された。開国・開港、和宮降嫁問題など内外の諸問題に揺れるなか、辛酉の年にあたることから公卿勅使が派遣された。孝明天皇は、勅使が出発したその日から毎夜、清涼殿の東庭に降り祝詞（『宸翰英華』二、六一七～六一八頁）をあげたという。

○上略、天日嗣を受伝へ、天下平に、万民和楽し、五穀をも豊に令栄給ひ、剰治天十余年に及へり、幸に四海波を不揚るは偏に神慮の擁護に依てなり、○中略、今年辛酉厄運にさへ相当りて、誠に恐慎の思念増加れり、殊近歳万民困窮餓饉せり、民者国の本なり、然るに統仁脱衣の善政をも不施、責身の祈謝をも不致、徒祚天歴年むこと、毎恐毎懼者なり、○中略、弥神威増耀き、朝廷再興、宝祚延長、国家静謐、五穀豊饒、万民和楽、五体安穏、諸願円満に、護恤給へと、

ここにも朝廷再興の願望と、「治天十余年」「脱衣の善政」にみられる治者意識、君主意識を示す文言が盛り込まれている。朝儀の復古再興への願望が盛り込まれていないのは、幕末の政情のなかである程度は実現されたことなどが背景にあるのかもしれない。

三人の天皇の宸筆宣命（祝詞）を検討し、①朝儀の復古再興願望、②朝廷再興の願望、③治者意識、君主意識、以上の三点がほぼ同じ表現で盛り込まれていることを確認できた。必ずしも天皇個人の個性ではなく、これも定型化された文言であったといえる。

治者意識、君主意識は、天下、国家の支配者を指す「治天」という表現に端的に表され、定型的な文言で歴代天皇に引き継がれた意識であったといえよう。(21)

また、寛政十二年に光格天皇は、石清水八幡宮と賀茂社の臨時祭の再興を、京都所司代と交渉するように武家伝奏に命じた宸筆の沙汰書で、「愚者宗室之末葉、而不測之天運、辱登于至尊之宝位、誠神明社稷之擁護蔭福也、然則偏以再興於

神事為先務、而欲奉報神明恵恩万分之一之旨趣、勿論之事也、〇中略、愚固不肖不徳、偏上依于神明・宗廟和光同塵之恩覆、下以於執柄・幕府文武両道之輔佐、在位安穏、既及于二十有余年」（『宸翰英華』二、五二〇〜五二一頁）と書く。ここでも、傍系から天皇になったのは神々のお陰であるから、なおさら神事再興に努めなければならない、と言う。石清水八幡宮と賀茂社の臨時祭を再興するための理由づけの一つではあるが、光格天皇が朝儀の復古再興に力を注いだ背景でもあろう。

さらに光格天皇は、みずからの地位を、上は神々に守られ、下は関白と幕府（将軍）の文武両道の補佐をうけている、と国制上に位置づける。文官の頂点である関白（摂政）と武官の頂点である将軍（幕府）の上に立つ存在、と認識し、まさに君主、王、治者と位置づけている。現実の天皇に、王、君主、治者としての実態がないにもかかわらず、そのような認識を持っていたことを確認すべきである。

神事・祭祀の祝詞、都状

毎朝御拝などの日常的な神事の祝詞と、皇位継承儀礼の一つである天曹地府祭の都状とを取り上げる。

①日常神事の祝詞

臨時的な特別な神事ではないごく日常的な神事の場で、江戸時代の天皇が何を神々に祈っていたのか、その一端をみておきたい。

もっとも日常的な神事は、「毎朝御拝」であろう。天皇が毎朝、天神地祇に拝礼する神事で、やむを得ない事情があれば代理でもかまわなかったが、文字通り毎朝、天皇みずからが勤めることになっていた。つぎの史料は、寛文八（一六六八）年八月に、神祇伯が霊元天皇に伝授した「毎朝御拝御次第」の祝詞の一部である（『神道大系　論説編十一　伯家神道』一六五頁、神道大系編纂会、一九八九年）。

弥々天下泰平、海内静謐、朝廷再興、宝祚長久、子孫繁栄、諸願円満に、

天下の泰平、国土の安穏、皇位の永続、子孫の繁栄、さまざまな願いごとの成就とともに、「朝廷再興」が祈られている。天皇あるいはその代理が、毎日、朝廷の再興を神に祈っている。

仙洞御所に鎮守がある。日常的な神事とはいえないかもしれないが、享保十三（一七二八）年正月の鎮守や柿本社などへの「御鎮守御拝御代官次第」に見える祝詞は、つぎのようなものである（『神道大系　論説編十一　伯家神道』二九七頁）。

弥々天下泰平、海内静謐、朝廷再興、洞中安全、子孫繁栄、御願円満に、

上皇の御所なので、宝祚長久が洞中安全になっているのみで、あとは毎朝御拝の祝詞の末尾と同じである。上皇も、仙洞御所の鎮守に朝廷再興を祈っていたのである。

このように、天皇や上皇は、日常的にも朝廷再興を祈り続けていた。朝廷再興にかける天皇、上皇の強い願望の持続を読みとることができる。

②天曹地府祭の都状

皇位継承儀礼の一つに、天曹地府祭がある。(22) 江戸時代でも、孝明天皇に至るまで歴代の天皇の皇位継承にあたり、土御門家、倉橋家によって執行された。即位だけではなく御所の造営や天変地異のさいにも行なわれ、天皇の安穏と天下泰平、災厄除去が祈られた。そのさいの祭文である都状は、黄色の紙に朱書され、天皇の名と日付は天皇がみずから墨書する。この祭文の書式は、平安時代以来という。

ここでは、署名の上の肩書きの箇所に注目したい。つぎの史料は、光格天皇の安永十（一七八一）年正月三十日の都状の一部である（『光格天皇実録』巻一、一五〇〜一五一頁）。

謹上　天曹地府都状

大日本国大王「兼仁」十一歳謹啓、○中略

維日本国大王依即位、追累代之佳模、謹啓陰陽曹府南斗北斗合群神等、○中略、大王「兼仁」謹啓、
安永十年正月「三十日」

「兼仁」と「三十日」だけが宸筆で、大日本国大王「兼仁」と記される。他の都状に見える天皇の署名部分だけを紹介すると、寛永七（一六三〇）年十二月十四日の明正天皇の場合は、「南浮州大日本国大王「興」八歳謹啓」、明暦二（一六五六）年二月十一日の後西天皇の場合は、「南浮州大日本国大王「良仁」廿歳謹啓」、元禄元（一六八八）年十二月二十五日の東山天皇の都状には、「大日本国大王「朝仁」十三歳謹啓」「大王「朝仁」叡念諸願成就謹啓」、正徳元（一七一一）年十月十二日の中御門天皇の都状には、「大日本国大王「慶仁」十一歳謹啓」と記されている。

注目すべきは、「大日本国大王」という称号である。明正、後西の両天皇の場合、「大日本国」の上に「南浮州」という、仏教的世界観にもとづく「南贍部州」につながる地名が冠せられている。東山天皇以後（霊元天皇の都状を見ていないので、とりあえず東山天皇以後）「南浮州」は消え、大日本国のみになっている。

平安時代の都状を見ると、永承五（一〇五〇）年十月十八日の後冷泉天皇の泰山府君都状には、「南閻浮州大日本国天子「親仁」年廿六」「天子「親仁」謹状」と記されている（『新訂増補国史大系　朝野群載』五九頁）。国名は「南贍部州」に連なる地名を冠した「大日本国」であるが、天皇の称号は「天子」となっている。

「大王」号は、それまで倭王、倭国王であったのが、四七一年に「ワカタケル大王」が用いられた頃から使われたらしい。「天皇」号は七世紀に定められた可能性が強いとされるので、「大王」号のほうが天皇号より古く、大和王権の王号として用いられた。天曹地府祭の趣旨からいって、天帝からの天命をうける天子、のほうが称号としては相応しいといえる。仏教的世界観にもとづく「南贍部州」につらなる「南浮州」などの地名が、元禄期の東山天皇の時から消えたこと、平安時代には「大日本国天子」であったものが江戸時代には「大日本国大王」に変わり、天皇号以前の称号を使っている。その変化の理由と歴史的な意味は、検討すべき課題だろう。ただ、歴代天皇が、日本国の王、大日本国の大王、としての

意識を維持していたことを指摘しておく。

天皇の署名

歌道の伝書である「仮名文字遣」を写した後陽成天皇は、写本の奥書（『宸翰英華』一、五八八頁）に「慶長二稔孟春下澣　従神武百数代末孫和仁廿七歳」と署名している。神武天皇より百数代の末孫である和仁（後陽成天皇の名）、という自署である。神武天皇から皇統連綿として続いてきた万世一系の天皇、という皇統意識を表現している。同じ頃に書かれた和歌の述作である「和歌方輿勝覧」の奥書（『宸翰英華』一、五八六頁）にも、「慶長二稔孟春十又二蓂雨夜　従神武百数代末孫和仁廿七歳」と記されている。同じ頃で、しかも同じ和歌に関わるものだけに、その自署はまったく同じである。

譲位後では、慶長十七（一六一二）年四月二日に、南禅寺第二世南院国師像の賛（『宸翰英華』一、五八六頁）に「従神武百余代孫太上天皇（花押）」と自署し、神武天皇から百余代の孫、譲位後なので太上天皇と記している。譲位後にもなお、強い皇統意識を持ち続けたことを示す。慶長十九年二月の源氏物語の奥書（『宸翰英華』一、五八九頁）にも、「従神武天皇百数代末孫太上天皇」、慶長十九年八月九日の伊勢物語秘説伝授状（『宸翰英華』一、五九〇頁）には、「従神武百余代孫（印）」、さらに元和元（一六一五）年七月の法華経の奥書（『宸翰英華』一、五八二頁）に、「従神武百余代孫太上天皇」と自署している。このように後陽成天皇は、在位中も譲位後も一貫して強い皇統意識を持ち続けた(23)。

桜町天皇は、後陽成天皇が女御と尚侍の席次について書いたものを写した「女御尚侍位次御問答」の奥書（『宸翰英華』二、四一五頁）に、「享保二十年九月廿一日　人皇百十六代孫昭仁」と書いている。皇統意識の強かった後陽成天皇が執筆したものを写したので、その書式にならったとも考えられ、桜町天皇の皇統意識ととらえることはできない可能性もあるが、ここでは皇統意識の存在と理解しておきたい。なお、延享元（一七四四）年に水無瀬の後鳥羽天皇御影堂に納めた仁王般若経の奥書（『宸翰英華』二、四四二頁）に、「延享元年十二月廿二日　皇帝昭仁敬書」と記している。皇統意識ではないが、皇帝との位置づけ、認識を示すものである。

　とりわけ強い皇統意識、皇統の自覚を示したのが、光格天皇である。般若心経や阿弥陀経などの写経や阿弥陀仏の名号を書いたあとに、数多く署名している。天明五（一七八五）年と寛政三（一七九一）年の般若心経や阿弥陀経には、「兼仁謹書」「兼仁合掌三礼」と記していたが（『宸翰英華』二、五四三頁）、寛政六（一七九四）年十月の阿弥陀仏名号には、「神武百二十世兼仁合掌三礼」と書いている（『宸翰英華』二、五四四頁）。神武天皇から数えて一二〇代の兼仁（光格天皇の名）、という意識であり、皇統の自覚が認められる。寛政七年七月の阿弥陀経の奥書に、「神武第百二十代兼仁合掌三礼」、同じく寛政七年十月の阿弥陀名号の奥書に、「百二十代兼仁合掌」、同じ月の阿弥陀名号の奥書に、「百二十代兼仁合掌」、寛政八年七月の阿弥陀経の奥書に、「百二十世兼仁三礼」、寛政十一年十月の阿弥陀経の奥書に、「百二十代兼仁合掌三礼」と書き（以上は、『宸翰英華』二、五四四〜五四七頁）、石清水八幡宮と賀茂社の臨時祭の再興を京都所司代と交渉して実現するようにと武家伝奏に命じた、寛政十二年の宸筆御沙汰書に「百二十代（花押）」と自署し（『宸翰英華』二、五二一頁）、文化三（一八〇六）年七月の阿弥陀経の奥書に「百二十統兼仁三礼」と書いている（『宸翰英華』二、五四八頁）。このように寛政年間から文化期まで、光格天皇は、繰り返し神武天皇より一二〇代という皇統意識を表白している。

　そして、文化十年十二月二十二日に、後桜町天皇の七回忌の供養として真言百八遍を書いた奥に、「大日本国天皇兼仁合掌敬白」と記した（『宸翰英華』二、五四九頁）。これは、それまでに前例のない書き方である。すでに紹介したように天曹地府祭の都状は、「大日本国大王兼仁」であった。「大王」と「天皇」という差異がある。近世後期という時点に立って、それにどのような意味が存在するのか、深く検討する必要があろう。光格天皇は「天皇」号の復活を追求していたらしく、その死（天保十一年）の翌年の天保十二（一八四一）年に、「諡号＋天皇号」の光格天皇とおくられ、八七五年ぶりに「天皇」号が再興された。その事実を見通すならば、この光明真言の奥に「天皇」と記したことは、光格天皇の「天皇」意識を考えるうえで重要なことであろう。すなわち、政治的、社会的秩序において超越的な地位、権威を示す称号である「天皇」号をみずから使用したことは、日本国の王としての天皇、という意識の表白であろう。

さらにつけ加えるならば、平安時代の都状の「天子」、江戸時代の都状の「大王」、そしてこの「天皇」の差異の持つ意味を歴史的に検討することが求められる。

歴代天皇には皇統意識が存在したのではないかと推測するが、史料の残り方という問題を考慮する必要があるものの、かなりの強弱がありそうである。十七世紀初頭、近世初期の天皇である後陽成天皇と、十八世紀末から十九世紀初頭、近世後期の天皇である光格天皇に、皇統意識、皇統の自覚がとりわけ強いことは疑いない。なぜ近世のその時期の天皇に皇統意識が強いのか、個人の問題ではなくその理由と意義を考える必要がある。

岩垣松苗はその著書『国史略』(一八二六年刊)のなかで、「世を歴て天皇は正統一系なり、万世に亘って革まらず」と論じた。青山延于も『皇朝史略』(一八二六年)を刊行し、万世一系の歴史を描いた。十九世紀に入ると、万世一系の歴史を説く歴史書が相次いで刊行されるようになり、国体論的な歴史観、イデオロギーが強まるが、天皇・朝廷の動向と相即的であることを指摘しておきたい。

3 江戸幕府(統一政権)の天皇認識とその展開

中世から近世への移行期には、たとえば織田信長の神格化、豊臣秀吉の東アジア征服構想など、武家政権による天皇に優越する権力構想、国家構想が存在したことが論じられてきた。また、江戸時代に入っても、天皇より東照権現を優越させる「東照権現仮名縁起」のような天海の仏教思想も指摘された。さらに、武家政権の正統性を天皇に求めず、天道思想に求める者もいた。結果論的にはともかく、移行期には、天皇の位置づけをめぐっていくつかの可能性を認めるべきだろう。

現実の近世国家は、当時現存し、しかも使うことができた天皇を含む伝統的な国制や神国思想などの国家意識を取り込んで、もちろんその掌握と編成の過程でさまざまな軋轢や衝突を繰り返しながら、みずからを形成し確立していった。そのなかでも、江戸幕府（現実には政治担当者）の天皇認識、朝廷認識には変化が存在する。ここでは、新井白石と松平定信のそれをおもに検討したい。

十七世紀末〜十八世紀初め

十七世紀末から十八世紀初めの徳川綱吉の時期から、江戸幕府は本格的に全国政権へと発展し、そのもとで泰平が持続した。儀礼を通して将軍家を頂点とした武家社会の秩序を確立し、東大寺大仏殿の再興や国家安全の祈禱を大寺社に執行させるなど、宗教による国家鎮護を打ち出し、さらに助郷制度による国家的な交通制度の維持・補強、あるいは諸国高役金に示された全国への国役賦課など、国家を統治するための諸機能を果たしていった。大坂を軸に流通と金融が全国的な関係を構築する、という民間経済の発展を背景にして、江戸幕府は全国を対象とした経済政策も展開していった。

国家の統治権を行使する、あるいは行使を求められる存在に成長し、まさに全国政権として確立していったのである。このような江戸幕府の政治的発展と泰平の持続は、幕府の政治イデオロギーに大きな影響を与えたと考えられる。それが、新井白石、荻生徂徠らの武家国家論であり、現行の武家官位に代わる武家国家独自の勲階制度を構想した。太宰春台などは、将軍国王論の立場から「三王外記」を書くに至った。

①新井白石の官位制論。幕藩制国家の確立と泰平の持続を背景に、武家国家の自覚ないし自信が、部分的ながらも伝統的な国制、具体的には官位制からの「自立」の衝動を生み出した。新井白石は、将軍徳川家宣への歴史講義案である「読史余論」（正徳二〈一七一二〉年成立）の足利将軍三代の歴史を論じたくだりで、つぎのように書いている（『日本思想大系35 新井白石』三六九頁）。

王朝既におとろへ、武家天下をしろしめして、天子をたて、世の共主となされしよし、その名、人臣なりといへども、その実のある所は、その名に反せり。○中略、かつ、我がうくる所も王官也。我が臣のうくる所も王官也。君臣共に王官をうくる時は、その実は君・臣たりといへども、その名は共に王臣也。その臣、あに我をたつとむの実あらむや。○中略、此時、源家、本朝近古の事制を考究して、その名号をたて、、天子より下れる事一等にして、王朝の公卿・大夫・士の外、六十余州の人民等、こと〴〵く其臣たるべきの制あらば、今代に至るとも遵用するに便あるべし

「折たく柴の記」にも出てくるが、北朝は武家(足利氏)がたてた王朝なので、君臣関係の名と実が一致しない、と説く。武家は天皇と共主なのに、天皇の臣下として人臣を称するのは名実不一致、ということである。将軍も王官(官位)を受け、将軍の臣下である大名も王官を受けたので、将軍と大名は共に王(天皇)の臣下となって同列になるので、臣下である大名が主君である将軍を尊敬するはずはない、という。将軍―大名の主従関係と、官位を介した天皇―将軍・大名の主従関係が持つ、政治体制の安定にとっての矛盾と問題点を鋭く指摘した。そのうえで、足利将軍家が、天皇より一等下位の将軍の名号を定め、公家も武家も、また人民もが将軍の臣下となる制度を定めてくれていたならば、徳川将軍の時代にもそれを使うことができた、ともいう。天皇を将軍より上位に位置づけるものの、公家や武家、一般人民を天皇から切り離して、将軍―公家・武家・人民という君臣関係に組み込む、そのような制度を創始すべきだと主張している。

現実には、官位を介して天皇―将軍・公家・武家・人民、という君臣関係が存在していることを見抜き、それ故に秩序と政治体制に不安があると指摘したのである。

②荻生徂徠の勲階論。荻生徂徠も、『政談』(辻達也校注、岩波文庫版。享保十一、十二〈一七二六、一七二七〉年頃成立)の「官位爵禄の次第ならびに勲階の事」(一六二～一七〇頁)のなかで、勲階制度の導入を論じている。徂徠は、幕府役人の役職と江戸城中での席次との関係が持つ問題点を解決する策として、勲階制度を論じたのち、

かつまた、天下の諸大名皆々御家来なれども、官位は上方より綸旨・位記を下さるる事なる故に、下心には禁裡を誠

の君と存ずる輩もあるべし。「当分ただ御威勢に恐れて御家来分になりたるというまでの事」などと心得たる心根失せざれば、世の末になりたらん時に安心なりがたき筋もあるなり。

と指摘する。大名のなかには、官位は天皇から賜ることから、天皇を誠の主君と思っている者がいて、いまは徳川家の威勢を恐れて臣従しているだけだ、という考えがなくならないと、徳川家の威勢が衰えた時に不安だ、という。現行の官位制度では、天皇こそが真の主君で、真の君臣関係は天皇との間にある、と理解できるからである。そこで、十二の階級の勲階を設け、現行の官位は「ただ上の化粧」に過ぎないものと理解させ、勲階を重視してやっていけば、諸大名もおのずから勲階を重んじるようになる、と主張している。官位制度を廃止するわけではなく、将軍こそが主君であると認識させるために、幕府独自の勲階制度を設けることを提案したのである。

なお、徂徠はそれに続けて、「総じて御政務の筋、何事も堂上方邪魔になりて、上の御心一ぱいに御取行い遊ばされがたき筋あるようなれば、この愚按に及ぶ也」と書く。元禄から享保期に、幕府の政務上で、堂上方、すなわち朝廷が何事につけ邪魔になり、十二分に政治を行なえない状況がある、と指摘している。朝廷が幕府の政務の邪魔になっている、という状況が具体的に何を指しているのかよくわからないが、そのような視点でこの時期の朝幕の関係を見直してみる必要があろう。

③新井白石の日本国王論。白石は、いわゆる殊号問題に関わって将軍を日本国王と称すべきだ、という主張を展開し、朝鮮国書において実現させた。その理由について、『折たく柴の記』でつぎのように説明している（岩波文庫版、一九七〜一九九頁）。

それが中、復号の御事こそ、第一の難事なりつれ。これは、両国の好修められし初よりして、彼国の書には、日本国王としるしまゐらす。これは鎌倉京の代々より、外国の人は、我国天子の御事をば、日本天皇と申し、武家の御事をば、日本国王と申せし例によれる也。しかるを、寛永の比に至て、日本国大君としるしまゐらすべき由を仰つかはされしより、此事そののちの例とはなりたり、○中略、公家の御事には、係るに天を以てして、日本天皇と称じまゐらせ、武家の御事には係るに国を以てして、日本国王と称じまゐらする事は、おのづから天と地と其位易ふべからざる所あるがごとく、また共に日本を以て称じまゐらする事も、周王・周公、君臣ともに周を以てし給ふ事のごとくなる事などを、

白石は、日本と朝鮮とが国交を回復した時、朝鮮国王の国書の宛名は「日本国王」であった、その理由は、鎌倉時代以来、外国人は天子のことを日本天皇、武家を日本国王と呼んでいた例に随ったからで、寛永年間に「日本国大君」と書くように指示したのが現在の先例になった、と指摘する。白石は、それを改め再び「日本国王」と書かせようとした。公家に関することは日本天皇、武家に関わることは日本国王と称するのは、天地はその位置が変わらないのと同じで変わることはない、という。日本天皇、日本国王と、ともに日本を冠するのは、中国の周王と周公が君臣ともに周を冠するのと同じだ、ともいう。

中叔舟の『海東諸国紀』(田中健夫訳注、岩波文庫)には、「天皇代序」として歴代天皇を載せ、「国王代序」として源頼朝から説きおこして足利義政までをあげ、「即ち今の所謂国王なり。其の国中に於ては敢て王を称さず。只御所を称す」とある(一一四〜一一五頁)。外国では、武家、すなわち将軍を(日本)国王と称していた、という白石の主張は、ここにあったのかもしれない。日本天皇と日本国王、ともに日本を冠するのは、周王と周公という君臣関係にある者がともに周を冠するのと同じだ、という説明が注目される。すなわち、日本天皇と日本国王には、君臣の関係が想定されている。白石の日本国王は、外交における武家(将軍)の称号であり、天皇に優越するものでも、同等になるものでもなく、天皇との君臣の関係を前提にした称号である。だから白石は別のところで、「当時は天子より下、三公・親王の上にたゝせ給ふ御事也。又上様とも公方様とも申しまゐらする御事は、室町殿の代より、太上皇の御例を用ひらるゝ故あるによれり」(『折たく柴の記』三七六頁)と書き、将軍の地位は、天皇より下、太政大臣や左大臣らより上、と位置づけている。

④新井白石の天皇認識。白石の天皇認識は、十八世紀末のそれとは異なる位相にある。

北朝はもとこれ武家のためにたてられ給ひぬれば、武家の代の栄をも衰をも、ともにせさせ給ふべき御事なるに、応仁の後、世のみだれ打続て、武家すでに衰給ひにし上は、朝家の御事は申すにも及ばず、当家の神祖天下の事をしろしめされしに及びてこそ、朝家にも絶たるをも継ぎ、廃れしをも興させ給ふ御事共はあるなれ。（同前、一三八頁）

北朝（江戸時代の天皇・朝廷はその後継）はもともと武家（室町幕府）のためにたてられた朝廷なのだから、武家と栄枯盛衰をともにすることになり、応仁の乱以降、武家が衰えると当然に朝廷も衰えた、徳川家康が天下を統治するようになったので、朝廷も朝儀を再興できたのだ、という歴史認識を示す。天皇・朝廷は武家（将軍・幕府）の必要からたてられ、武家により保護されている存在、という認識である。(24)

そして、白石はつぎのようにも論じている（同前、一三六頁）。

我神祖天より勇智を賜らせ給ひ、奄に天下を有たせ給ひし御事、併是祖宗累世の徳を積ませ給ひし所によられて、子孫万世の業を創給ふことを得られき。

徳川家康は、天から勇気と智恵を授かって天下をわが物とした。これも徳川家の祖先代々が徳を積んできたことの結果なのだ、という。家康は、天から授かった勇気と智恵、それに先祖が徳を積んできたことがあわさって天下を支配することができた、という趣旨である。徳川将軍権力の正統性の根拠を、天と徳とに求めていて、天皇に求めていない。寛政期と比較するとき、きわめて大きな特徴である。

朝廷と幕府との関係について冷徹な認識を示す一方で、白石は、閑院宮の創設と霊元天皇の皇女八十宮の将軍徳川家継への降嫁の実現について、「我此国に生れて、皇恩に報ひまゐらせし所の一事也」（同前、一四一頁）とも書く。白石はいわゆる尊王家なのである。

鎌倉・室町幕府を継承する武家国家にふさわしい儀礼・制度・称号のあり方を主張し、前代の武家国家から部分的に一歩進んで伝統的国制（官位制）からの「自立」への衝動を示した。武家政権は天皇・朝廷の庇護者、とする歴史認識を持ち、徳川将軍権力の正統性の根拠を天と徳とに置き、天皇に求めない。しかし、天皇と将軍とのあいだに君臣の関係を認め、その序列も将軍を天皇の下に置き、さらに「皇恩」に報いようとした尊王家であった。これは、十八世紀半ば頃までの天皇・朝廷と将軍・幕府の関係を、それなりによく表現しているのではないか。

十八世紀末の変化

ここでは、寛政の改革を主導した松平定信と寛政期の幕閣の天皇・朝廷認識を取り上げる。[25] 松平定信は、天明八（一七八八）年に、まだ少年の将軍徳川家斉を戒める「将軍家御心得十五か条」（『楽翁公伝』一一六頁）のなかで、将軍（幕府）と天皇（朝廷）との関係についてつぎのように書いた。

　古人も、天下は天下の天下、一人の天下にあらずと申候、まして六十余州は　禁廷より御預り遊ばされ候御事に御座候へば、仮初にも御自身のものと思召すまじき御事に御座候、将軍と成らせられ天下を御治め遊ばされ候は、御職分に御座候、○中略、御養生遊ばされ候て、無疆の寿を御保ち遊ばされ、永く天下を御治め遊ばされ候御事、皇天及び禁廷えの御勤、御先祖様方への御孝心に当らせらるべく候、

六十余州、すなわち日本の国土と人民は朝廷（天皇）からの預かり物であり、それを統治するのは、将軍の職分だからである、永く天下を統治することは、天皇、朝廷への義務であり、先祖への孝行である、という趣旨である。皇天には、上帝の意があるが、天皇を指すこともあるので、ここではとりあえず後者としておく。

ここには、天皇・朝廷から国土と国民を預けられ、将軍職に就いてこれを統治している、という認識が示され、大政委任という政治論に近似している。将軍・幕府政治の正統性を、天皇・朝廷に求めている。

寛政四（一七九二）年には、尊号一件により朝幕のあいだに緊張が高まった。尊号宣下の要求と拒否のやり取りが、老

中―京都所司代―武家伝奏―関白、のあいだで繰り返された。所司代宛ての老中の達書（十月）には、「唯々万乗之御位天神地祇之御眷を被為承蒙御事ニ而、聖祖神皇之御宝位ニ候得者」（『徳川禁令考』前集第一、一八一頁）、十一月四日の達書には、「名器一動ては社稷蒼生之廃興安危にも拘り候筋ニ可成行歟ニ而」（同前、一八三頁）、松平定信がその達書の文案として老中に提示した文書には、「況神民之主、万乗之御位は、天神地祇之　御眷を被為蒙候御事にて、億兆臣民を被為子候　聖祖神皇之宝位にて候へは」（東京大学史料編纂所所蔵「松平定教文書」）と記されている。

天皇は天地のあらゆる神々に守られ、万民を子とし、国家と人民の興亡に深く関わる存在、という認識が示される。寛政五年三月に、尊号一件に関わった公家の処罰を朝廷に通告した文書には、解官の措置に関わり、「況関東御職掌は、公事ニ而其罪ニ当候を可被宥も、御職掌を被敬候ニは当り申間敷儀、御職掌江対し御不敬有之候而は、御崇敬ニも相障候儀」「いつれか王臣ニ無之者可有之哉、五位以上位記・口宣を下賜候儀ニ而、関東武家とても、尤以無隔御事ニ候」「堂上之人のみ被達叡聞候様ニ而は、王臣之御隔有之とも是又御不敬之至ニ可有之候」（『徳川禁令考』前集第一、一八六頁）と記されている。

将軍はその職分をきちんと勤めることが天皇を崇敬することになる、ということは、将軍とは天皇から任命された職であることが含意されている。また、大名以下武家は王臣であり公卿たちと差異はない、ということは、天皇と将軍を含む武家の間に君臣関係が存在することもまた含意されている。

結局、将軍権力の正統性の根拠を、天皇・朝廷の委任や天皇に任命された職分に求めている。将軍権力の正統性の根拠を天と徳とに求めた、十七世紀末から十八世紀初頭の段階からの大きな転換を認めることができる。また、天皇は神国日本の神々に守られた主で、国家と国民の興亡に深く関わる存在であり、将軍以下すべて王臣であり赤子である、と位置づける。十七世紀末から十八世紀初頭段階の、武家政権に保護された天皇・朝廷、という位置づけからの転換も認められる。そこには、政治的宗教的に超越的な権威を帯びた天皇を軸とした国家像が示され、日本国の「王」として天皇が浮上してきたといえるだろう。

おわりに

近世の天皇は、変容しつつも「神聖王権」以来のさまざまな禁忌に包まれているとともに、統治者としてのヤマトの大王、古代天皇権力以来の系譜をひき、その実態を失ってもなお統治者としての意識を持ち続け、かつ統治者への復活を熱望し続けた存在だった、といえるだろう。その天皇・朝廷に淵源する伝統的な国制や儀礼は、現実の統治者が公的な権力として立ち現れるうえで必須の資源、道具であり続け、公儀権力の掌握と編成をうけながら、政治権力の正統性の根拠を提供し続けた。それでもなお、天皇と現実の権力者＝将軍との関係は、近世を通じて同じものであったわけではなく、確立期と解体期とでは相互に変化していることが認められる。

近世史研究で近年新たに提起されている王権論は、王とは何か、王権とは何か、という突き詰めた検討なしに持ち込まれていることもあり、従来からの近世国家論、公儀権力論との関係がよくわからない。王権論を導入することは意味なし、とはいえないが、それによりこれまでの国家論、権力論に何をつけ加えることができるのか、または、新たにどこを切り開くことができるのか、を提示する必要があろう。王権を誰が担っているのか、あるいは王は誰か、という議論の立て方の有効性を確認する必要もあるだろう。とくに、天皇が存続した理由と意味、そしてなにより、天皇が持った近世の国家権力・国家支配における具体的な位置と役割、およびその変化を具体的に究明することが重要であろう。

（1） 五味文彦「京・鎌倉の王権」五味編『日本の時代史8　京・鎌倉の王権』（吉川弘文館、二〇〇三年）、本郷和人『新・中世王権論』（新人物往来社、二〇〇四年）、吉田孝『歴史のなかの天皇』（岩波新書、二〇〇六年）。

(2) 今谷明『室町の王権』(中公新書、一九九〇年)。
(3) 前掲注(1)本郷書『新・中世王権論』「終章」。
(4) 前掲注(1)本郷書『新・中世王権論』「はじめに」。
(5) 黒田日出男『王の身体 王の肖像』(平凡社、一九九三年)第一章「こもる・つつむ・かくす」。
(6) 新田一郎『日本史リブレット19 中世に国家はあったか』(山川出版社、二〇〇四年)。
(7) 田中健夫『前近代の国際交流と外交文書』(吉川弘文館、一九九六年)第二「足利将軍と日本国王号」、橋本雄「室町幕府外交は王権論といかに関わるのか」『人民の歴史学』一四五号(二〇〇〇年)。
(8) 樺山紘一「ヨーロッパの王権」『岩波講座 天皇と王権を考える1 人類社会の中の天皇と王権』(二〇〇二年)。
(9) 宮地正人『天皇制の政治史的研究』(校倉書房、一九八一年)第一部第一章「朝幕関係からみた幕藩制国家の特質」。
(10) 深谷克己『近世の国家・社会と天皇』(校倉書房、一九九一年)。
(11) 荒野泰典「二人の皇帝—欧米人の見た天皇と将軍—」田中健夫編『前近代の日本と東アジア』(吉川弘文館、一九九五年)。
(12) 紙屋敦之「大君外交と日本国王」田中健夫編『前近代の日本と東アジア』、同『大君外交と東アジア』(吉川弘文館、一九九七年)第一部第一章「大君外交と近世の国制」。
(13) 前掲注(5)黒田書『王の身体 王の肖像』。
(14) 前掲注(1)吉田書『歴史のなかの天皇』。
(15) 山本博文「徳川王権の成立と東アジア世界」水林彪他編『王権のコスモロジー』(弘文堂、一九九八年)。
(16) 堀新「織豊期王権論—日本国王から中華皇帝へ—」『人民の歴史学』一四五号(二〇〇〇年)、同「織豊期の王権論をめぐって」『歴史評論』六四九号(二〇〇四年)。
(17) 曾根原理「徳川王権論と神格化問題」『歴史評論』六二九号(二〇〇二年)、同「徳川家康年忌行事にあらわれた神国意識」『日本史研究』五一〇号(二〇〇五年)。
(18) 大桑斉「徳川将軍権力と宗教—王権神話の創出—」『岩波講座 天皇と王権を考える4 宗教と権威』(二〇〇二年)。
(19) 吉田昌彦『幕末における「王」と「覇者」』(ぺりかん社、一九九七年)。
(20) 伊勢公卿勅使については、拙著『近世政治史と天皇』(吉川弘文館、一九九九年)第五章「伊勢公卿勅使からみた天皇・朝廷」を参照のこと。また、近世の宣命については、拙稿「宣命」（鵜飼政志他編『歴史をよむ』東京大学出版会、二〇〇四年）でも触れた。宣命については、富田正弘「中世史料論」『岩波講座　日本通史』別巻3史料論（一九九五年）。

(21) 光格天皇の場合、宣命にみた定型的な文言のみならず、寛政十一（一七九九）年七月二十八日付け後桜町院宛ての書状（『宸翰英華』二、五五三～五五五頁）にもその意識が認められる。

○上略、尤仰之通、人君は仁を本といたし候事、古今和漢之書物にも数々有之事、仁は則孝、忠、仁、孝は百行の本元にて、誠に上なき事、常々私も心に忘れぬ様、仁徳の事を第一と存じまいらせ候事候、○中略、仰之通身の欲なく、天下万民をのみ慈悲仁恵に存候事、人君なる物の第一のおしへ、論語はじめあらゆる書物に皆〳〵此道理を書のべ候事、則仰と少しも〳〵ちがいなき事、扨〳〵忝く〳〵〳〵存じまいらせ候、猶更心中に右之事どもしばしも忘れおこたらず、仁恵を重じ候はゞ、神明冥加にもかなひ、いよ〳〵天下泰平と畏〳〵〳〵入まいらせ候、○中略、仰之通何分自身を後にし、天下万民を先とし、仁恵・誠信の心朝夕昼夜に不忘却時は、神も仏も御加護を垂給事、誠に鏡に掛て影をみるがごとくにて候、

後桜町院の訓戒に応えた書状で、「人君」「天下万民をのみ慈悲仁恵に存」「天下万民を先とし」などの文言に、光格天皇の君主意識、治者意識の発露が認められる。

(22) 天曹地府祭については、瀧川政次郎「一代一度の天曹地府祭（一）」（『神道史研究』一四―一）による。都状は、シンポジウム当日に山口和夫氏からご指摘をうけた。

(23) 後陽成天皇の皇統意識は、シンポジウム当日に石田実洋氏からご指摘をうけた。

(24) それに関わって、つぎの風聞を紹介しておきたい。話題は織田信長の時代のことなのだが、風聞としては元禄期のものなので、どの時期の認識を示すのか定かではない。『元禄世間咄風聞集』（岩波文庫）に収められた、元禄九、十（一六九六、一六九七）年に囲碁本因坊の保井算知が語った世間話である（九九～一〇〇頁）。

信長公より菊亭様へ稲葉一鉄様を御使に被遣候処に、早朝よりきく亭様へ御出御待被成候処に、八つ時分にやう〳〵菊亭様御出、「信長使それゑ〳〵」と被仰候由、一鉄以の外に御腹立にて、わきざしにそりをかけ目をいらゝげ、「其方の主人王は我が主の信長扶持しをき候処に、我等今迄またせすいさん成しかた」と御申なされ候由、

織田信長の使者として、今出川（菊亭）晴季の屋敷を早朝に訪れた稲葉一鉄は、八つ時（午後二時）まで待たせた挙句に、信長の使い、それへ、と言った晴季の態度に憤激し、お前の主人の王（天皇）は、わが主人の信長が養っているのに、その信長の

使者を長々と待たせるとは無礼だ、と怒った、というのである。天皇と信長との関係は、天皇が信長に養われている、という認識である。ただ、この話を一鉄から聞いた信長は、「南無あみだ」（さあ大変だ）と言い、今出川の屋敷へ使者を送りさまざま言い訳をさせた、という。事実は天皇を養っているのだが、政治的にはそれを言ってはいけない関係にあることもまた認識されている。白石の認識に通じるものがある。

(25) 寛政期の幕府の天皇・朝廷認識については、拙稿「江戸幕府の天皇観」『岩波講座　天皇と王権を考える10　王を巡る視線』（二〇〇二年）で詳細に検討した。

〔付記〕本稿は、科学研究費補助金・基盤研究C『朝廷儀礼をめぐる朝幕藩関係の研究』（研究代表者・藤田覚）による成果の一部である。

2章　織豊期王権論再論——公武結合王権論をめぐって

堀　新

はじめに

第一〇三回史学会大会・日本史部会シンポジウム「前近代における王権」（以下、本シンポと略称）は、会場に立ち見が出る程の大盛況であった。報告とコメントはいずれも充実した内容で、参加者の期待を裏切らないものだった。ところが驚いたことに、報告者・コメンテーターのほぼ全員が、王権論に対して批判的な論調だったのである。その批判は、王権論そのものに対するものなのか？　王権論じたいの有効性は認めたうえで、王権論の現状に対する批判なのか？　充実したシンポジウムに参加した興奮の余韻と、何だか不思議な感じをもったまま、会場を後にした。

久留島典子氏が指摘するように、もともと歴史学には「王権論という形で提出されている象徴論や記号論などのアプローチに対して、根強い反発」があり、さらには「『王権論』という次元で天皇の問題を扱うことに対しては、超歴史的ではないかとする批判も根強かった」[1]ことは事実である。しかし、現在では〝王権〟を冠するシリーズや雑誌の特集号、さらには著書・論文が続出しており、それと並行して議論も深められてきている。そうしたなかで企画された本シンポで提示された批判は、より良い王権論を目指すためのものであったと理解したい。

ところで、筆者が王権論に関わるようになったきっかけは、二〇〇〇年に東京歴史科学研究会で「前近代日本の王権と東アジア」をテーマとした大会が企画され、「織豊期の王権を、東アジアの視点をふまえて具体的に論じる」報告を依頼されたことによる。その当時の筆者は、王権論に対して「天皇・天皇制や朝廷、さらには権力論を王権とか王権論と言い換えて、さも新しい議論であるかのごとく主張するのはいかがなものか」と感じていた。そのため、報告依頼を受けた当初は躊躇したが、日頃東アジアの視点の重要性を主張している手前もあって、報告を引き受けることになった。報告を準備する過程で荒木敏夫氏や山本博文氏の論文を再読し(2)、王権論の有効性を確認できたことは、筆者にとって大きな成果だった。そして峰岸純夫氏・永原慶二氏・朝尾直弘氏の研究成果から(3)、公武結合王権というキーワードを得た。すなわち、院政以降は天皇と院がセットとして王権を構成していたが、武家政権が院の権力を吸収・掌握して「天皇=将軍結合王権」が成立した。この成立時期を鎌倉幕府段階とするか足利義満段階とするか議論は分かれるが、以上の見解の原型は石母田正氏の封建王権論にある(4)。これをもとに大会報告を行い、それ以降、このキーワードを意識しつつ議論を進めている(5)。筆者の王権論はまだ未熟な部分も多く、本シンポにおいて私見は批判の対象となった。討論では私見を十分に説明しきれなかったが、本書への寄稿という形で改めて発言の機会を得ることになった。筆者にあたえられた課題は「織豊政権と天皇制」であるが、前述した事情から、再び当日の討論に立ち帰ったつもりで、本シンポおよびこれまでに寄せられた批判に答えることとしたい。

そこで小稿は、まず王権論のベースとなる王権概念について、続いて「王」「(日本)国王」〈日本国王〉等の用語ついて整理し、最後に筆者の主張する公武結合王権論について述べたい。これらを通じて、王権論・公武結合王権論を深めることができれば幸いである。

1　王権概念について

本シンポにおいて池享氏が指摘されたように、現在の研究状況には王権概念の多様性とそれによる議論の拡散がある。王権論が活況を呈しているにも拘わらず、何故このような状況なのであろうか。王権の用法を振り返りつつ、これを考察してみよう。

そもそも王権とは、『平家物語』や『吾妻鏡』などに頻出する史料用語である。そのため、王権は研究上の概念としてではなく、いわば生の言葉として使用され続けてきたのではないだろうか。室町時代研究における王権の用例を検討した水野智之氏によれば、王権という用語の使用は、一九二〇年代の田中義成氏の研究に遡る。そして、その後の戦前の研究ではほとんど用いられず、戦後の石母田正氏・黒田俊雄氏の研究によって再開するという(6)。これらの研究では、王権は王(＝天皇)の権限や、皇室そのものといった意味で使用されており、史料用語がそのまま使用されていたといえよう。

その後、佐藤進一氏や永原慶二氏の研究においても、王権は王の権限という語義で使用されている。しかし、両氏は実質的な権力を重視して将軍＝国王＝王権と主張する点が異なる。すなわち、王権＝王の権限といっても王は天皇だけではなく、武家政権の長である将軍をも王とするのである。この背景には鎌倉幕府を中世におけるもう一つの国家とみなす東国国家論(二つの国家論)や、足利義満が天皇・朝廷の権能の大半を掌握し、明皇帝から「日本国王」へ冊封され、天皇(の地位)の克服を意図していたという主張がある。すなわち、武家政権やその長をも王権や王とみなすことで、天皇・天皇制を相対化し、それを特殊なものでも絶対的なものでも理解不能なものでもなく、古今東西に普遍的に存在する国家権力の一つとしてその存在を解明し、歴史上に正しく位置づけしようとしたのである。このような佐藤氏と永原氏の王権論は、天皇・天皇制を相対化する学問的手段としての王権論として、現代にも受け継がれている。しかしそれと同時に、王権論と国家論・権力論等との違いが曖昧になることをも招いてしまったのではないだろうか(7)。

ここで注意しなければならないのは、両氏の研究によって王権の指し示す内容が大きく転換したものの、これは王権概念の転換ではなく、「王」が指し示す内容の転換だという点である。さらに付言すれば、王権の用法において史料用語からの自立が始まった一方で、史料上の「王」が武家政権の長を示す(と思われる)語句を探し求める傾向も続いた。王権は相変わらず史料用語と意識されていたのではないだろうか。

このような状況のまま、西洋史学・文化人類学・文学などで王権論が展開していた影響を受け、日本史学でもこれを、いわば逆輸入することも始まった。これには他分野とも共通の基盤で議論できるメリットもあり、また天皇・天皇制の相対化にもつながる。こうして王権の用法においては史料用語からの自立がはたされたが、様々な研究分野の様々な王権概念や用法が入ってくることで、多様性が多様性のまま研究が進んでいる面もある。現在の王権論はこの流れの延長線上にあり、このような曖昧さ・多様さが王権論への批判を生む温床となっている。何よりも問題なのは、王権概念や用法の共通理解がないにも拘わらず、何のコメントもなくいきなり王権が議論されることである。

こうした悪しき状況に一石を投じたのが、荒木敏夫氏の問題提起である。荒木氏は、王権概念を①王の権力、②王を王たらしめている構造・制度、③時代を支配する者・集団の権力、の三つに類型化する。そのうえで、天皇権力に収斂しない王権の用法と、中世・近世史研究との連携を提唱している(8)。日本史学のなかでは、もともと古代史研究が王権論をリードしてきた。その理由は、古代国家権力の成立とその構造は、天皇権力のみでは説明不可能であり、それを取り巻く豪族や東アジア情勢などを組み込むことではじめて可能となることにあろう(9)。この荒木氏の提起を受け止めて王権論を展開することは、中世・近世史研究においても可能でありまた重要であろう。ここで近世王権論を展開したのが山本博文氏である。山本氏は王権を「然るべき手続きによって就任し、その国の正統な統治者として被統治者の多数から承認される権力」と規定し、その手続きを関白宣下・将軍宣下に求めている。山本氏は近世の王権を、徳川王権(世俗的・実質的な権力）と京都王権（観念的・伝統的な権力）が並立し、両者あわせて全国的かつ完全な王権を形成するとしている。そして近年は朝廷を旧王朝、豊臣権力・徳川権力をそれぞれ豊臣王朝・徳川王朝と位置づけ、王権論からさらに王朝論へと議論を進めている。(10) 山本氏の議論も武家政権をあえて王朝と呼ぶことで、天皇・天皇制の相対化を意図したものであろう。

筆者の王権論は、前述したように、荒木氏・山本氏の影響を受けたものである。特に王権概念は、荒木氏による分類の②・③、特に②に近い。それは、荒木氏の提起する王権の用法、すなわち天皇権力に収斂しない王権の用法への賛意とも連動している（拙稿E、注(5)参照）。実際のところ、筆者が専門とする織豊期の天皇・朝廷は、織田・豊臣権力のサポートなしには存在しえない。富田正弘氏は、室町期の国家権力のあり方を公武統一政権と表現しているが、(11) 公武があわさって一つの国家を構成しているという視点は首肯できる（拙稿A）。しかし筆者は、現在では統一や政権という語句を使用することは不適当と考え（拙稿I）、前述した峰岸氏・永原氏・朝尾氏らの指摘を継承して公武結合王権と呼んでいる。このネーミングに対して、本シンポの討論において池氏から「公武が対等な関係にあるような印象をあたえるので、表現として適切ではない」と指摘された。もちろん筆者にはそのような意図はなく、この王権の主導権は武家にあることは討論でも発言した。筆者としては、ネーミングにはそれほどこだわりはなく、より適切なものがあればそれを使用したいとも考えているが、現在のところ他に適当なものがないのが現状である。そしてネーミングだけでなく、以下の記述を参考に、その王権論の是非を問いかけたいと思う。

2　「王」「（日本）国王」〈日本国王〉をめぐって

王権を議論するさいに王の存在は不可欠であり、王を取り巻くようにして王権は存在する。研究史上においても、王は誰かが常に問題となってきた。そこで筆者は織豊期を中心に史料を収集した結果、国内史料における「王」は、基本的に天皇を指すことを明らかにした（拙稿E）。次に問題となるのは、東アジア世界における「日本国王」であろう。前述したように、足利義満の「日本国王」冊封を天皇権威克服や皇位簒奪計画と結びつけて論じる傾向が根強い[12]。しかしこれは、あくまでも日明貿易を行うための外交称号に過ぎず、室町殿は国内向けに「日本国王」と称したことは一度もない[13]。にも拘わらず、これを天皇・朝廷との対抗関係でとらえる傾向が強いのは、公武関係の基本を対立・緊張とする分析視角に立つからであろう（この分析視角の問題点については後述する）。

以上のように、武家が国家主権の大半を掌握し、室町殿が東アジア世界において「日本国王」に認定されようとも、国内では天皇が「王」と呼ばれていた。この事実をもって、天皇の地位を国制の頂点とみなすことは、一応可能である。しかし、国内史料に「王」とあるからといって、内政・外交などの諸権限を保持していない天皇を、近代政治学上の王・国王の概念にあてはめることには慎重でなければならないだろう（拙稿F）。史料用語である「王」「（日本）国王」と、研究概念である王・国王は区別して考える必要があることを、改めて指摘しておきたい。

では、王権の中核となる王は誰か。後述するように、研究史上では将軍と天皇の二人を王・国王とする議論もあるが、二人の王・国王が存在していたとしても、問題となるのは両者の関係である。現段階でまず必要とされているのは公武関係のあり方を解明することであり、これまでに多くの研究があるものの、ことに織豊期においてはいまだに基礎的な事実関係すら共通理解を得られていないのが現状であろう。

ところで、筆者が織田信長・羽柴（豊臣）秀吉といった天下人の構想が〈日本国王〉から〈中華皇帝〉へ展開すると主張している点について説明しておきたい。これに関しては、跡部信氏から批判をいただいている[14]。議論が混乱する原因は、筆者が信長の構想を説明するさいに、ルイス＝フロイスが伝える「予が国王であり内裏である」という信長の言葉を引用したことにある。その結果、跡部氏の批判に史料上の「王」「国王」と研究概念上の王・国王の混乱をもたらしてしまったようである。例えば跡部氏は、織豊期に「なにが日本国王をそれと決めていたのか。天皇の指名か、中華皇帝の任命か、実力者の自己申告か、民衆の総意か、外国人の承認か。あるいは王とは同時代のシステムや人々の意識ではなく、後世の学者が認定するものなのだろうか」と筆者に問いかける。答えは簡単で、筆者は〈日本国王〉〈中華皇帝〉という用語を使用するにあたって、「なお「日本国王」「中華皇帝」ともに現実に存在する地位ではなく、分析概念である」と説明している（拙稿D、四二頁）。現実に存在しない地位であるから「　」を付して表現していたが、これでは史料用語と誤解されることも考え、現在では記号を変えて〈日本国王〉と表現している。(15)

筆者があえて現実には存在しない〈日本国王〉を信長の地位・構想としたのは、従来の研究が信長の地位を「太政大臣か関白か将軍か」のいずれにあてはめるかという三択問題に終始しており、その袋小路から抜け出すためである。本能寺の変の直前に朝廷が信長を前述した三職のいずれかに推任したことは事実であるが、これは武田氏滅亡を祝って朝廷側が自発的に申し出たものである。朝廷側は事前に「京都所司代」村井貞勝と相談しているが、朝廷も村井もどの官職を推任すれば良いか信長の意向をはかりかね、三職のいずれかという玉虫色の推任をしたのである。信長はこの時返事をしなかったとする説が多いが、信長は確かに返答しており、朝廷周辺の動向からして、その内容はノーであったとしか考えられない(16)（拙稿B）。ルイス＝フロイスの証言によれば、信長の視線は既に大陸へ向いており、信長を律令官職体系内にあてはめようとする一国史観では信長の到達した地位やその構想を正しく認識できないと考え、(17)〈日本国王〉としたのである。そのさい、東アジア世界のなかに位置づける必要性を意識していたことはもちろんである。〈日本国王〉は、明皇帝をはじめ誰かに任命されるものでもない点で、「日本国王」とは異なる。しかし「日本国王」は対外関係上の用語であり、国内的には「日本国王」（＝室町殿）が天皇と並立して王権を構成していた点は、評者のイメージする信長の地位に近似する。そこで日本国王という表現を生かして、〈日本国王〉としたのである（拙稿J）。

なおこの機会に、前述した信長の言葉について、筆者の誤りを訂正したい。この信長の言葉は、天正九（一五八一）年二月二十五日にヴァリニャーノと面会したさいに信長が発した言葉で、これを伝えているのは「一五八四年十二月十三日付加津佐発信ルイス＝フロイス書簡」である。二年以上後の書簡であるが、内容的には信長の言葉を正しく伝えていると考えて良かろう。ところが、現在までこの書簡の全文が訳出されておらず、断片的に二通りの訳があるだけである。該当部分のみ記すと、最初の訳は「予が国王であり内裏である」[18]で、次が「予が（天）皇であり、内裏である」[19]である。筆者はこれまで前者を引用してきたが、同じ訳者が改訳したのであるから、後者の訳が正しいのであろう。原本にあたった松本和也氏によれば、やはり後者の訳の方が正しいそうである。[20]従って、筆者がこの信長の言葉を私見の論拠としたことは、二重の意味で誤りであり、ここに訂正したい。

なお、信長が自らを「天皇であり内裏である」と発言した真意は皇位簒奪ではなく、むしろ逆に、信長と天皇の一体感を示す表現であろう。すなわち、「禁裏が外聞を失えば自らも面目を失う」という信長の主張（拙稿Ｉ）や、「朝廷の祈禱が信長の敵国（＝武田氏）の神を一掃した」という当時の認識（拙稿Ｇ）に近いものである。さらには、後に秀吉が「王ニ被成」という噂が流れているが、これも皇位簒奪ではなく秀吉と天皇・天皇家の一体化を示すものであり（拙稿Ｈ）、これも傍証になろう。

それでは、〈日本国王〉〈中華皇帝〉と公武結合王権との関係について述べておこう。これまで述べてきたように、〈日本国王〉〈中華皇帝〉は東アジア世界における位置づけ・論理であり、公武結合王権は日本国内の枠組みであるから、ある意味では別次元のものである。天下統一から対外侵略へ展開する過程において、信長・秀吉といった天下人は従来の王権構造の枠組みを踏み越える可能性があったのである。織豊期に王権構造の転換があり、そのキーワードは武威であると主張していたのはこのことである。ただし、それはあくまでも東アジア世界を視野に入れた段階のものであって、国内統一段階でこれを踏み越えることはなかった。秀吉の惣無事令が示しているように、国内統一戦争において「叡慮」を旗印に掲げることはあっても、対外侵略に「叡慮」が持ち出されることはない。公武結合王権の枠組みが有効なのは、国内統一戦争だけだったのである。しかし、対外侵略後の占領政策・支配政策においては、公武結合王権の枠組みが示されている。すなわち、文禄元（一五九二）年の三国国割計画において、秀吉は日本や明の支配を天皇・関白（武家政権の長）のセットで行うと表明しているのがそれである。この点は今後さらに詰めていきたいが、秀吉に限らず当時の人々にとって、公武結合王権の枠組みしか支配体制をイメージできなかったのであろうか。しかしながら、秀吉自らの地位は明にも日本にもなく、日明二つの公武結合王権の枠組みからはみ出していることは確認できる。[21] この秀吉の地位を〈中華皇帝〉とし、最末期に大陸征服を視野に入れていた信長の構想の延長上に考えられるとしたのである。それが〈日本国王〉から〈中華皇帝〉への展開である。

3　公武結合王権論をめぐって

最後に、筆者の主張する公武結合王権論を、研究史上に位置づけたい。そこで、本シンポでの藤田覚氏の整理を参考に、近世王権論の区分を行っておこう。区分のポイントは、王・王権を一つとみるか（武家を王・王権とみるか）、武家を王・王権と認める場合は天皇との関係をどう考えるか、である。

A王権を一つとみるもの
　a天皇を王・王権とする単独王権論（吉田昌彦）
　b公武が結合してはじめて王権となる公武結合王権論（堀新）
B武家をも王・王権とみるもの
　a徳川王権論（大桑斉・曾根原理）
　b二人国王・王権論（荒野泰典・紙屋敦之・黒田日出男）
　c複合王権論（山本博文）

筆者の公武結合王権論は、Ｂ－ｃ複合王権論に整理されることが多いと思われる。これは織田信長を「日本国王」と主張することに起因すると思われるが、この点は後述する。複合王権論ではないが、例えば私見を「武家・公家の二つの王権の併存」とするものもある。[22] しかし筆者の主張を繰り返すと、「鎌倉以降の幕府権力や織豊権力は王権の構成要素ではあるが、単独で一つの王権を構成していたわけではないと言いたいのである。すなわち、天皇権力・上皇権力だけでなく、将軍権力（幕府権力）に置き換えられる語義として王権を使用すべきでない。天皇・上皇にせよ、将軍・天下人（信長や秀吉）にせよ、これらが単独で王権を構成するのではなく、公武両勢力が合体することではじめて王権たりえるのではないか」（拙稿Ｅ）というものであり、私見は「端的に言えば、日本中世（少なくとも南北朝以降）・近世王権の特徴は、武家・公家ともに単独では王権を構成できないことにある」（拙稿Ｉ）のである。「単独では王権を構成できない」という説明では舌足らずだったのかも知れないが、前に整理したように、筆者は中世（少なくとも南北朝以降）・近世ともに王権を一つと考えており、武家王権・公家王権といった用語を私見において使用したことはない。なお、前の整理には含めなかったが、筆者が影響を受けた峰岸氏・永原氏・朝尾氏の議論や富田氏の公武統一政権論、さらには深谷克己氏・宮地正人氏の幕藩制国家論[23]をあえてあてはめれば、Ｂ－ｃの複合王権論に位置づけられるかも知れない。しかし筆者の公武結合王権論は、二つの王権併存説でも複合王権論でもないのである。

くどいようだが繰り返しておくと、筆者の主張する公武結合王権とは、武家勢力と公家勢力が相互補完的に結合したものである。相互補完的とは、武家も公家もお互いに相手を排除して権力の一元化をはかることはなく、お互いに相手を不可欠の存在として結びついていることをイメージしている。お互いに不可欠とはいうものの、武家と公家は対等な関係で結びついているのではない。特に南北朝以降、現実に日本社会を支配するのは武家であり、王権における主導権が武家にあることは自明である。そして武家と公家は王権を構成する要素ではあるが、ともに単独では王権にはなりえない。つまり、天皇を王権とするのではなく、武家王権も公家王権もない。そして、中世（少なくとも南北朝以降）・近世ともに王権は一つであり、それは公武が結合したものであると考える。

それでは、筆者の公武結合王権論は先行研究とどのような関係にあるだろうか。以下、三点について述べておきたい。

まず第一に、一つの王権説に立つ場合、まず問題になるのは東国国家（二つの国家）論をどう考えるかであろう。江戸幕府下はともかく、それ以前における東国国家論への支持は根強い。しかし、東国国家論に対する批判に関しては、黒田俊雄氏の指摘が参考になる。(24)黒田氏によれば、鎌倉幕府が強い自立性をもっていたことは承認されるものの、それは東国国家として独自に発展するという可能性にとどまり、現実には「日本国」内部の存在に終始したという。その後の研究においても、源頼朝は反乱軍として出発したがゆえに、自らの存在を体制内に位置づける対朝廷工作に積極的であったことや、北朝の皇統を擁立した室町幕府体制下において、枠組みとしての北朝天皇制は強化され、その画期が文和年間（一三五二～一三五六）であったことが明らかにされている。(25)これらの研究成果に従えば、中世においても一つの王権・国家を措定すべきではないだろうか。もちろん、「東国」が独自の国家を成立させる可能性を孕んでいたこと自体は重視されなければならないし、その理由を深く掘り下げられるべきである。(26)

なお、史料上の王＝天皇とする私見と、将軍＝国王とする佐藤・永原説とは対極にあると誤解されるかも知れない。しかし、いずれも天皇・天皇制を相対化する王権論として共通する。異なるのはその手法であり、佐藤・永原説は将軍＝国王＝王権とし、武家を天皇・朝廷から自立した王権とみなした。これに対して、私見は公武が結合してはじめて王権たりえるとしたのである。国内史料上の王が基本的に天皇を指す以上は、将軍を単独で国王・王権とすることはできない。また佐藤・永原説は、「なぜ武家は天皇を滅ぼさなかったのか」という疑問を生じさせ、結果的に両氏の意図に反して、武家政権の脆弱性や限界性ひいては肥大化した天皇・朝廷像を招いてしまったが、これは逆立ちした議論ではなかったか。むしろ王でありながら単独はおろか、武家政権と結合しその主導のもとでしか王権を構成できなかった天皇・朝廷の脆弱性や限界性こそ指摘されるべきであろう。

続いて第二に、今谷明氏の「天皇史」[27]との関係である。今谷説には事実誤認や先行研究の見落としが多く、容易に従えないことをかつて指摘したことがあるが（拙稿A）、いまだに今谷説を肯定的に引用する研究が跡を絶たない。小稿では今谷説の個々の部分への批判はひとまず措き、今谷説の公武関係論の大枠に関して述べておきたい。今谷説の特徴は、室町幕府・将軍の没落により相対的に天皇・朝廷の地位が上昇するという点にある。小稿の主題に引きつければ、今谷説は一つの国家・王権説であるともいえる。この点に関する限りにおいては私見とも共通するが、問題はその王権構造に関する理解である。今谷説の問題点は、室町・戦国期の王権を定数とみなし、これを将軍と天皇が逆比例的な関係で分有しているとする点にある。これは、池氏が的確に批判しているように、将軍と天皇の相対関係としての議論に過ぎず、能動的政治主体としての地位を喪失した天皇・朝廷は従属変数として理解すべきであろう[28]。すなわち、室町幕府に依存する天皇・朝廷は幕府の没落とともに没落し、新たに天下人として登場した織田・豊臣権力と結びついて浮上するのである。繰り返していえば、戦国・織豊期における天皇・朝廷の没落と浮上は、天皇・朝廷が能動的・自生的に没落・浮上したのではなく、王権を構成した武家の没落・浮上に連動したものである。従って戦国（末）期における天皇浮上とみえる現象は、公武結合王権という王権構造に規定されたものであって、今谷氏が主張するような「実利的官位」や「決勝綸旨」によるものではなく、また天皇の文化的権威が広まったからでもない。

第三に、公武関係を緊張・対立とみるか、融和・協調を基本軸とみるかである。従来の研究の多くは、公武関係の基本を対立・緊張とみていた。もちろん、緊張を孕んだ協調関係もあるから、両者を単純に区別することは難しいかも知れない。しかし、筆者がそれをあえて二分しようとするのは、従来の複合王権論などの公武関係のとらえ方に疑問があるからである。すなわち、先行研究の多くは、公武の融和・協調を妥協の産物ととらえ、本来ならば王権・国家が武家に一元化されるべきであるが、武家政権の力の限界によって仕方なく公家勢力と結びついたとみている。これに対して、筆者は武家も公家も当初から相互を必要として結びつき、前述したように、お互いに相手を排除して権力の一元化を図ることはないとみる。承久の乱や後醍醐の討幕運動は例外であり、百歩譲ってこれらが例外的でないとしても、南北朝以降にはありえないことであろう。もちろん、どんな権力体にも対立・緊張は存在するから、公武結合王権において全くそれが存在しないというのではない。また王権構造は時代によって変化するから、その過程において軋轢や摩擦が生じることもある。これらは本質的でない緊張・対立であり、筆者の眼目は公武がお互いを排除しようとしているか否かにある。具体的に述べると、例えば足利義満が国家的権限の多くを掌握した事実を、先行研究はこれを公家政権からの奪取といったニュアンスで受け止めるものが多いが、筆者はそうはみない。国家的権限の掌握はあくまでも結果であり、これは公武の対立抗争のなかから生まれたものでもなく、また義満がこれを意図して行ったわけでもない。あえていえば移行である。

筆者は近世王権の成立も同様であると考えており、天皇・朝廷を不可欠の存在として組み込んだとする幕藩制国家論・公儀権力論との違いは、その成立過程の評価にある。筆者の公武結合王権論と幕藩制国家論・公儀権力論とのあいだには、近世王権・国家のイメージに大差ないことは、本シンポで藤田氏が指摘した通りである。しかし、近世王権ないしは幕藩制国家の成立過程を、公武の対立抗争と武家政権の限界性のなかから生まれた妥協の産物とみる幕藩制国家論・公儀権力論に対し、筆者は公武に国家権力の一元化をめぐる対立抗争はなく、両者は当初より必然的かつ相互補完的に結びついたと考える点が大きく異なっていることを指摘しておきたい。

なお、織豊期の公武結合王権のあり方を示すものとして、天正二（一五七四）年に三条西実枝が「信長　公家一統之政道、如五百年以前可申行之由存寄候」と述べていることは重要である[29]（拙稿Ⅰ）。そこで「如五百年以前」の示すものであるが、ちょうど五〇〇年前の承保元（一〇七四）年は藤原頼通が死去した年で、応徳三（一〇八六）年に開始される院政への流れが定まった年でもある。しかし信長の目指す政道が院政であるのではない。これは延久元（一〇六九）年の記録所設置を示しているのではないか。翌天正三年に、信長は朝廷の「御公事法度」を定めるための「奉行五人」（＝「五人の伝奏」）を設置した。五人の公家は定期的に評定を行って様々な事項を取り扱い、これは「上古記録所之御沙汰、此時再興事候」と呼ばれ、歓迎された。信長の意図は、「余以無正体」い朝廷政治の正常化とそのためのシステム整備にあり、これは朝廷側も望むものだったのである。しかし朝廷政治（を担う公家衆）の腐敗は信長の想像を超えており、翌天正四年には奉行の評定は全て信長の了解を得ることが義務づけられるようになり、それから遠くない内には再び評定組織が消滅した（拙稿K）。表面的には信長の朝廷政治への介入ともとれる結果となったが、それは朝廷政治の腐敗という現実によるものであり、信長の意図は朝廷政治の正常化とそのサポートであった。天皇・朝廷を消滅させることなど考えていなかったであろう。

むすびにかえて

予定された紙数を超えたので、第一〜三節の内容をまとめることはしない。最後に、王権論の有効性について述べておきたい。前述したように、西洋史学・文化人類学・文学など他分野とも共通の基盤で議論できることや、天皇・天皇制を相対化できるメリットがある。しかしそれだけならば、これまでの国家論・権力論などでも十分対応可能であろう。筆者が特に重視するのは、王権論においては王の聖性・カリスマ性など、個人の人格やイエ論、さらには当時の人々に意識や認識を組み込んだ議論を、より強く意識しつつ議論できることである。このメリットは、天下人の神格化の問題を解く鍵にもなろう。従来の国家論・権力論は秩序や制度に偏重し（もちろん、制度史の解明は重要であるが）、その結果は肥大化した天皇・朝廷像しか得られないように思うからである。等身大の天皇・朝廷像を描き、前近代日本の国家権力のありようを究明する目的において、王権論の有効性を改めて主張したい。

（1）久留島典子「中世天皇制研究史」石上英一他編『講座前近代の天皇5　世界史のなかの天皇』（青木書店、一九九五年）。

(2) 荒木敏夫「王権論の現在」『歴史評論』五六四号(後に『日本古代王権の研究』吉川弘文館、二〇〇六年所収)、山本博文「徳川王権の成立と東アジア」水林彪他編『王権のコスモロジー』(弘文堂、一九九八年)。

(3) 峰岸純夫「序説　日本中世社会の構造と国家」『大系日本国家史2　中世』(東京大学出版会、一九七五年)、永原慶二・山口啓二「対談　日本封建制と天皇」『歴史評論』三一四号(後に犬丸義一編『天皇制の歴史　下』校倉書房、一九八七年所収)、朝尾直弘「前近代国家史研究の到達点と課題」歴史学研究会編『現代歴史学の成果と課題Ⅱ』(後に『日本近世史の自立』校倉書房、一九八八年所収)。

(4) 近藤成一「封建制下の天皇」『人民の歴史学』一〇〇号(一九八九年)。

(5) 関連する拙稿をあげておく。拙稿A「戦国大名織田氏と天皇権威」『歴史評論』五二三号(一九九三年)、B「織田権力論の再検討」『共立女子大学文芸学部紀要』四四集(一九九八年)、C「織田信長と武家官位」『共立女子大学文芸学部紀要』四五集(一九九九年)、D「東京歴史科学研究会第34回大会報告レジュメ　織豊期王権論」『人民の歴史学』一四三号(二〇〇〇年)、E「織豊期王権論」『人民の歴史学』一四五号(二〇〇〇年)、F「織田信長と勅命講和」歴史学研究会編『戦争と平和の中近世史』(青木書店、二〇〇一年)、G「『平家物語』と織田信長」『文学』二巻二号(岩波書店、二〇〇二年)、H「信長・秀吉の国家構想と天皇」池享編『日本の時代史13　天下統一と朝鮮侵略』(吉川弘文館、二〇〇三年)、I「織豊期の王権論をめぐって」『歴史評論』六四九号(二〇〇四年)、J「書評　池享著『戦国・織豊期の武家と天皇』」『人民の歴史学』一六一号(二〇〇四年)、K「織田信長と絹衣相論」『共立女子大学文芸学部紀要』五一集(二〇〇五年)。以下、拙稿からの引用は本文中に(拙稿A)のように注記する。

(6) 水野智之「室町時代公武関係の視角と課題」『歴史の理論と教育』一〇八号(後に『室町時代公武関係の研究』吉川弘文館、二〇〇五年所収)。以下、王権研究の研究史整理は、特に断らない限りこれによる。

(7) もちろん、その結果に対する責めは両氏ではなく、その後の研究にある。

(8) 前注(2)荒木論文。

(9) 大口勇次郎「江戸の『王権』」『史学雑誌』一一二編三号(二〇〇三年)。

(10) 山本博文「統一政権の登場と江戸幕府の成立」歴史学研究会他編『日本史講座5　近世の形成』(東京大学出版会、二〇〇四年)。

(11) 富田正弘「室町殿と天皇」『日本史研究』三一九号(一九八九年)。
(12) 例えば、今谷明『室町の王権』(中央公論社、一九九〇年)など。
(13) 田中健夫「足利将軍と日本国王号」同編『日本前近代の国家と対外関係』(後に『前近代の国際交流と外交文書』吉川弘文館、一九九六年所収)。この点については、拙稿Eの準備過程における橋本雄氏・米谷均氏との勉強会から多くを学んだ。
(14) 跡部信「書評 池享編『日本の時代史13 天下統一と朝鮮侵略』」『織豊期研究』五号(二〇〇三年)。
(15) 拙稿Jでは、史料用語を〈日本国王〉、研究概念を「日本国王」としたが、逆の表記の方が誤解が少ないと考え、小稿からは史料用語を「日本国王」、研究概念を〈日本国王〉とし、〈中華皇帝〉ついても同様としたい。
(16) なお、信長はこの時太政大臣任官を受けていたとする説もあるが、これは贈官宣命の解釈を誤ったものであることが論証され、私見は補強された。桐野作人「信長への三職推任・贈官位の検討」『歴史評論』六六五号(二〇〇五年)を参照のこと。
(17) これは、筆者や信長が律令官職の意義を全否定しているのではない。この段階での信長の地位を律令官職では表現できない、あるいは〇〇守などの受領名を名乗るだけでその国が支配できるような「在地効果」はないと指摘しているのである。律令官職には序列機能があり、それが武家の身分編成に有効だったことは、拙稿「近世武家官位試論」『歴史学研究』七〇三号(一九九七年)などで繰り返し指摘している。従って、信長自身が官職に就かないことと、子供や家臣団を官職に就けて序列化しようとしたことは矛盾しない。
(18) 松田毅一他「解題Ⅱ ヴァリニャーノの第一次日本巡察について」ヴァリニャーノ著・松田毅一他訳『日本巡察記』(東洋文庫、平凡社、一九七三年)三四一頁。
(19) ルイス=フロイス著・松田毅一他訳『フロイス日本史5 五畿内篇Ⅲ』(中央公論社、一九七八年)一一九頁。
(20) これに関する松本氏の論考は、『歴史評論』近号に掲載予定と聞く。
(21) 実質的に天皇よりも上位に立ち、天皇を左右することじたいは過去にも例があり、信長・秀吉の構想や行動は従来の枠組みから踏み出していないのではないか、という批判もあるだろう。しかし、例えば古代の豪族たちや平氏政権が天皇を移して畿内周辺に遷都したことと、海を越えてはるかな異国へ移すことには、質的な違いがあるのではないだろうか。
(22) 前注(6)水野論文。
(23) 深谷克己「公儀と身分制」『大系日本国家史3 近世』(後に『近世の国家・社会と天皇』校倉書房、一九九一年所収)、宮地

正人「朝幕関係からみた幕藩制国家の特質」『人民の歴史学』四二号（後に『天皇制の政治史的研究』校倉書房、一九八一年所収）。

(24) 黒田俊雄「鎌倉幕府論覚書」『日本史研究』七〇号（後に『日本中世の国家と宗教』岩波書店、一九七五年所収）。

(25) 川合康「武家の天皇観」石上英一他編『講座前近代の天皇4　統治的諸機能と天皇観』（後に『鎌倉幕府成立史の研究』校倉書房、二〇〇四年所収）、市沢哲「文和の政局」『文学』四編六号（二〇〇三年）。

(26) 黒田俊雄「日本中世の地域と国家と国王」『歴史科学』一〇九号（後に『日本中世の社会と宗教』岩波書店、一九九〇年所収）。

(27) 今谷氏の著作は多いが、とりあえず『戦国大名と天皇』（福武書店、後に講談社学術文庫、二〇〇五年所収）をあげておく。

(28) 池享「今谷明著『戦国大名と天皇』『信長と天皇』を読む」『週刊読書人』一九三九号（後に『戦国・織豊期の武家と天皇』校倉書房、二〇〇三年所収）。

(29) 拙稿Ⅰでは、「公家」を「こうけ」と訓む伊藤真昭氏の見解を支持したが、金子拓氏のご教示により、実枝書状と同時期に「いまくけ一とう」云々とある史料（『大日本史料』十編二一、二四六頁）の存在を知った。従って、これは「くげ」と訓むことに訂正する。

〔付記〕　本稿は、科学研究費補助金・基盤研究C『朝廷儀礼をめぐる朝幕藩関係の研究』（研究代表者・藤田覚）による成果の一部である。

3章　近世の朝廷・幕府体制と天皇・院・摂家

山口和夫

はじめに

本稿の立場と課題

日本近世史研究は、時々の制約や課題・潮流のなかで幕藩体制論を深め、朝幕関係史の成果を蓄積して来た[1]。朝廷を幕藩体制外部の抵抗勢力でなく、体制存続のために有効な役割を担う内部的要素とする見解[2]は、その到達点と言える。近世には豊臣政権・江戸幕府により天皇の生前譲位と院の政務関与の慣行が回復され、五摂家は幕府から朝議運営・朝廷統制上の特別な地位・権限を付与された。本稿の目的は、近世の朝幕体制下の天皇・院・摂家に関する歴史認識を改めることにある。以下、次の点に留意して進めたい。

第一には、先駆的研究で提唱され今日なお再生産され続ける、特定の事件を重大視した、抑圧された近世朝廷と幕府への反発感を持続する歴代天皇という図式の克服である[3]。中世朝廷再建運動論[4]や徳川尊王論[5]の視点にも学び、朝幕対抗・確執史観を脱したい。

第二に、天皇不親政の伝統論[6]や「禁中幷公家中諸法度」から大政委任を説く所論[7]、霊元天皇（院）の対幕強硬路線と関

白近衛基熙の協調路線との対立という説を検証する。(8)

第三には、素材と方法の問題である。思想家による天皇・将軍観は、著作・行動を介して社会に影響を及ぼしたが、その多くは局外者である。日本を訪れた異国人による天皇・将軍論も、限られた情報に基づく理解の産物である。本論では、これらを除外し、親政・院政を通じて後世にも影響を与えた後水尾・霊元・桜町天皇(院)自身や、朝議を主導した摂家近衛基熙・一条兼香等要局者の朝廷・幕府・将軍観から現実の政治との関係、権力の内実を問う。近世の天皇・院・摂家は、無名の庶民と異なり膨大な文字史料を書き残している。随筆や和歌の一節から反幕府感情や聖徳像、(9)古代に定型化し近世に踏襲された宣命から観念的君主意識(10)を抽出するのではなく、下御霊神社伝来の霊元院自筆願文――多くの論者により扱われて来たが無年紀で、年代と性格・内容を吟味することで新たな歴史像が明らかとなる――等の基本史料を検証し、彼らの体制認識・人間関係・政策意図の実態を明らかにしたい。

術語について

本稿では、「天皇制」「王権」という術語を用いない。「天皇制」は、日本共産党の一九三一年政治テーゼ草案を初出とし、(11)当時の日本の国家権力を分析する概念装置であり、幕藩体制・幕藩制国家の時代である近世に用いるのは適切でない。「王権」という分析概念も、天皇制に代わって日本中世期の研究に近年多用され、(12)天皇家内部の権力・家産分割、武家政権の成長と国家公権の掌握過程の検証に成果を挙げているが、使用には慎重を期したい。慶長期に天皇・豊臣秀頼・徳川の三王が鼎立したと提唱する近世「王権」論(13)については、三者の内実の究明が必須で、俄かに賛同し難いと考える。

1　朝廷の近世化

朝廷の近世化と「禁中幷公家中諸法度」

行論の前提となる私見を予め示す。[14] 豊臣政権・江戸幕府は、公家・武家・寺社等の領主階級を統一的知行体系に編入し、それぞれの身分と役儀を確定した。朝廷に対しては共通して経済基盤と構成員を整備・拡充し、官位叙任による武家身分の編成・序列化、祈禱・祭祀、秀吉（豊国大明神）・家康（東照大権現）の神格化等の政治的宗教的機能を果たさせた。[15] 朝廷は、近世の権力の編成を受容し、体制の成立・存続に寄与した領主集団である。天皇・院はその頭で、集団内では権力を行使した。朝廷・幕府はキリシタン禁制でも一致し、両者の間に基本矛盾はなかった。

豊臣政権と江戸幕府とでは、天皇・朝廷との関係に差異も見られる。豊臣期には武家の秀吉・秀次が五摂家の世襲の家職を簒奪して関白に就任し、有力武家が公家高官に参入した。天正十四（一五八六）年に正親町院の譲位と後陽成天皇の擁立を実現し、関白秀吉が新帝に即位灌頂の印明を伝授した。天正十六年の聚楽第行幸を機に秀吉は、禁裏・院の料所を増し、諸公家・諸門跡に知行八〇〇〇石を加増して朝廷での奉公を義務付け、勤務評価と知行再配分の権限を後陽成天皇に保障した。朝鮮出兵当初には中国・朝鮮の併合と後陽成天皇の北京行幸・遷都を計画し、天皇は受諾した。武家が主導し内部に入り込む形で朝廷の再建が進み、天皇家がこれに応じ、摂家が疎外される傾向にあった点が特筆できる。

江戸幕府は、大陸への膨張政策を放棄し、豊臣家との対抗関係から摂家を重用し、五摂家による関白巡任制を回復し、関白・摂家・武家伝奏による朝議運営体制を構築した。元和元（一六一五）年には大御所家康・将軍秀忠・関白二条昭実連署の「禁中幷公家中諸法度」を制定・公布し、天皇をも法規範で束縛した。けれども法度制定の意図は、定員のある高官への武家の参入問題を解消して公家の官職枠を保全し、公家・武家の役と身分の別を定め、朝廷集団の運営秩序を示し、近世の体制に適合的に機能させることにあった。武家による朝廷抑圧・封じ込め策という理解は適切でなく、朝廷再建策の一環として評価すべきである。法度制定の過程・内容に、[16]朝廷から幕府への大政の委任は見出せない。

なお近世朝廷の経済基盤・構成員数は、豊臣期ではなく江戸時代前期に幕府が支援して飛躍的に増加した。天皇の料所は一万石から最終的に三万石にされ、堂上公家数は、生前譲位・院御所群立と院参衆（番衆）拡充（新家取立）により約一三〇家に倍増し、天皇家・諸公家・地下官人の知行高も、計約一一万石強へ倍増した。[17]江戸幕府こそが近世朝廷最大の支援者で、秀吉の尊王と幕府による抑圧という図式は成り立たない。

天皇の称号の多様さと「日本国王」・将軍

「日本」という国号と「天皇」の称号とは、七・八世紀に中華皇帝との関係で新たに主張され、その後に定着を見た歴史過程の所産であった。[18]

天皇の死後におくられる追号では、平安時代以来歴代八〇〇年以上「院」号が踏襲され、天保十一（一八四一）年の光格天皇への諡から「天皇」号に回帰するまで続けられた。[19]

近世の歴代天皇が残した自署奥書では、後陽成は在位中の文禄二（一五九三）年から慶長十六（一六一一）年の譲位後も「自二神武天皇一百余代末孫周仁《かたひと》」等の自署を多数残し、[20]孫の霊元の「従二神武天皇一百十三代孫識仁《さとひと》」、[21]霊元の孫桜町の「人皇百十六代孫昭仁《てるひと》」、[22]後御桃園の急病死後に傍系から皇位を継承した閑院宮典仁親王第六王子（桜町の祖父東山院の曾孫）光格の「神武百二十世（花押）」[23]に共通する。嫡出男子による一系相続はなかったが、一貫して神武天皇の皇孫を自称した。易姓革命を拒否する自意識・主張を共有・相伝したと言える。

近世の歴代天皇は同時に、「大王」号も併用し続けた。陰陽道を家職とする公家土御門家の当主が天皇代替等の際に調進し、歴代天皇が実名を記入した「天曹地府祭都状」[24]（祈禱の祭文）では、慶長六（一六〇一）年の後陽成天皇の場合「日本国大王」の字句に続けて実名を自署し、慶長十八年十一月五日付の後水尾天皇から安政二（一八五五）年十一月十四日付の孝明天皇までの歴代は基本的に「大日本国大王」に続け実名を自署した。例外は、霊元法皇の正徳五（一七一五）年十二月三日付都状で「日本国太政天皇識仁」とある。なお将軍宣下時の都状では、慶長八（一六〇三）年の家康から嘉永七（一八五四）年の家定まで「日本国征夷大将軍」「源朝臣」に実名が加えられた。都状は、陰陽道の習律と先例により土御門家で文言を調えて進上し、天皇・将軍が空白箇所に実名を自署して返付したもので、(25)各人の個性を発揮し難いと考えられるが、歴代天皇が「大王」号の下に自署を加える慣行を「天皇」諡号再興後の仁孝・孝明両天皇までも続けたことに留意したい。(26)

「日本国王」号は、十五世紀初頭に足利義満が明に朝貢し皇帝から冊封を受けた称号であり、義教以降の室町殿も踏襲したが、(27)明帝国・朝鮮王国の併合を意図した秀吉の場合、講和過程の一五九六年に明の皇帝からの「豊臣平秀吉」「日本国王」の冊封を拒絶した。(28)江戸時代には、新井白石の提唱で朝鮮王国への国書で将軍に「国王」号を一時的に使用したが、(29)秀吉も歴代の徳川将軍も朝廷・天皇の存在を否定することなく許容し、自身では中華皇帝と冊封関係を持つことはなく、「王」を自称することも基本的にはなかった。

天皇・院と、「朝臣」の称を受容し、「王」を自称はしなかった近世の武家の首長との関係を、次節から具体的に検討したい。

2　後水尾院の歴史認識

「当時年中行事」序文

後水尾院（天皇・上皇・法皇、政仁《ことひと》、一五九六〜一六八〇）は、江戸幕府に擁立されて皇位を継承し、その子四人が相次いで皇位を継ぎ、譲位後も長命を保って三期の院政を敷き、最晩年まで朝廷内や幕府に影響力を維持した(30)。

主著の一つ「当時年中行事」は、将軍家光期に皇子後光明天皇のために当初著され、承応二（一六五三）年の火災で内裏とともに焼失した後、自身の手元に残った草稿本をもとに、寛文三（一六六三）年以降皇子霊元天皇に清書本、皇子後西院に中書本が伝えられ、天皇家の文庫で相伝された一本が京都御所東山御文庫に現存する。天和元（一六八一）年後西院から披見・書写を許された左大臣近衛基熙の写本の系統も流布伝播した(31)。その序文は元来、後水尾院から皇位を後継した皇子たちに向けた言で、院の歴史認識を明示する。東山御文庫本の序文を次に示す(32)。

> 順徳院の禁秘鈔・後醍醐院の仮名年中行事なといひて、禁中のこと〻ともか〻せたまへる物あり、まことにすえの世の亀鑑なり、されと此比のありさまにハ符合せす、其故いかなれは、世くたり、時うつり、（中略）応仁の乱より諸国の武士をのれ〳〵の力をあらそひて社領・寺領・公私の所領を押領する事、かそふるにいとまあらす、これよりこのかた、宮中日々に零落して、かの建保・建武のむかしにハ似るへくもあらす、時ありて内大臣信長公あめかしたを掌のうちにしてより、漸朝廷を経営する事になりぬ、就レ中東照宮（家康）叛逆の徒をたいらけ、四海の波風をしつめ、絶たるをつき、すたれたるをおこし、上を尊敬し、下を憐愍せらる〻志深かりしかは、金闕ふた度光をか〻やかす、相ついて台徳院（秀忠）太相国、今の征夷将軍左府（家光）にいたりて忠節をつくし、ことに百敷のふるき軒端をあらためて、玉をみかきなせる功、他日に倍せり、しかあれと、よろつの事、猶寛正の比にたにをよはさるへし、御禊・大嘗会其外の諸公事も次第に絶て、今ハ跡もなきかことくになれり、再興するに便なし、何事もみるかうちにかはりゆくすゑの世なれは、せめて衰微の世のた〻すまゐをたにうしなはてこそあらまほしきに、それたに又おほつかなく成もてゆかむ事のなけかしけれは、みてしり聞てしる人のたと〳〵しき事にハあらねと思ひ出るにしたかひて書付侍りぬ、うとき人にハゆめ〳〵見せらるましき物にこそ、

応仁の乱以降の経済的困窮、織田信長による朝廷再建始動、徳川家康・秀忠・家光三代による再建進捗と江戸時代前期

当時の朝儀の状況、大嘗祭を含む応仁以前への朝儀再興の願望、披見制限の意が述べられる。豊臣政権への言及を欠いて将軍家の行為を「忠節」と表現するが、武家政権が朝廷再建の主体であり、自主自力での再建は不可能であったことが明記されている点を確認したい。

自筆口上覚書

次に、皇子後光明天皇の急病死後の承応三（一六五四）年頃、療養のため「茶屋」（山荘）や宮門跡等への微行の希望を大老酒井忠勝に示し、将軍家綱への伝達を期待した後水尾院自筆で奉書文体の口上覚書の一節を示す。(33)

（前後略）後土御門院・後かしハ原の院・後奈良院、此三代ハ乱世にて禁中も微々になり、仙洞の御しつらひもと丶のひかね候故、御脱屣なく候、其後正親町院、太閤秀吉御ちそう申され候て、院にならせられ候へとも、御年七十にをよはせられ候故、万事御忘却にて、御幸なとの沙汰もなく候、後陽成院ハ東照宮《(家康)》と御不和の事候つる故、万事御つ丶しみの事候、其上御脱屣の後、程もなく候つる故、其御沙汰もなく候つる事候、

応仁の乱後に「脱屣」（生前譲位）が途絶し、豊臣政権・江戸幕府の支援により再興された現実が明記される。代替儀式・院御所経営の経費不足を朝廷自力では解決し得ず、近世の武家政権が再興主体であったことがここにも明記された点を確認したい。省略箇所では、他出時の所司代の警固簡素化と幕府への事前通告の緩和を求めている。近世の権力の再編を受容した朝廷集団の長である天皇・院が、移動の自由を有さなかった事にも注意したい。

3　左大臣近衛基熙の朝廷・幕府観と政治工作

「近衛基熙口上覚書」

本節では、後水尾院の皇女品宮常子内親王（霊元院の同母姉、无上法院）を室とした左大臣近衛基熙《もとひろ》（一六四八〜一七二二）の朝廷・幕府観と政治工作とを検証する。基熙は後に関白、太政大臣に進み、娘熙子が将軍家宣室となり、元禄・宝永年間に大きな影響力を行使した。検討素材は、仙台伊達家に伝わった「近衛基熙口上覚書写」[34]である。

近衛様御口上之覚

内々江戸江御下向も被レ遊候ハヽ、御対面ニ而可レ被二仰入一と被二思召一候へとも、御次而も無レ之ニ付、此度(延宝六年十一月十二日)兼寿(猪苗代)ニ被二仰含一候、

一、禁中向近年御用之義ニ付、万事相談等区ニ候故か、諸家之存念武家江不通事、

一、関白(鷹司房輔)・三公其已下列座相談之儀、多クハ関白御下知ニ而決定候事稀ニ候、其上関白・三公等一向領状無レ之事も、或　叡慮(霊元天皇)ニことよせ、或武威を軽ニことよせ、治定候事度々ニ候故、関白之職尸位之様ニ見え候へ者、諸家も自朝威ヲ軽々布被レ存事、

（一条略）

一、其身(基熙)御才学も無レ之、ケ様之義被二仰入一事も、御遠慮之至ニ被二思召一候へとも、譜代之摂録之臣ニて、已ニ一上ニも被レ任、此上後之職(関白)ニも被レ補候半ヲ、御辞退可レ被レ成義も無レ之候故、何とそ朝廷之御様子もわけのよろしき様ニ被レ成度思召候か、いかゝ可レ有哉、又ハ唯今迄之通ニ被レ成候而可レ然事歟、当分御身持弁かたく思召候ニ付、いか様とも御了簡次第、御異見をも被レ仰度思食候事、

一、御内意ヲ被二相頼一、朝威ヲ専ニ御執被レ成度と申御望ニてハ無レ之候、官位封禄公武之御恩ニ候ヘハ、朝廷之御為之事ハ勿論、太樹様(家綱)御為、曾御搆被レ成間布と申儀も、御冥加如レ何と思召候ニ付、如レ斯被レ仰事、

一、若右被レ仰候品、御尤ニ思召候ニをゐてハ、禁中御沙汰之義、関白・伝奏(花山院定誠・千種有能)一堂仕候上、越前守殿(戸田忠昌、京都所司代)へも被二仰通一度事、又ハ一堂ニ無レ之時ハ、関白より越前守殿ヲ御里亭へ被レ招候て、直々御談合被レ成候様ニ被レ成度事、又ハ品ニより直々其許(江戸)へも御内談被レ成度事、

一、大樹より之御馳走無二残所一様ニ思召候、此上ハ今一等朝廷之風儀之よろしく成申様ニハなり可レ申事之様ニ思召候故、御卒爾之様ニも可レ有レ之候へとも、被レ得二御異見一度御事、

此趣美濃守様(稲葉正則、老中)へ御次ニ被二仰達一、いか様とも御差図御頼被レ成度由、御意ニ候、

覚書の年次・人物比定と性質

この覚書は、霊元天皇の親政を批判し、摂家の朝議運営上の特別な地位を示す史料として着目されつつ、無年号のため年代・人物比定・性質について未確定部分を残して来た。[35]

前書部分には、近衛基熙が江戸に下向し伊達綱村に対面する機会がないとある。基熙は、延宝八（一六八〇）年六月二十三日、綱吉の将軍宣下参賀のため江戸下向の命令を武家伝奏から伝達され、七月二十七日京を発足し、八月十六日江戸で綱村と対面した。[36]これが下限となる。第四条に、すでに「一上ニも任」ぜられとあり、延宝五年十二月八日の左大臣昇任[37]が上限となる。前書部分に見える猪苗代兼寿は、仙台伊達家抱の連歌師で代々京都に在住して禄を受け、後水尾院や近衛家の連歌会にも列席した人物であり、[38]文末の美濃守は、老中稲葉正則で伊達綱村の岳父・後見人である。[39]

基熙の自筆日記を通覧すると、延宝六（一六七八）年十一月十二日条に「未刻、兼寿(猪苗代)来、明日下向二奥州一為二暇請一也、対、以レ序可レ言二伝仙台少将(伊達綱村)一事言含、」[40]という確証が得られる。本覚書は、延宝六年十一月十二日、京都近衛邸で左大臣

基熙から連歌師猪苗代兼寿に直接伝達された口上を兼寿が文章化した体裁で、基熙―兼寿―伊達綱村―老中稲葉正則の回路で江戸幕府への工作を企図した内部告発の書である。

霊元天皇(院)と近衛基熙

これより先、寛文三（一六六三）年皇位を継承した霊元天皇は、一七歳の同十年から官位沙汰の親政を開始した(41)。番衆編成や自身の素行については、なお暫く父の後水尾法皇や近衛基熙・武家伝奏に束縛されたが(42)、独自の近臣編成や譲位後の院参衆編成も企図し、母系の従兄弟東園基量・三室戸誠光や難波宗量等を取次として重用していった(43)。

基熙は、霊元親政下で朝廷運営から疎外され、前記の回路で「風儀」改善を訴えた。その要点は、①摂家間の官職競望関係から「関白之職尸位之様ニ見ヘ候へ者」（第二条）と関白鷹司房輔の機能不全を弾劾し、②「譜代之摂録之臣ニて、已ニ一上ニも被レ任、此上後之職（関白）ニも被レ補候半ヲ」（第四条）と自身の登用を期待し(44)、③寛文印知（五年・一六六五）で将軍家綱から一七九七石余の領知判物を下付され(45)、統一的知行体系に編入された身を自覚して「官位封禄公武之御恩ニ候へハ、朝廷之御為之事ハ勿論、太樹（家綱）様御為」（第五条）と給恩に対する奉公の対象を朝廷・幕府（将軍）の両者と規定する。「大樹より之御馳走無ニ残所一様ニ思召候」（第七条）と家綱から朝廷への支援を謝す。幕府に朝議運営上の権能を付与された(47)摂家の自負心を読み取ることができる(48)。

鷹司の後任の関白職には、天和二（一六八二）年霊元天皇に近い右大臣一条兼輝が超越して登用された。基熙は、元禄三（一六九〇）年に幕府の推挙で関白となり、同六年の霊元院から東山天皇への政務移譲後は、東山からの信任と徳川家宣との姻戚関係を背景に、宝永六（一七〇九）年の東山院の死去頃まで朝幕関係で政治力を発揮した(49)。

4　霊元院後半生の意識と行動

第二期院政と公武合体路線

父後水尾院に次ぐ長命を保った霊元院（天皇・上皇・法皇、識仁《さとひと》、一六五四〜一七三二）は、貞享四（一六八七）年の皇子東山天皇への譲位から元禄六（一六九三）年の政務移譲までの間と、皇孫中御門天皇代始の宝永六（一七〇九）年末の東山院病死後から享保初年まで、二期の院政を敷き朝廷に長期間君臨した。(50) 本節では、近衛基熙から内部告発された霊元の後半生の意識と行動を検証する。

先行研究は院政第一期の状況から、幕府の朝廷統制を容認し協調を図ろうとする近衛基熙と「朝廷復古」を目指し幕府の統制下に置かれることを潔しとしない霊元との立場の対立を重視するが、(51) 霊元の院政二期以降の後半生では、幕府との協調路線が顕著である。

正徳二（一七一二）年院政二期の霊元法皇は、父将軍家宣に先立たれ、元服の名付け親を欠いた四歳の鍋松に江戸からの要請に応え、勅筆の名字書出を与え家継と命名した。(52) 同五年には、将軍嫡母天英院・生母月光院からの要請に応え、七歳の将軍家継と二歳の法皇皇女八十宮（吉子内親王）との婚約を「公武御合体」推進のため許諾した。(53) 法皇が一五歳の中御門天皇や摂政九条輔実らを主導して裁可し、摂政や勅問に与る摂家衆には既定方針として伝達した。(54) 前関白太政大臣近衛基熙や、(55) 孫の右大臣近衛家久は内心では反対だった。(56) 翌六年に家継が夭折したため、八十宮の江戸入輿は実現しなかったが、この段階では、朝廷の政務を掌握した霊元院が江戸幕府の要請に応え公武合体路線を推進し、近衛家は反対しながらも公然とは異を唱え得ない非主流派と言えた。

霊元院自筆願文についての研究史

霊元院が、天皇家・諸公家・官人等の産土神で垂加神道の拠点でもあった京都寺町の下御霊神社[57]に祈願・奉納した自筆願文[58]は、その特異な内容が注目され、近世朝廷・朝幕関係史研究の基本史料の一つとして多くの論者によって取り上げられてきた。本文を提示する前に研究史を整理すると、祈願がなされた年代と文中の人物比定に定説がない。

宝永七（一七一〇）年祈願説[59]は、前年の天皇家の多病等が論拠で、願文に「悪臣」「邪臣」と記された神慮・将軍による排斥対象は、前関白太政大臣近衛基熙に比定される。また文中で朝廷支援強化を期待された「大樹」は家宣になる。けれども、前年の宝永六年譲位したばかりの皇子東山院が急病死し、九歳の孫中御門天皇が残されて霊元が朝廷政務を再度掌握し、第二期院政を開始する状況下、神慮にすがる程不遇であったか疑問が残る。

享保十三（一七二八）年説[60]の論拠は、霊元院の修学院山荘紀行「元陵日記」の下御霊社参詣記事中、同年には鳥居前でなく神前に立ち入ったという記載である。「悪臣」「邪臣」は基熙の孫の関白近衛家久（一六八七～一七三七）とされる[61]。家久の父は前摂政関白太政大臣家熙、生母は霊元院の女一宮憲子内親王（一六六九～一六八八、故人）で[62]、霊元は外孫の排斥を祈願したことになる。「大樹」は将軍吉宗と解される[63]。

他に、時期を保留しつつ、近衛基熙の退隠を祈願したとする説[64]、時期・対象人物とも保留したものもあるが[65]、諸説とも積極的な史料的根拠を欠き、検討が必要である。

願文の検討

願文と奥書を全文掲出する[66]。

（本紙）

祈願事

一、当年別而無病息災ニ、怪我・急病・不慮之災難等無レ之、年中安穏ニ而、所願成就之御加護偏奉レ憑事、

一、朝廷之儀、年々次第ニ遂レ日暗然、嘆敷無レ限、是併私曲邪佞之悪臣(近衛家久)執政既重二三代一、恣(慭)二己志一之故也、早以二神慮正直之威力一、早被レ退二彼邪臣(近衛家久)等一、可下守二朝廷復古之儀一給上事、

一、大樹(吉宗)重二朝家一之心、猶増加二深切一、早退二彼邪臣之謀計一、叨可レ有二沙汰一事、

(奥書、継紙)

右者、

霊元院法皇密々所レ被三祈申于二 下御霊社一之 御宸筆之 御願文也、其砌則返上了之処、後年至下被レ祭二天中柱皇神《あめのなかばしらのすめがみ》二之時上、又被レ納二之当社一、仍加レ軸以蔵三秘於二社庫一者也、

旹

享保癸丑(十八年、一七三三)初春(正月)吉日

次に、「下御霊社記録」[67]「兼香公記」[68]の二つの同時代史料から検討を加える。

①「下御霊社記録」所収の神主出雲路直元が作成した霊元院の二度の社参記録に、願文に関する所見はなく、享保十三(一七二八)年説の確証はない[69]。

②同所収の享保十七年子二月二十二日付春原直元「法皇御所　大祈禱之留　享保十七年子二月(廿二日より廿八日迄)」に、「廿一日、大宮御局へ参上、此度御祈禱ニ付、(中略)御願一通御渡被レ遊候、」「廿六日、(中略)今日新大納言御局(霊元法皇女中藤谷氏)より御内証ニ而先達而被二仰渡一候御祈禱、是茂当歳御ためニ凶年故、何之障も無レ之様之御祈禱廿日より一七ケ日被二仰付一」「廿八日、御満日、(中略)御所へ参、新大納言御局へ上り、(中略)上様(霊元法皇)江献上物、(中略)一、祈禱之状、箱入、」とあり、願文の伝達・返上を確認できる。

祈禱を管掌した新大納言局は、堂上公家藤谷家に生まれた霊元法皇の女中で天皇在位中は勾当内侍を勤め[70]、寛保二

（一七四二）年十月十七日に没した。(71) 兄の故藤谷為茂（一六五四～一七一三）は、貞享四（一六八七）年の霊元の譲位当初の「人分」けで院評定に登用され、(72) 元禄十（一六九七）年正月二十一日院伝奏に昇任し、(73) 正徳三（一七一三）年六月七日大納言に進み、十二日に辞官し未拝賀のまま翌日死去した。妹は院伝奏を勤めた東園基長（一六七五～一七二八）の室である。(74) 甥の藤谷為信（一六七五～一七四〇）も享保七（一七二二）年四月十六日に院評定役を拝命し、(75) 享保十三年七月一日院伝奏に昇任し、(76) 晩年の霊元法皇の取次を勤めた。(77) 新大納言局は、仙洞御所の表と奥の中枢に仕えた家系の出で、霊元院の仙洞御所の内儀（奥）の側近の人物である。

③享保十七（一七三二）年八月六日、霊元法皇が七九歳で死去すると、新大納言局藤谷氏は、鍼医師御薗意斎を遣わして下御霊社相殿への合祀の遺詔を神主出雲路直元に伝達し、右大臣一条兼香の後援を得た神主は鏡等を神体に十一月二十五日に「天中柱皇神」の神号で合祀し、二十七日には一条兼香も参詣した。(78) 局の使者を勤めた御薗意斎は、下御霊前町で諸役壱軒役を免除され、法皇御所から拾人扶持を給された鍼医で、歴代意斎を襲名し、第五代常或は享保十六年に霊元法皇を診察した人物である。(79)

④「霊元院　御所持御道具御奉納之留」に「享保十九年甲寅年十一月廿一日、智徳院殿（新大納言局藤谷氏）亭江参上、取次朝山主膳・大伴幸広、御奉納之品被二申渡一承、一太上天皇御祈願之御震〔宸〕翰一通、但、此御願書者、去享保十七年子ノ二月廿二日ヨリ廿八日ニ至ル七ケ日御不例之節、御祈禱於レ当社三相勤二之一、其御願書也、（中略、懐紙・末広・硯箱・屏風等あり）右都合十三色、霊元院〈太上天皇職〔識〕仁〉御所持之御道具、此度従智徳院殿、〈新大納言局、〉御奉納所也、当日廿五日、御火焼神事、殿内江奉納、最（ママ）智徳院殿（五条庸子、元内侍）・宝樹院殿（東久世博子、元内侍・上臈）・光音院殿・長光院殿御参詣、神供調進、奉幣祝詞奉レ抽二丹誠一者也、(80)」とあり、局から神主への願文の授受と祈願年代を確認できる。

⑤「兼香公記」百四十、享保十九年十一月二十五日条に、「盛興〔隠岐カ〕申云、昨日、於二下御霊社司亭一、此度自二天中柱皇神一下給御道具、〈皆、新大納言局沙汰云々、〉御懐紙、（中略）御願書、品々拝領、見二門弟中一、明日者為二御火焼一、智徳院以下女中

可レ有二参詣一沙汰云々、」とある。

⑥「兼香公記」百五十七、元文元（一七三六）年十月三日条に、「自二下御霊一　天中柱皇神御奉納道具持参、享保十九年甲寅十一月廿一日、智徳院亭被二相招一、取次朝山主膳・大伴幸広、奉納之品、一、太上天皇（霊元院）御祈願之御震〔宸〕翰一通、（中略）右近々可二借遣一所密々事云々、」「武家両伝　奏、〈冷泉大納言（為久）・葉室前大納言（頼胤）、〉入来、（中略）此序去比、前関白（近衛家久）内覧之事、従二武家（吉宗）一申二所意一、仍丹後守（土岐頼稔、所司代）壱分ニ両伝　奏迄三申入二之一、仍両伝不二申入一、相済、以後及二関東沙汰一之処、無念之故、過書被レ送二丹後守一之由、乍レ序為二心得一申入之由也、又　主上（桜町天皇、母は近衛家久異母妹尚子）江ハ、此間有二言上一、院（中御門院）・前関白未二申入一、関白（二条吉忠）江モ依二所労一未二申入一之由也、予云、本人江被レ申テハ如レ何、（中略）此　御震翰ハ下御霊社御願文、是王法御大節事、近年家久公振二我意一之故、其心内令二相改一之事、被レ加二其内一事云々、御願望終可レ為二火中一、其　御願望被レ解ニテハ、可二納陳一之由也、」とある。

以上から、この願文の年代・性格と伝来・伝播を確定できる。享保十七（一七三二）年二月二十二日から二十八日まで行われた法皇七九歳の凶年祈禱用の自筆願文であり（②④）、祈禱最終日の二月二十八日に仙洞御所に返上された（②）。八月六日の法皇没後、新大納言局藤谷氏（元勾当内侍、剃髪号智徳院）が鍼医御薗意斎を介し遺詔を伝え、右大臣一条兼香が後援して十一月二十五日に下御霊社相殿に天中柱皇神として合祀があった（③）。二年後の同十九（一七三四）年十一月二十一日に願文と他の遺品を保管した智徳院亭で神主出雲路直元に授けられ、同二十五日の祭礼時に神宝として奉納されたものである（④⑤⑥）。享保十八（一七三三）年正月の年紀の奥書は、実際の授受・奉納後に遡及した後付けである。

願文中の「悪臣」「邪臣」は関白近衛家久で、「大樹」は将軍吉宗である。霊元院は、孫の中御門天皇への政務移譲後の最晩年にも朝廷政治への執念と近衛基熙の孫家久に対する宿意を持続し（⑥）、神威と将軍吉宗の後援による家久の失脚と「朝廷復古」（私見では朝儀・神事の応仁以前への回復）を祈念したのである。願文は秘蔵されず、授受当初に神主出雲路直元宅で垂加神道の門人が（⑤）、二年後の元文元年（一七三六）十月三日には直元が右大臣一条兼香邸に持参して兼香が借用・披見し（⑥）、兼香が院の遺志を継承した。

5　一条兼香の天中柱皇神（霊元院）祭祀と朝廷運営・朝儀再興

前節に続けて、霊元院の遺志を継承した一条兼香《かねか》（関白・太政大臣、一六九二〜一七五一）の活動を明らかにする。兼香にとり近衛家は政敵であり、故霊元院は忠節・追慕の対象であった。「兼香公記」記載の事例を紹介する（行頭の数字は、謄写本の冊次）。

近衛家への対抗意識

①摂政家煕（基煕・霊元院同母姉後水尾院皇女品宮常子内親王夫妻の嫡男）批判

五、宝永七（一七一〇）年二月二十一日条（記主一条兼香は大納言、一九歳）では、摂政近衛家煕（四四歳）の無学（「不レ見二詩書六経一」）・有職不足、将軍家宣と同母姉煕子との婚姻関係による専横（「只関東いせい（威勢）為レ本」）と霊元院・故東山院との不和、霊元の意に副わない「行政」を批判する。

②関白家久（家煕男、異母妹は中御門院女御尚子、昭仁親王＝桜町天皇の伯父）への警戒

七十七、享保十一（一七二六）年九月十三日条（内大臣、三五歳）では、儲君昭仁親王祗候衆の中納言庭田重孝と面談し、「近衛家義（関白家久）、当時関東存念甚不レ宜之趣、或人物語也、是朝廷已一人にて有二沙汰一之故也、当時佐渡守（所司代牧野英成）へも大樹公（吉宗）申附有レ之哉、令二其沙汰一甚不レ然事也、又当春、松平讃岐守（頼豊、室は正親町実豊女）も於二正親町亭一、其儀令レ申二沙汰一云々、雖レ然、親王家為二外戚一、定而後世弥已一人可レ在二所意沙汰一、可レ恐々レ々、」と、六月一日関白となり間もない近衛家久（四〇歳）の外戚関係を背景とした専横を警戒する。

③前関白家久の内覧継続批判

元文元（一七三六）年八月二十七日、近衛家久（五〇歳）は関白を辞職し、左大臣二条吉忠（四八歳）が昇任するものの、家久の異母妹（桜町天皇生母）を正妃とする中御門上皇は、家久の内覧継続を決定した。

百五十三、同年五月十二日条には、院伝奏・前大納言園基香からの伝聞を交え「去頃自二関白（近衛家久）一以二両伝　奏一、改元相済、殊ニ入内已前、可レ有二辞退一之由被二申上一、即　洞中（中御門院）江其段被レ及二言上一之処、　院両伝　奏言上被二申上一之由也、未二沙汰一、院ニハ内々ニ而、関白有二御聞合一歟、殊外関白儀御用也、主上（桜町天皇）ニハ外戚申分不レ入二思食一、早速関東可レ被二仰遣一之旨思食也、而辞退以後ハ、　主上ニハ有二御器量一、依二其品一、御父子之間、不レ可レ然事ニ令レ存、只今さへ様子被二聞合一処、　院ニハ被レ違二　霊元院思食一、陽明家申分被レ立、　主上ニハ　霊元院思食可レ被レ立義也、」と記す。院政を敷く中御門上皇が、故霊元院の意を無視して近衛家重用を続け、霊元の意を尊重しようとする桜町天皇との父子間の意志の乖離が特筆される。

百五十六、同年八月二十五日条でも、「院（中御門院）　伝　奏園前大納言（基香）・難波中納言（宗建）等被レ申云、〈基香卿申レ之、〉近々関白（二条吉忠）　宣下、当時、主上（桜町天皇）・関白（近衛家久）有二御由緒一之間、内覧如レ元可レ被二　仰下一、古代者度々雖レ有レ之、近代無二御沙汰一」と、家久の内覧継続の異例さを説く。

百五十六、八月二十七日条にも「此日、吉忠公（二条）関白　宣下、（中略）此序前関白家久公（近衛）〈院御内意、主上不レ叶二思召一云々、〉内覧如レ元之由仰之由也、〈天文廿二年、二条晴良公以後中絶、〉」とある。百五十六、八月三十日条では「後光明院震筆記、　朝廷礼、自二古来一外戚以二由緒一振レ威、朕不レ願、（中略）可レ貴二聖語一、近代明主也、」と外戚重用を避ける旨の故後光明天皇の遺墨を称え、百五十七、九月三日条では「建武乱世、内覧三人有レ之、」と極言する。

百五十七、九月十六日条では、「於二霊元院一者、御自身御了簡、当時　仙洞（中御門院）皆自近衛・閑院等家内々相定、御器量以レ此可レ知レ之、只院ハ前関白（近衛家久）ノ申沙汰仏道計也、」と中御門院の器量を疑い、「此度、　仙洞自二陽明家一以二内通一贔ニ被二思食一、被レ引二中古潜例一、為二贅覧瘤意一再興、尤　院不二思食一、自二権門（近衛家久）一令二沙汰一、既正徳三年三月三日、父家熙（近衛）公に給二随身兵仗一、而彼時雖レ可レ申二内覧之事一、　霊元院御在世、不レ及二其儀一、此度及二此沙汰一、驚二象人一、仍兼而堅固密々俄ニ催二此沙汰一、而

「自二 宮中一可レ被二仰下一事、却而自レ 院被レ立二思食一事、於二陽明一者内知、而外不レ知、仍内心可レ為二喜悦一」として、院の贔屓は近衛家の示唆が根源で、霊元院は在世中抑制に努めたが、今は遮るものがないと批判する。続けて「陽明家称雖二嫡流一、彼家、信尋(近衛)公為二相続一、予亭(一条家)、昭(良)―公為二相続一、共後陽成院宮也、」と、近世初頭に後陽成院皇子が養子相続した近衛・一条両家は、同格で差がないと主張する。

百五十七、九月二十日条では、「抑 故殿(養父一条兼輝)者、自二霊元院一為二忠臣一事、思食異レ于二他家一御念比、仍去元禄三年辞退之時、密欲レ蒙二 内覧宣一、又再補之事、有二 院宣一、達而被二申断一之由也、是外祖父備前少将光政(池田)朝臣、依レ好二陽氏学・礼義・廉直一、有二尋常固辞々譲之教一」と、養父一条兼輝は霊元院の忠臣であり、外祖父池田光政の向学の教導から、家久の様な破格の扱いを辞退したと記す。

百五十七、九月二十九日条には内覧継続手続に関する江戸幕府からの異議が記される。「園前大納言(基香、院伝奏)来臨、密語、被レ申レ云、去廿四日、此度自二関東一、前関白内覧之事、依二旧例一被二 仰出一之上ハ、為二各別一、併慶長以後例ニてハ可レ無二子細一候、殊に永正比例、難レ用事歟、仮令慶長以後例ニも可二相成一事ニ候とも、関東江可レ有二御内談一事ニ令レ存、何様両伝 奏、此以後珍節事、仮令雖レ有二先例一、被二申止一歟、又諸司代迄被二 仰下一事ニ令レ存、此度一件ハ無二是非一、其通ニ而可レ然之由、丹後守(土岐頼稔、所司代)迄従二老中一申来云々、」とあり、幕府が、家久の内覧継続を異例としつつ事後承認はしたが、事前に朝廷の内慮を江戸に示し将軍の裁可を受けるべき案件であったと申し入れた事が判る。

④昇進停滞への不満と前関白近衛家久への准三宮宣下批判

元文二(一七三七)年八月三日、関白二条吉忠(四九歳)が病気で辞職し即日死去した。

百六十三、同年七月六日条には、「予家例、関白皆四十未満関白也」と四六歳になる自身の昇進停滞への不満を記す。五歳年長の家久と三歳年長の吉忠に塞がれた鬱屈がみえる。

百六十四、同年八月十六日条には、「午刻、依レ召参 内、(中略)主上(桜町天皇)被レ 仰云、当時関白闕御内意被二 仰出一之由也、

（中略）関東無二別条一、為二用意一被二　仰聞一之由也、予云、申二畏奉之由一、併此度不レ順レ道、尤予家例雖二遅引一、如二此度一儀、為二邂逅一、勅定之趣令二畏奉一之由三言上二之一、（中略）主上被レ仰云、前関白《（近衛家久）》所労危急之由、為二外戚一　准后　宣下可レ被二仰出一哉、予心中、如二家熙《（近衛）》公一為二外祖父一、而彼公為二其子息一、近年不レ他二摂家一、彼家計如何、然とも為二　勅定一之故、不レ申二其儀一」とある。桜町天皇から江戸幕府の同意を得て関白に発令する旨の内示を受け、病気危急の近衛家久への准三宮宣下にも不本意ながら同意する。関白への途が開けても、近衛家優遇への批判が止まない事に注目したい。

天中柱皇神の祭祀

下御霊社の相殿に天中柱皇神の神号で合祀された霊元院への兼香の関わりを「兼香公記」と下御霊社神主の「出雲路直元日記」（東京大学史料編纂所架蔵写真帳、元文三（一七三八）年〜延享三（一七四六）年、三七冊）から提示する。

①「兼香公記」から

4節第三項③⑤⑥で前述した様に、兼香は、享保十七（一七三二）年十一月二十五日の霊元院＝天中柱皇神の下御霊社相殿合祀前後から関わりを続け、元文元（一七三六）年十月三日には願文その他の遺品を披見した。

享保十九年十二月三日には、神主出雲路直元の請願と智徳院藤谷氏・宝樹院五条庸子の申し入れに応え、「天中柱皇神日供米之事、白米二石可レ為二寄進一之由、然者来卯《（享保十八年）》元日以後、日供令レ進レ之、毎祭日可レ供二神膳一之由也、」と神供米寄進を決定した（百四十）。同二十年十一月二十五日には、下御霊社神主家から恒例の天中柱皇神火焼の神膳を受け取り（百五十）、享保二十一年二月二十一日には嫡男の大納言道香（一五歳）を下御霊社に差し向け天中柱皇神・垂加翁（山崎闇斎）を参拝させている（百五十一）。

下御霊社は、禁裏との関係も濃く、元文二（一七三七）年九月二十八日条には「此日下御霊社、自二　禁中一被レ上二御湯一、内々御沙汰也、」（百六十五）、元文二年閏十一月三日条には「直元《（出雲路）》来、此日女御《（二条舎子）》々産御祈禱終（筆者注、十一月十一日、桜町

天皇第一皇女美喜宮誕生)、御札幷御守等献二宮中一、是大典侍局沙汰、」(百六十七)という記事がある。

②「出雲路直元日記」から

本日記には、下御霊社への禁裏、一条家、諸公家・諸門跡、地下官人、洛中の町人他からの多様な帰依・信仰が綴られる。神主直元(一六八二〜一七四八)の父信直(一六五〇〜一七〇三)は、山崎闇斎が創始した垂加神道の有力な門人であった。[81] 直元の娘清耀院はもと霊元院の女中を勤め、寛保元(一七四一)年十二月一日に光音院(元掌侍東久世博子)宅で翌戌年の「三十三才厄」を祝われ(日記一四)、同二年十月十九日に智徳院(新大納言局藤谷氏)の訃報を宝樹院(元少将内侍五条庸子)からの触状で報知され(日記二二)、同年十一月一日にも同人からの新嘗会(祭と節会)前の僧尼参内停止を告げる触状の触留とされる等(日記二二)、故霊元院の後宮の所縁に連なり続けた。

光音院を例にすると、父の東久世通廉は、貞享元(一六八四)年二月二十三日に霊元天皇の近習年寄(議奏、役料一〇〇石)に登用されて九月二十三日に死去した人物である。[82] 本人は、貞享二年十月十三日に内侍に「めしおかれ」[83]、当初の知行高は一〇〇石で、正徳六(一七一六)年上臈とされ知行高一〇〇石蔵米二〇石を給され、宝暦二(一七五二)年三月二十日に八一歳で死去した。[84] 最晩年にも切米を給付され[85]、所有する居宅には「諸役御免除之札」を拝領していた。[86]

例年十一月二十五日の天中柱皇神(霊元院)の火焼神事への神供の備進者は、経年変化はあるが概ね関白一条兼香、智徳院(もと勾当内侍、新大納言局藤谷氏)・光音院(もと掌侍東久世博子)・宝樹院(もと内侍五条庸子)・長光院の女中、故霊元法皇最後の院伝奏藤谷為信・議奏(もと法皇の院参衆)[87] 武者小路公野・伏原宣通・芝山重豊の堂上公家、鍼医御薗意斎・絵所預土佐光芳等地下四名と宮本(神主)であった(日記一、元文三〈一七三八〉年。四、四年。九、五年。一三、寛保元〈一七四一〉年、一四、三年)。火焼の日には、下御霊社座敷に兼香真筆の「天中柱皇神」神号が掛けられ、兼香や女中衆の代参・参詣と初穂料奉納があり、神主からは供物の赤飯・みかん・饅頭・のしが贈られた。正月元日に本社相殿の天中柱皇神に供えられた鏡餅も、四日の鏡開き後、関白兼香・女中衆・芝山重豊・御園意斎・土佐光芳等に分けられた(日記一九、延享二〈一七四五〉年。三五、同三年）。

ここでは、霊元院の遺臣の結合とともに、関白一条兼香（在職期間一七三七～四六）・議奏武者小路公野（在役期間一七三三～四三）・同芝山重豊（在役期間一七四七～五二）等、霊元院亡き後の新時代の朝廷運営の中枢層や、元文三（一七三八）年に再興された大嘗祭の悠基主基屏風を調進した絵所預土佐光芳を含む構成に注目したい。

さらに元文四年九月一日に一条関白家諸大夫保田忠辰・中小姓小早崎典膳が神主直元から「神代巻講習」を受け始め（日記三）、寛保二（一七四二）年九月七日に関白兼香の嫡男右大臣道香が本社や庚申相殿の垂加霊社（山崎闇斎）に参詣している（日記一二）。貞享二（一六八五）年の関白兼輝の入門以来の垂加神道受容を、一条家は続けた。[88]

関白一条兼香を中心とする天中柱皇神の祭祀と下御霊社神主家との結合は、後に宝暦事件で問題化する公家社会での垂加神道受容拡大の一因となったと考えることができる。

昇進と朝儀再興、桜町天皇の自足・自己規定

近衛家久亡き後、一条兼香は昇進した。元文二（一七三七）年八月十八日に内覧の消息宣下があり（右大臣、四六歳）、同年八月二十九日についに関白に就き、十一月七日には左大臣を兼ね、朝廷運営・朝儀執行の中枢を占めた。兼香は、将軍吉宗の後援下に、元文三（一七三八）年の桜町天皇の大嘗祭再興、同五年の新嘗祭再興や延享元（一七四四）年の甲子革令に伴う上七社・宇佐・香椎宮奉幣使発遣再興等、朝廷神事の拡充に参画した。[89][90]

かつて霊元院は関白・摂政一条兼輝とともに貞享四（一六八七）年皇子東山天皇代始に大嘗祭再興を実現させたが、幕府の理解と財政支援が不足し、儀制の不備は左大臣近衛基熙等の批判を招き、経済的負担は公家や地下官人に転嫁され、朝廷内に確執が残った。霊元は孫の中御門天皇との間で、大嘗祭挙行を見送る旨の「勅約」を遺して逝った。[91][92]

霊元法皇が晩年の享保十七年二月に下御霊社での祈禱の自筆願文で念じた「朝廷復古」を、桜町天皇や関白一条兼香等

が進捗させたと言える。けれども大嘗祭再興の意思の有無を当初打診し、一連の再興を許容し経費を支出したのは、江戸幕府・将軍吉宗であった(93)。

延享三（一七四六）年二月二十八日、兼香は近世の一条家で最初の太政大臣に昇任し（五五歳）、同年十二月十五日に嫡男道香（二五歳）が関白を継ぎ、一条家はかつての近衛基熈・家熈・家久三代に比肩する全盛期を迎える。

諸朝儀の再興を果たした桜町天皇は、延享三年三月三日、参内した関白太政大臣一条兼香に譲位の内慮を示した。「兼香公記別記」の記載を示す(94)。

（上下略）当　御代之間、関東ヨリ毎事御丁寧ニ御沙汰有レ之、公事御再興も御近代ニ越候而、　叡感不レ斜御事候、御近代　御在位廿ケ年ニ及候得共、右御連続、殊御再興等　御近代ニ越候上、多年　御在位被レ遊候御事、　神慮も却而被レ恐　思召候、依レ之　御譲位之儀被レ為レ有度被二　思召一候、

天皇代替は、仙洞御所の整備と移住、上皇の料所一万石の設定、譲位受禅・即位・大嘗会の儀式等、江戸幕府による臨時の財政支出が必須で、事前に朝廷から天皇の内慮を示し、幕府・将軍の承認を得る慣行が守られた。幕府の承認を得て延享四（一七四七）年五月二日に譲位が実現したが、上記の文言には桜町天皇の江戸幕府からの助成と諸朝儀再興に対する自足感が強く表明されている。

桜町院が譲位の前後に皇子桃園天皇に伝授し、桃園自筆で禁裏文庫に相伝された「宸筆禁中例規御心覚書」は、江戸幕府との関係から天皇の裁量権限を自ら限定する(95)。

譲位已前度々被二仰聞一条々、（二条略）

一、関東へ御内慮之分、

大臣已上昇進　法中紫衣　堂上養子　医師法印　臨時公事類　御再興類

一、堂上嫁組武辺へ被レ達計、不レ及二御内慮一、神階ハ自二両伝奏一披露已前、聞合ニ而相済事、

一、大礼（天皇代替）之分、御内慮已前、三公（三大臣）へ被二尋下一事、

（中略）

右、延享四年冬、以二坊城（俊逸）一御心覚之帳面、自二院中（桜町院）一被レ下レ之、三公（摂政左大臣一条道香・右大臣近衛内前・内大臣二条宗基）へも申入、職事も被レ承義也、雖レ然未レ被二
仰出一事、

おわりに

これまで述べてきた要点をまとめ、本稿の結びとする。近世の天皇・院と、江戸幕府から朝議運営・朝廷統制機能を付与された五摂家とは、天皇家内部や摂家間、及び六者相互にも種々の案件や官職・有職を巡る確執・緊張関係を内包したが、共通して江戸幕府と将軍への期待・依存を持続した。天皇・院は、朝廷＝公家身分集団の長であったが、強大な将軍権力を認識し、自身の裁量権限の範囲を意識し自己規制した。近世の体制下、天皇家は京都での最恵層にあり、幕府からの助成には一定の自足感も抱いた。

霊元院最晩年の享保十七（一七三二）年の自筆祈願文には「大樹（将軍吉宗）」への期待が明記されており、「朝廷復古」を標榜した獲得目的は、江戸幕府と共存してその人事権と財政出動に依存しつつ、助成を引き出し、応仁の乱後に廃絶した諸朝儀の再興を果たす事にあった。霊元と近衛基熙との幕府に対する路線の相違という見解[96]も、院政二期の公武合体路線・願文の内容・後継者一条兼香と桜町天皇の行動を含めて検証すると、首肯し難い。霊元院と一条兼輝・兼香の共通項として重視すべきは、垂加神道への接近と朝廷神事再興への傾斜であり、近世の歴代天皇・院が、江戸幕府に反感を持続して全面対決や権力闘争の主体となったとは考えられない、というのが小稿の結論である。

幕末維新期への変化をどのように捉えるかは扱わず、課題として残したが、先行研究が重視する光格天皇の行動[97]も、江

戸幕府に期待・要求し、幕府の許容範囲内に留まるものと言える。武家伝奏人事の事例では、朝廷からの候補者を江戸に示す内慮伺いに応え幕府が決定する方式が文久二（一八六二）年まで続けられ、同年末に初めて朝廷で決定し幕府に事後伝達する様に転換した。(98) 文久三年三月七日に将軍家茂が参内し、初めて政務委任の勅命への謝辞を述べた。(99) 幕府による大政委任の制度化は、この時に始まる。(100) 宮地正人氏は、幕末の国際関係における朝廷から幕府への信頼低下や諸階層の動向を論じるが、(101) 孝明天皇自身の幕府への期待と佐幕主義は不変だった。慶応三（一八六七）年の「王政復古」は、幕府とともに近世の朝廷機構と公家社会とを遍く否定・解体するものであった。(102) 近世の朝廷・幕府の不可分の関係と体制の強固さを主張し、本論を終える。

（1）山口和夫「近世天皇・朝廷研究の軌跡と課題」村井章介ほか編『講座前近代の天皇5』（青木書店、一九九五年）。

（2）深谷克己『近世の国家・社会と天皇』（校倉書房、一九九一年）一九一〜一九二頁。

（3）三上参次『尊皇論発達史』（一九〇七年から二六年にかけての東京帝国大学での講義録を整理刊行、冨山房、一九四一年）、徳富猪一郎「幕府の朝廷圧迫」同『近世日本国民史22　宝暦明和篇』（民友社、一九二六年）、辻善之助「江戸時代朝幕関係」同『日本文化史Ⅴ』（春秋社、一九五〇年）等で主唱され、以下に踏襲される。①松尾美恵子「後陽成天皇」・「後水尾天皇」・「霊元天皇」児玉幸多編『日本史小百科　天皇』（近藤出版社、一九七八年）、②樋口誠太郎「霊元天皇」『歴史と旅臨時増刊号15　歴代天皇総覧』（一九八五年）、③高瀬広居『天皇家の歴史』（河出書房新社、二〇〇五年）「第一〇六代　正親町天皇　覇王信長との闘い」・「第一〇七代　後陽成天皇　秀吉の尊王と家康の陽尊陰抑」・「第一〇八代　後水尾天皇　徳川幕府への反撃」・「第一一二代　霊元天皇　尊王の灯を燃やしつづけて」、④篠田達明『歴代天皇のカルテ』（新潮選書、二〇〇六年）。霊元天皇（院）について、①は幕府の圧迫による「院政の挫折」を記し、②は下御霊神社の願文について、近衛基熙とその背後の幕府に対する反感を露にしたと述べ、③は幕府が霊元の意に反して前関白近衛基熙と新井白石の工作により閑院宮家を創設し、上皇は下御霊神社に願文を奉納し糾弾したとする。④は「江戸時代の朝廷はいずれも幕府によって粗略にあつかわれ、財政的にも窮乏した」と記す（一一六頁）。

(4) 河内祥輔「朝廷再建運動―朝廷　幕府体制成立史の視点―」(『前近代における王権』シンポジウム報告、第一〇三回史学会大会、二〇〇五年十一月)。
(5) 宮地正人「明治維新の論じ方」『駒沢大学史学論集』三〇(二〇〇〇年)。同『天皇制の政治史的研究』(校倉書房、一九八一年)を前提に、幕藩体制そのものが公武合体を前提に成立し、朝幕合わさって初めて公儀・公権力たり得、江戸幕府は武威による国際関係とキリシタン禁制等で朝廷の信頼を勝ち取り、近世朝廷は自足していたという見解を示す。
(6) 石井良助『天皇―天皇の生成および不親政の伝統―』(山川出版社、一九八二年)。
(7) 橋本政宣「禁中并公家中諸法度の性格」同『近世公家社会の研究』(吉川弘文館、二〇〇二年)。
(8) 久保貴子『近世の朝廷運営』(岩田書院、一九九八年)。
(9) 霊元上皇自筆の著「乙夜随筆」の「武蔵野は根本魔所也」という一節は、前注(3)②等で反幕府感情の論拠とされる。和歌を素材とした近藤啓吾「霊元天皇の御聖徳」『神道史研究』三六巻四号(一九八八年)は、章句中から「聖徳」的要素を抽出・重視する。
(10) 藤田覚「宣命」歴史科学協議会ほか編『歴史をよむ』(東京大学出版会、二〇〇四年)。
(11) 犬丸義一「解説　天皇制研究の歩み(上)」同編集『歴史科学大系十七　天皇制の歴史(上)』(校倉書房、一九八六年)二四五頁。
(12) 上島享「中世王権の創出と院政」共著『日本の歴史08　古代天皇制を考える』(講談社、二〇〇一年)、五味文彦編『日本の時代史8　京・鎌倉の王権』(吉川弘文館、二〇〇三年)、村井章介『日本の中世10　分裂する王権と社会』(中央公論新社、二〇〇三年)、「特集/日本中世王権論の世界」『歴史評論』六四九(二〇〇四年)、本郷和人『新・中世王権論―武門の覇者の系譜―』(新人物往来社、二〇〇四年)等。
(13) 山本博文「統一政権の登場と江戸幕府の成立」歴史学研究会・日本史研究会編『日本史講座5』(東京大学出版会、二〇〇四年)。
(14) 山口和夫「近世の家職」『岩波講座日本通史14』(一九九五年)、同「統一政権の成立と朝廷の近世化」山本博文編『新しい近世史1』(新人物往来社、一九九六年)。
(15) 山口和夫「近世初期武家官位の展開と特質について」橋本政宣編『近世武家官位の研究』(続群書類従完成会、一九九九年)、

高木昭作『将軍権力と天皇―秀吉・家康の神国観―』（青木書店、二〇〇三年）。
(16) 基本的な事実関係は、東京大学史料編纂所編纂・発行『大日本史料』第十二編之十三、慶長十九年四月五日・十六日条、同二十、元和元年五月十六日条、同二十二、元和元年七月十七日・三十日の各第一条に基本史料が公刊され、明らかである。
(17) 山口和夫「天皇・院と公家集団」『歴史学研究』七一六（一九九八年）、同「朝廷と公家社会」歴史学研究会・日本史研究会編『日本史講座6』（東京大学出版会、二〇〇五年）。
(18) 吉田孝『日本の誕生』（岩波新書、一九九七年）、同『歴史のなかの天皇』（岩波新書、二〇〇六年）。
(19) 藤田覚「天皇号の再興」同『近世政治史と天皇』（吉川弘文館、一九九九年）。
(20) 前注(3)辻書、一四〇～一四二頁。
(21) 寛文九（一六六九）年十月二十七日「霊元天皇宸筆天皇系図」奥書自署（京都御所東山御文庫原蔵、東京大学史料編纂所架蔵台紙付写真）。
(22) 享保二十（一七三五）年九月二十一日「宸筆女御尚侍位次御問答」奥書自署、帝国学士院編纂『宸翰英華』二―一〇七七（紀元二千六百年奉祝会、一九四四年）。
(23) 寛政元（一七八九）年閏六月十一日「官位定条々」奥書自署、毎日新聞社編集・発行『皇室の至宝　東山御文庫御物三』（一九九九年）一六〇～一六一・二三七頁。
(24) 「土御門文書」一（東京大学史料編纂所架蔵影写本）。
(25) 山口和夫「公家家職と日記」歴史科学協議会ほか編『歴史をよむ』（東京大学出版会、二〇〇四年）。
(26) 一八八九年公布の「大日本帝国憲法」により国家元首の正称は「天皇」と定められたが、外交文書邦文上では日本の天皇は一九三六年まで「皇帝」と表記され続けた（網野善彦「天皇　呼称と代数」『日本史大事典4』平凡社、一九九三年、一二五一頁）。漢字文化で天上の至高の存在を意味し、他国の「皇帝」との差異を強調した「天皇」号は、極論すれば一九三六年に漸く確立したと言える。
(27) 佐藤進一『足利義満　中世王権への挑戦』（一九八〇年初版、副題を改めて平凡社ライブラリーで一九九四年刊）八・九章。
(28) 河上繁樹「爾を封じて日本国王と為す」京都国立博物館編集『特別展覧会　妙法院と三十三間堂』（日本経済新聞社、一九九九年）。

(29) 徳富猪一郎「朝鮮に対する王号復旧」同『近世日本国民史　元禄享保中間時代』(民友社、一九二六年)六章。

(30) 山口和夫「近世史料と政治史研究」石上英一編『日本の時代史30　歴史と素材』(吉川弘文館、二〇〇四年)。後水尾院の後半生については、皇位からの退隠と風雅の趣味への沈潜が注目されるが(熊倉功夫『後水尾院』朝日新聞社、一九八二年)、修学院山荘への他出の外、延宝六(一六七八)年に父系の甥(同母弟で摂家を継いだ故一条昭良の次男)醍醐冬基の清華家格での新家取立と知行三〇〇石給付の要求を実現する等、最晩年まで江戸幕府・将軍家綱との回路と影響力を維持し、厚遇を享受し続けた。

(31) 和田英松「後水尾天皇　当時年中行事」同『皇室御撰之研究』(明治書院、一九三三年)。

(32) 米田雄介「朝儀の再興」辻達也編『日本の近世2　天皇と将軍』(中央公論社、一九九一年)一五八頁掲載図版に拠った。

(33) 京都国立博物館編集・発行『京都国立博物館蔵　宸翰』(二〇〇五年)「57後水尾天皇宸翰覚書」。酒井家旧蔵の長文の巻子で封紙綴目印下に「政仁(後水尾院)勅印」の墨書がある。

(34) 東京帝国大学編纂・発行『大日本古文書　家わけ第三　伊達家文書』五―二一七二(一九一〇年)。なお本文での検討作業を踏まえ、人名注・傍注を付した。

(35) 高埜利彦「江戸幕部の朝廷支配」『日本史研究』三一九(一九八九年)、同『近世日本の国家権力と宗教』(東京大学出版会、一九八九年)序四頁、同『日本史リブレット36　江戸幕府と朝廷』(山川出版社、二〇〇一年)六三～六四頁等。

(36) 名和修「近衛基熙延宝八年関東下向関係資料」村井康彦編『公家と武家』(思文閣出版、一九九五年)。

(37) 黒板勝美ほか編輯『新訂増補国史大系　公卿補任』第四篇(吉川弘文館、一九八二年)。

(38) 平重道編『仙台藩史料大成伊達治家記録八』(宝文堂、一九七六年)解説二一頁。

(39) 「寛政重修諸家譜」巻六百八。

(40) 「基熙公記」五、東京大学史料編纂所架蔵陽明文庫本写真帳、延宝六年十一月十二日条。

(41) 「无上法院殿御日記」五、東京大学史料編纂所架蔵謄写本、寛文十年正月十三日条。「内府(近衛基熙)、関白(鷹司房輔)とのへなる、九日にえんにん有し御ようの事也、暮にすみしくハん位のすみやうの所きこしめさるへきとの仰ゆへ、みな〱猶よりあひ給ひ、くはん白殿より書付あけらるゝ、ことしより　上(霊元天皇)の御さはきに成ゆへ也、今まてハ　上の御おさなきにより、みな〱の衆・てんそうなとせんきにてさたまりし也、程なく御せいしんゆへ、何事も　上の御さはきニ成事、まことにめてたき事いふはかりなし、いよ〱

天下太平御長久と内府もろともにいはふ、」とある。
(42) 田中暁龍「江戸時代議奏制の成立について」『史海』三四（一九八七年）、同「江戸時代近習公家衆について」『東京学芸大学附属高等学校大泉校舎研究紀要』一五（一九九〇年）。
(43) 前注(17)山口論文「天皇・院と公家集団」。
(44) 摂政・関白の人事権は、江戸幕府・将軍家にあった（前注(14)山口論文「近世の家職」）。
(45) 『内閣文庫所蔵史籍叢刊82　徳川家判物幷朱黒印（一）』（汲古書院、一九八八年）一八頁。
(46) 大野瑞男「領知判物・朱印状の古文書学的研究」『史料館研究紀要』一三（一九八一年）。
(47) 前注(35)高埜論文、前注(14)山口論文。
(48) 但し基熙の工作は、奏功しなかった。連歌師の口上と内証の人脈に頼る行動で覚書の趣意が老中稲葉正則に届いたかは未確認だが、深刻な家中対立（伊達騒動）と寛文十一（一六七一）年の幕府の裁許を経験した綱村が、主筋の霊元天皇や上役の関白鷹司に対する下位者からの弾劾を幇助したか疑問も残る。また延宝八（一六八〇）年に家綱が死去すると、新将軍綱吉が幕閣を再編し、稲葉の地位も変化した。
(49) 前注(3)三上書、八二〜八八頁。前注(29)徳富書、五章「近衛基熙」。
(50) 山口和夫「霊元院政について」今谷明・高埜利彦編『中近世の宗教と国家』（岩田書院、一九九八年）。
(51) 久保貴子『近世の朝廷運営』（岩田書院、一九九八年）三・四章、高埜利彦編『日本の時代史15　元禄の社会と文化』（吉川弘文館、二〇〇三年）六〇頁。久保書には、前注(50)のもととなった筆者の宗教と国家研究会例会報告（一九九四年六月）後、初出稿に十数箇所の無断挿入と修正が加えられ、吟味を要する。
(52) 前注(50)山口論文、三一五〜三一七頁。
(53) 院伝奏東園「基長卿記」二十八（東京大学史料編纂所架蔵謄写本）、武家伝奏徳大寺「公全公記」六十三・六十四（同前架蔵原本）、正徳五年九月二十三日・十月六日条。前注(50)山口論文、三一七〜三一八頁。
(54) 左大臣二条「綱平公記」七、東京大学史料編纂所架蔵自筆原本、正徳五年九月二十三日条。「院中番衆所日記」、宮内庁書陵部所蔵本、同日条。
(55) 前注(3)三上書、八八頁。

(56)「家久公記」一、東京大学史料編纂所架蔵写真帳、正徳五年九月二十三日条。
(57)下御霊神社著・発行『下御霊神社誌』(一九〇七年)。
(58)「霊元天皇宸翰御願文」一巻。一九一六年「筆蹟及墨蹟」乙種(古社寺保存法施行細則第六条「由緒ノ特殊ナルモノ」)として国宝に指定(黒板勝美編『特建国宝目録』岩波書店、一九二七年、二・二一頁)、現在は重要文化財である(文化庁「国指定文化財等データベース」)。
(59)東京大学史料編纂所編纂『古文書時代鑑』正輯下一三五(一九二五年)「霊元天皇宸筆御願文」解説一一七頁、帝国学士院編纂『宸翰英華』本篇第二冊(紀元二六〇〇年奉祝会、一九四四年)「八七八　宸筆御願文」、日本歴史学会編『演習古文書選　続近世編』(吉川弘文館、一九八〇年)「三七　霊元天皇願文」解説、高埜利彦『日本の歴史13　元禄・享保の時代』(集英社、一九九二年)二一六～二一七頁、同『日本史リブレット36　江戸幕府と朝廷』(山川出版社、二〇〇一年)六八～七〇頁、同編『日本の時代史15　元禄の社会と文化』(吉川弘文館、二〇〇三年)七三～七四頁、羽田聡「57霊元天皇宸翰祈願文」京都国立博物館編集『神々の美の世界』(産経新聞社、二〇〇四年)二三八頁、等。
(60)京都府編纂・発行『宸筆集』(一九一六年)下「八九　霊元天皇御祈願文」解説、徳富猪一郎『近世日本国民史22　宝暦明和篇』(民友社、一九二六年)八八～九一頁、所功「霊元上皇の御祈願文」『皇学館大学史料編纂所報』九四(一九八八年)、近藤啓吾「霊元天皇の御聖徳」『神道史研究』三六巻四号(一九八八年)等。
(61)前注(60)所論文。
(62)「近衛家譜」、東京大学史料編纂所架蔵原本。
(63)前注(60)京都府編纂書・所論文。
(64)文化庁監修『重要文化財22　書跡・典籍・古文書V』(毎日新聞社、一九七七年)八九頁「218霊元天皇宸翰御祈願文」)、米田雄介「朝儀の再興」辻達也編『日本の近世2　天皇と将軍』(中央公論社、一九九一年)一九二～一九四頁。
(65)高埜利彦「江戸幕府の朝廷支配」『日本史研究』三一四(一九八八年)、前注(50)山口論文、三一九頁。
(66)前注(60)京都府編纂書下「八九　霊元天皇御祈願文」の願文・奥書の図版・翻刻文、前注(59)日本歴史学会編書「三七　霊元天皇願文」の願文図版と願文・奥書翻刻文を参照し、本文での検討作業に基づき人名注・傍注を付した。
(67)「下御霊社記録」(東京大学史料編纂所架蔵謄写本、一八八七年京都下御霊社蔵本写)。

(68)「兼香公記」（東京大学史料編纂所架蔵謄写本、一九〇四年東京市一条実輝蔵本写）。

(69) 神主従五位下摂津守春原（出雲路）直元・悴信丸「享保八年卯四月六日修学院江霊元院法皇御所御幸之節、当社江被レ為二御輿寄一候覚書」、享保十三年戊申二月十一日神主従五位下摂津守春原直元・悴主計「享保十三戊申年二月十一日　法皇御所修学院御幸ニ付、当社江被レ為レ遊二御立寄一候覚書」。

(70)「藤谷家譜」、東京大学史料編纂所架蔵原本。

(71)「出雲路直元日記」二二、寛保二年十月十九日条（東京大学史料編纂所架蔵写真帳）。

(72)「勧慶日記」三十七、貞享四年三月十三日条（東京大学史料編纂所架蔵写真帳「勧修寺家旧蔵記録」四八〇）。

(73)「兼輝公記」二十九、元禄十年正月二十三日条（東京大学史料編纂所架蔵謄写本）。

(74)「藤谷家譜」。

(75)「滋野井公澄日記」二十三、京都大学総合博物館所蔵自筆原本。

(76)「院中御日次」（京都御所東山御文庫本、勅封番号一一八函一三—四）下、東京大学史料編纂所架蔵写真帳。

(77) 今江広道等校訂『史料纂集　通兄公記　第二』（続群書類従完成会、一九九二年）享保十四年二月十九・三月二十三日条、十六年二月二十二日条。「有徳院殿御実紀」三十三、享保十六年三月六日条『新訂増補国史大系四十五　徳川実紀』第八篇（吉川弘文館、一九三三年）。京都大学附属図書館所蔵平松文庫「院中条々」。

(78) 享保十七年十一月下御霊神主春原直元「太上天皇〈識仁〉御魂奉祭下御霊社記」（「下御霊社記録」所収）。右大臣一条「兼香公記」百二十六、享保十七十一月二十二日条に「下御霊直元来、見レ之、去夏　太上天皇、内々　院宣云、於二　御尊骨一者被レ納レ於二泉涌寺一、然とも日本国者神道之義、自二往古一年久」、二十六日条には「天中柱皇神之神膳令三持参二之一」とある。

(79) 岩生成一監修『京都御役所向大概覚書』上、清文堂史料叢書（一九七三年）「諸役寄宿御免居之事　享保元申改」「諸役御免除之分」、一二八頁、同下、「医師・儒者之事」「針立」、一二四頁、京都府医師会医学史編纂室編集『京都の医学史』（京都府医師会、一九八〇年）一一五〇〜一一五二頁。

(80) 享保十九甲寅歳十一月二十五日下御霊社神主摂津守従五位下春原直元「霊元院　御所持御道具御奉納之留」（「下御霊社記録」所収）。

(81) 橋本政宣・小宮木代良・馬場章「採訪調査報告15　下御霊神社・出雲路家史料の調査撮影」『東京大学史料編纂所報』二七

（一九九三年）。
(82)「東久世家譜」、東京大学史料編纂所架蔵原本。
(83)『お湯殿上の日記十』続群書類従補遺三（一九九五年訂正三版）。
(84)「東久世家譜」。
(85)『大日本近世史料　広橋兼胤公武御用日記三』（一九九五年）宝暦二年三月二十二日条。
(86)同右、宝暦二年六月二十八日条。
(87)享保十六年「新校正御公家鑑」朝幕研究会編『近世朝廷人名要覧』（学習院大学人文科学研究所、二〇〇五年）一四四頁の霊元法皇仙洞御所院参衆に武者小路公野が見える。
(88)山本信哉「垂加神道の源流と其の教義」平泉澄編『闇斎先生と日本精神』（至文堂、一九三二年）二二〇〜二二二頁。
(89)武部敏夫「元文度大嘗会の再興について」『大正大学大学院研究論集』一〇（一九八六年）。宮地正人「天皇制イデオロギーにおける大嘗祭の機能」『歴史評論』四九二（一九九一年）によれば、元文度大嘗祭は天神地祇を天皇が祭る神事と解され、本居宣長以後の復古神道により天皇に神性と日本の支配者たる権能を付与する儀式へと意義付けが転換した。
(90)高埜利彦「近世奉幣使考」（一九八二年、同『近世日本の国家権力と宗教』一九八九年所収）、同「江戸時代の神社制度」同編『日本の時代史15　元禄の社会と文化』（吉川弘文館、二〇〇三年）。
(91)武部敏夫「貞享度大嘗会の再興について」『書陵部紀要』四（一九五四年）。
(92)山口和夫「近世即位儀礼考」『別冊文芸・天皇制』（一九九〇年）。
(93)前注(89)武部論文。
(94)「兼香公記別記」十二、延享三年三月三日条。
(95)「桃園天皇　宸筆禁中例規御心覚書」帝国学士院編纂『宸翰英華』第二冊—一二二九（紀元二六〇〇年奉祝会、一九四四年）、東京大学史料編纂所架蔵マイクロフィルム「京都御所東山御文庫記録」勅封番号一七四函四—二。前者の解説は、末尾の「坊城」の人名注を前大納言俊将とするが、延享三年三月二十九日に「中風」による言語・執筆不自由ため議奏を辞した後であり（『通兄公記　第八』）、本文では蔵人頭俊逸に訂正した。
(96)前注(51)久保書・高埜編書。

(97) 藤田覚『近世政治史と天皇』(吉川弘文館、一九九九年)。
(98) 平井誠二「武家伝奏の補任について」『日本歴史』四二二(一九八三年)。
(99) 「大日本維新史料稿本」一六七四、東京大学史料編纂所架蔵、文久三年三月七日条。
(100) 将軍権力の正当性を天皇からの大政委任で説明する論について、前注(97)藤田書、三章(一九九一年初出)は、天明八(一七八八)年の将軍補佐松平定信から家斉への「御心得之箇条」教説や文化九(一八一二)年の関白鷹司政熙留任を求める京都所司代酒井忠進から武家伝奏六条有庸への口上等の早期の事例を発掘し、朝幕関係の転換を唱えるが、定信の言説の解釈と非公開性・尊号一件処理評価から異論もある(大口勇次郎「国家意識と天皇」『岩波講座　日本通史15』一九九五年)。関白鷹司政熙の慰留過程でも、「禁中并公家中諸法度」の規定と江戸幕府の人事権とは揺るがず、諸学者が著した大政委任論も幕府公認のものではない。本稿では、大政委任が文久三(一八六三)年に朝廷・幕府間で初めて制度化され、公開・明示された点を重視する。
(101) 前注(5)宮地論文。
(102) 前注(17)山口論文「朝廷と公家社会」。

池　　享　いけすすむ
1950年生
現在　一橋大学大学院経済学研究科教授
主要著書　『大名領国制の研究』(校倉書房，1995年)，『戦国・織豊期の武家と天皇』(校倉書房，2003年)

堀　　新　ほりしん
1961年生
現在　共立女子大学文芸学部助教授
主要著書・論文　「近世武家官位の成立と展開」(山本博文編『新しい近世史1　国家と秩序』新人物往来社，1996年)，『展望日本歴史13　近世国家』(東京堂出版，2000年)，「織豊期王権論」(『人民の歴史学』145号，2000年)，「朝尾直弘氏の将軍権力論をめぐって」(『日本史研究』526号，2006年)

藤田　覚　ふじたさとる
1946年生
現在　東京大学大学院人文社会系研究科教授
主要著書　『近世政治史と天皇』(吉川弘文館，1999年)，『近世後期政治史と対外関係』(東京大学出版会，2005年)

山口　和夫　やまぐちかずお
1963年生
現在　東京大学史料編纂所助教授
主要論文　「近世即位儀礼考」(『別冊文芸・天皇制』1990年)，「近世の家職」(『岩波講座日本通史14　近世4』岩波書店，1995年)，「天皇・院と公家集団」(『歴史学研究』716号，1998年)，「朝廷と公家社会」(歴史学研究会・日本史研究会編『日本史講座6　近世社会論』東京大学出版会，2005年)

◆編集・執筆者紹介

大津　透　おおつとおる
1960年生
現在　東京大学大学院人文社会系研究科助教授
主要著書 『律令国家支配構造の研究』(岩波書店, 1993年),『古代の天皇制』(岩波書店, 1999年),『道長と宮廷社会』(講談社, 2001年),『日唐律令制の財政構造』(岩波書店, 2006年)

大平　聡　おおひらさとし
1955年生
現在　宮城学院女子大学人間文化学科教授
主要論文 「日本古代王権継承試論」(『歴史評論』429号, 1982年),「天平期の国家と王権」(『歴史学研究』593号, 1989年),「世襲王権の成立」(鈴木靖民編『日本の時代史2　倭国と東アジア』吉川弘文館, 2002年)

古瀬奈津子　ふるせなつこ
1954年生
現在　お茶の水女子大学文教育学部教授
主要著書・論文 『日本古代王権と儀式』(吉川弘文館, 1998年),「摂関政治成立の歴史的意義―摂関政治と母后―」(『日本史研究』463号, 2001年),『歴史文化ライブラリー　遣唐使の見た中国』(吉川弘文館, 2003年),「綸旨の成立」(『法制史研究』55, 2006年)

五味　文彦　ごみふみひこ
1946年生
現在　放送大学教養学部教授
主要著書 『院政期社会の研究』(山川出版社, 1984年),『書物の中世史』(みすず書房, 2003年),『中世社会史料論』(校倉書房, 2006年)

春名　宏昭　はるなひろあき
1960年生
現在　青山学院女子短期大学非常勤講師
主要著書・論文 『律令国家官制の研究』(吉川弘文館, 1997年),「藤原仲麻呂政権下の品部・雑戸と官奴婢」(義江彰夫編『古代中世の政治と権力』吉川弘文館, 2006年),「宣命体」(平川南他編『文字と古代日本5　文字表現の獲得』吉川弘文館, 2006年)

河内　祥輔　こうちしょうすけ
1943年生
現在　北海道大学大学院文学研究科教授
主要著書 『古代政治史における天皇制の論理』(吉川弘文館, 1986年),『頼朝の時代―1180年代内乱史―』(平凡社, 1990年),『保元の乱・平治の乱』(吉川弘文館, 2002年),『日本史リブレット22　中世の天皇観』(山川出版社, 2003年)

新田　一郎　にったいちろう
1960年生
現在　東京大学大学院法学政治学研究科教授
主要著書 『日本中世の社会と法』(東京大学出版会, 1995年),『日本の歴史11　太平記の時代』(講談社, 2001年),『日本史リブレット19　中世に国家はあったか』(山川出版社, 2004年)

史学会《しがくかい》シンポジウム叢書《そうしょ》　王権《おうけん》を考《かんが》える――前近代日本《ぜんきんだいにほん》の天皇《てんのう》と権力《けんりょく》

2006年11月5日　第1版第1刷印刷　　2006年11月15日　第1版第1刷発行

編　者　大《おお》津《つ》　透《とおる》
発行者　野澤　伸平
発行所　株式会社　山川出版社
〒101-0047　東京都千代田区内神田 1-13-13
電話　03(3293)8131(営業)　03(3293)8135(編集)
http://www.yamakawa.co.jp　　振替　00120-9-43993
印刷所　明和印刷株式会社
製本所　株式会社　手塚製本所
装　幀　菊地信義

　Printed in Japan　ISBN4-634-52353-1